# 我是人间谪仙客

慕容素衣 著

## 十个李白

广东旅游出版社
中国·广州

图书在版编目（CIP）数据

我是人间谪仙客：十个李白 / 慕容素衣著. -- 广州：广东旅游出版社, 2024. 12. -- ISBN 978-7-5570-3485-6

Ⅰ. K825.6

中国国家版本馆CIP数据核字第2024K3R303号

出 版 人：刘志松
责任编辑：张晶晶　梁斯棋
责任校对：李瑞苑
责任技编：冼志良

**我是人间谪仙客：十个李白**
WO SHI RENJIAN ZHEXIAN KE: SHI GE LIBAI

广东旅游出版社出版发行
（广州市荔湾区沙面北街71号首层、二层　邮编：510130）
电话：020-87347732（总编室）
020-87348887（销售热线）
投稿邮箱：2026542779@qq.com
印刷：天宇万达印刷有限公司
（河北省衡水市故城县金宝大道侧中兴路）
880毫米×1230毫米　32开　12.5印张　200千字
2024年12月第1版　2024年12月第1次印刷
定价：56.00元

［版权所有　侵权必究］
本书如有错页倒装等质量问题，请直接与印刷厂联系换书。

# 目录 CONTENTS

**自序：你是人间理想**

## 第一章 谪仙人

002 口吐天上文
012 躁狂抑郁多才俊
021 人诗合一

## 第二章 异乡客

032 客从西域来
040 商人之子
050 惟蜀有才，奇瑰磊落

## 第五章 道教徒

122 五岳寻仙不辞远
130 此中有捷径
139 风骨神仙籍里人

## 第六章 失意者

152 南徙莫从,北游失路
163 盛唐诗人多不遇
174 仰天大笑出门去

## 第三章 侠客行

062 银鞍白马度春风
073 十步杀一人,千里不留行
083 千金散尽还复来

## 第四章 乘龙婿

094 相门赘婿
102 长相思,不相守
111 南风吹归心

## 第九章 纵横家

250 东山梦碎
261 一朝沦为阶下囚
272 轻舟已过万重山

## 第十章 明月魂

288 大鹏飞兮振八裔,中天摧兮力不济
297 谢家青山
310 明月前身

## 第七章 长安客

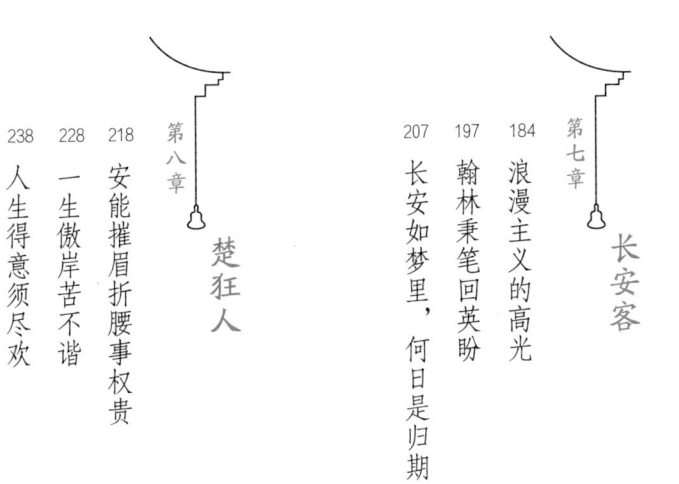

184 浪漫主义的高光
197 翰林秉笔回英盼
207 长安如梦里,何日是归期

## 第八章 楚狂人

218 安能摧眉折腰事权贵
228 一生傲岸苦不谐
238 人生得意须尽欢

## 外一章 朋友圈

- 326 与杜甫：何以李杜
- 339 与王维：王不见王
- 351 与崔颢：一场未曾谋面的较量
- 362 李白生平大事记
- 379 主要参考书目

# 自序

# 你是人间理想

关于李白的独家记忆,似乎都与月亮有关。

第一次感受到月亮的美时,我还只有六七岁。那时候,我常常梦游,有次半夜睡着后,就无意识地溜下床往外面走,一直走到院子里,月光兜头泼下来,明晃晃的,银子一样闪着光。

那是山里的月亮,没有经过任何灯光的污染,那样明净,那样清亮。被这样的山月一照,小小的我就像洗了个月光浴,刚刚还昏昏沉沉的头脑骤然惊醒了起来,变得前所未有的清明。整个人因为吸收了月光,仿佛都变得透明起来,连呼出的空气都透亮了些。我还记得,院子里的桃花开了,月光将一束花影映在粉墙上，春风一吹，花影在墙上摇荡，比课本上的画儿还要好看。

因为是一个孩童初次感受到这个世界如梦似幻的美好，所以那个场景一直深刻在脑海里，从来不曾忘怀。直到很多年以后，我偶然在书中看到李白的一段话："夜来月下卧醒，花影零乱，满人衿袖，疑如濯魄于冰壶。"这简直就是我那次梦游的场景再现！就是那种被月光一照，表里俱澄澈的感觉！没想到一千多年以前，就有如此之人，能够说出如此之语。这样的场景，可能人人都遇到过，却只有李白，才描摹得这样逼真、这样富有美感。

从那以后，总感觉我和李白之间有了一种特殊的联结，毕竟，尽管横亘着千年的时空，我们却见识过同样的月色，感受过花间月下卧醒的同一种美妙。他的另一句话我也很喜欢，就是"朗笑明月，时眠落花"，但相对来说没有前面那一句更令我心有戚戚，就好像我和他隔着时空共享着同一个梦境。

成年后去岳麓山下求学，某次上唐诗选读课时，我的导师胡遂教授谈到了一首《三五七言》，说这首诗原是古琴曲，可以配乐唱。学生们撺掇着求她一唱，胡老师放下手中的书，慢慢站起来，清清嗓子唱道："秋风清，秋月明，落叶聚还散，寒鸦栖复惊……"

我一惊，这不是《神雕侠侣》结尾处的那首诗吗？初次听胡老师唱诗，只觉得和平时所听的流行歌曲大不一样，歌声低回，清越持重，迥别于当下流行的靡靡之音。

胡老师渐渐唱得动情:"入我相思门,知我相思苦,长相思兮长相忆,短相思兮无穷极……"

她的眼睛微微眯起,望向一个不知名的去处。虽然身处于斗室之中,不知为何,这歌声却把我带到了小郭襄所在的华山之巅,恍见明月在天,清风吹叶。

此前看书的时候,我只注意到诗,此次听了胡老师唱诗之后,才知道这是李白的作品。我对李白的感情,由此又深了一层。我读研究生时学的是唐宋文学,作为一个从乡下来的野孩子,正是在胡老师的引领下,跌跌撞撞地进入了中国文学最美的领域,那里繁花似锦,满园春色,即使只逗留了片刻,也足以受用终生。

胡老师出身名门,其曾祖是胡林翼,当年与曾国藩、左宗棠齐名,是晚清湖湘三大名将之一。她常常跟我们说,小时候父亲把她抱在膝头,指导她读《聊斋志异》。由此,她打下了深厚的古文基础。文化要靠诗书传家才能得以更好地延续,这里传承的不仅仅是知识,更是一种优雅、精致的生活态度。

多年以后,我看到胡老师在博客里说,儿时不管如何困苦,父亲都会带着家人一道去河西,春来观桃,三秋赏桂,心中顿时神往无比。天底下的父亲都是爱孩子的,可每个父亲表达爱的方式不同,比如说我爸,他会摘桃子回来给我吃,却无论如何想不起要带我去看看桃花。

在春花秋月、唐诗宋词的滋养下,胡老师出落得颇有名士之风。我记得有次她专门给女生开讲座，主题是——"如何做一个大气的女人"，这也是她一直追求的人生境界。

回想起来，她确实有不拘小节、脱略豪爽的一面，比方说不刻意打扮、不经营家业等。胡老师讲的普通话湘音很重，偏偏嗓门又大，一群人围在一起谈天说地，隔得老远就能听见她朗朗的笑声。

天气好的时候，她喜欢把岳麓山当作课堂，带着我们一同去登山，边走边聊，洒下一路欢笑。

有一天晚上，月色很好，她站在岳麓山顶，迎风脱口吟道："明月一何朗！"顾盼间颇为得意，自诩为佳句天成。我天性愚钝，难以领会此句妙在何处，只是抬头望见胡老师一脸悠然，山风吹得她衣袂飘飘，的确大有出尘之感。

胡老师常常用蒲松龄的一句话形容那些热心功名的人，说此人"从头至踵皆俗骨"。奈何世间俗人太多，所以她常说，不如遁入书中，去和古人做朋友，和苏东坡来一场邂逅，和李白喝一场豪酒。

终于又绕回李白了。

李白、金庸、胡老师，就这样被月亮神奇地连接在了一起。

李白是我从小就喜欢的诗人。很多人说，读唐诗，会有一个成长的过程，年少时大多喜欢李白，中年后就会爱上杜甫。可就我个人而言，对李白的喜欢从未减少半分，他始终是我心底的那轮明月，只要一读他的诗，月光就会洒在我的心上，明晃晃的，始终那么新鲜、明净，光芒四射。

李白就如月光，照耀在我喜欢的一切事物上，或者说我所喜欢的一切物和人，比如武侠小说、香港电影、古典诗词，以及胡老师，都折射着他耀眼的光华。

我喜欢李白，因为与他性情相近，同样的天真、孩子气，同样的不谙世事，同样的桀骜不驯，同样的孤标傲世、不拘小节，同样在这世间处处碰壁，头破血流却仍然坚持"我与我周旋久，宁作我"。

我和他居然连喜恶都那么接近，在世间所有的事物里，他最喜欢月亮，我也是；在世间所有的丑恶里，他最讨厌的就是虚伪，我也是。

我常常觉得，他就是一个放大了千百倍的我，在另一个时空，替我活出了理想的一生，那是我今生已经无法抵达的快意人生。

尽管对李白那么熟悉，熟悉得如同老友，在接到撰写一本李白传记的邀约时，我在欣喜之余，也不免有点忐忑。欣喜的是，居然有机会能为儿时的偶像立传，多年的夙愿居然成真，真有种"今夕何夕，得与王子同舟"的感觉；忐忑的是，这本传记不好写，甚至超过了我之前写过的《苏东坡传》。

李白的单纯，是人人都可以感知得到的；李白的复杂，却是人人都容易忽略甚至误解的。就像他最喜欢的白色，是由七色光混合而成的，要充分了解他的丰富和复杂，才能读懂他的纯净与透明。

在写作本书的过程中，我查阅了很多资料。感谢前人为此做出的艰巨努力，尤其是裴斐先生和松浦友久先生，他们出于对李白的热爱，敢于挑战根深蒂固的观念，敢于独持己见、力排众议，这种勇气和慧眼，恰恰是对李白精神最好的传承。

囿于个人才学和笔力，我这本关于李白的传记肯定也有许多错漏和不足之处，但我希望能够像两位先生一样，在写作的过程中坚持独立之精神、自由之思想。

作为李白的迷妹，我衷心希望能够写出一本特别的传记——一本让你读完就会爱上李白的传记。

遗憾的是，我的导师胡遂已于2017年9月15日去世，享年61岁。

谨以此书，纪念我的老师胡遂。

慕容素衣

2024年1月2日

## 第一章 谪仙人

很少有人像李白一样,在生前就已经牢牢地树立了自己的天才地位,他的才华实在是太过夺目,以至于人们说他是太白星精下凡,是属于天上的,不是我们这个人间能够拥有的。

# 口吐天上文

在中国的诗史甚至历史上,横空出世的李白称得上前无古人、后无来者。

在一个推崇勤奋超过才华的国度,李白以他的惊世之才,让人们一个个瞠目结舌。他就像一个天外飞仙般的人物,浪漫、神秘、矫矫不群,不管是他的诗还是他的人,都让人惊叹这不是凡俗间应有的。

有"燕许大手笔"①之称的苏颋②称赞他"此子天才英丽,下笔不休";贺知章一见他,就称他是"谪仙人";殷璠③说他

---

① 燕许大手笔:唐代文学家燕国公张说、许国公苏颋的并称,其文章形式严整,典雅宏丽,开启了由骈趋散、清拔宏丽的一代新风。——编者注。后文若无特殊说明,皆为编者所注
② 苏颋(670—727):字廷硕,唐初政治家、文学家。颋,音 tǐng。
③ 殷璠:生卒年不详,大致生活在唐玄宗开元、天宝年间,选编有唐诗选本《河岳英灵集》。璠,音 fán。

写的《蜀道难》等篇"奇之又奇，然自骚人以还，鲜有此体调也"；任华①写诗说"古来文章有能奔逸气，耸高格，清人心神，惊人魂魄。我闻当今有李白……"；李阳冰②夸赞他"自三代已来，风骚之后，驰驱屈、宋，鞭挞扬、马③，千载独步，唯公一人。"

很少有人像李白一样，在生前就已经牢牢地树立了自己的天才地位。他的才华实在是太过夺目，以至于人们说他是太白星精下凡，是属于天上的，不是我们这个人间能够拥有的。

还有人说"李太白少时，梦所用之笔，头上生花，后天才赡逸，名闻天下"④，传说历史上"梦笔生花"的还有南朝梁的江淹⑤、五代的和凝⑥、宋代的范质⑦，但他们一个个都泯然众人了，只剩下李白傲立千古。

死后，李白的天才地位进一步得到巩固：

杜荀鹤⑧经过他的墓地时，用一首诗来凭吊他，"青山明月

---

① 任华：生卒年不详，唐代诗人，现存有《杂言寄李白》等三首诗歌。
② 李阳冰：字少温，生卒年不详，唐代文学家、书法家。曾为李白诗集作《草堂集序》。
③ 指汉代扬雄、司马相如。
④ 引自五代王仁裕所著《开元天宝遗事》。
⑤ 江淹（444—505）：字文通，南朝文学家、散文家，即"江郎才尽"中的江郎。
⑥ 和凝（898—955）：字成绩，五代文学家、法医学家。
⑦ 范质（911—964）：字文素，五代后周时期至北宋初年宰相。
⑧ 杜荀鹤（846—904）：唐代诗人，字彦之，号九华山人。

夜，千古一诗人"，称誉之高，莫过于此；皮日休①在所写的组诗《七爱诗》中专列一首"吾爱李太白"，赞他"口吐天上文，迹作人间客"；严羽在《沧浪诗话》中称"太白天才豪逸"，傅若金②在《清江集》中称"太白天才放逸"，宋褧③在《太白酒楼》一诗中称其"天才气凌云"，方孝孺④在《吊李白》一诗称"唯有李白天才夺造化"，明代高棅⑤在《唐诗品汇》中称"李翰林天才纵逸……"

钱易⑥曾在《南部新书》一书中说：

李白为天才绝，白居易为人才绝，李贺为鬼才绝。

"绝"就是极致或独一无二的意思，等于说李白是"天才之最"，是天才的最高代表。

的确，对于中国人来说，如果天才有名字的话，那么一定叫作李白。千百年来，李白已经成为了天才的化身，人们一说起天才，第一个想起的就是他。

---

① 皮日休：字袭美，一字逸少，生卒年不详。晚唐文学家、散文家，与陆龟蒙齐名，世称"皮陆"。
② 傅若金（1303—1342）：字与砺，元代诗人，集有《清江集》。
③ 宋褧（1294—1346）：字显夫，大都宛平（今属北京市）人，元代诗人。褧，音 jiǒng。
④ 方孝孺（1357—1402）：字希直，一字希古，号逊志，明代大臣、学者。
⑤ 高棅（1350—1423）：字彦恢，号漫士，博学能文，尤长于诗。
⑥ 钱易（约 968—1026）：字希白，北宋文学家。

天才一般来说都是不可描述的,但我们还是试着来概括一下李白作为天才的特质。

这种天才首先表现在才思敏捷上,杜甫称赞说"李白斗酒诗百篇",皮日休说"醉中草乐府,十幅笔一息",李白也说自己"日试万言,倚马可待"。宋人罗大经①说"李太白一斗百篇,援笔立成;杜子美改罢长吟,一字不苟",这就是天才和地才的区别,天才的思维远较一般人敏捷,这是后天努力也难以达到的。

文以气为主,李白的天才还表现在气势上,用苏轼的话来说,李白"气盖天下",无人可以与之争锋。魏颢②盛赞说:"自盘古划天地,天地之气艮于西南……蜀之人无闻则已,闻则杰出。是生相如、君平、王褒③、扬雄,降有陈子昂④、李白,皆五百年矣",说李白得天地之气,是五百年才出一个的天才。

范传正⑤、裴敬⑥等人也指出李白其人其文:"受五行之刚气""其文高、其气雄"。

昔人说:"太白以气为主,以自然为宗,以俊逸高畅为

---

① 罗大经(1196—约1252):字景纶,号儒林,南宋理学家、文学家。
② 魏颢:又名魏万、魏炎,自号"王屋山人",曾为李白编纂《李翰林集》,作《李翰林集序》。
③ 君平、王褒:君平指严君平,名遵,生卒年不详,西汉时期道家学者。王褒(前90—前51),字子渊,西汉辞赋家,与扬雄并称"渊云"。
④ 陈子昂(661—702):字伯玉,唐代文学家、诗人,初唐诗文革新人物之一。
⑤ 范传正:字西老,生卒年不详,曾为李白迁墓并参与撰写其墓志铭《唐左拾遗翰林学士李公新墓碑并序》,其父范伦是李白好友。
⑥ 裴敬:生卒年不详,曾为李白撰写墓志铭《翰林学士李公墓碑》。

贵"①。一代大儒方孝儒在《李太白赞》里以气立论："唐治既极，气郁弗舒。乃生人豪，泄天之奇。矫矫李公，雄盖一世。麟游龙骧，不可控制……此气之充，无上无下……彼何小儒，气馁如鬼，仰瞻英风，犹虎与鼠。斯文之雄，实以气充。"

这股气，现代学者赵昌平②概括为"英特越逸之气"，说李白集结了孟子的英特之气和庄子的越逸之气。照我来说，可能概括得还不够全面，李白之气，集合了浩然之士气、豪放之侠气、飘逸之仙气以及风流之酒气。

孟子说："吾善养吾浩然之气。"③李白也是如此，他临终时仍在以大鹏自拟，那股独属于他的气势，至死未歇，生命越到晚期，这股气势反而越发雄壮，一直到人生的尽头，仍是沛然莫之能御。

到底什么是气？

我们可以理解为一种生命的能量和热情，李白大概是从古至今的诗人中最具生命力的，没有之一。由于其生命力过于充盈，光靠写诗已经挥霍不了他的能量，所以他才兴致勃勃地去修仙、去任侠、去炼丹、去喝酒、去追求政治理想，一辈子做了别人几辈子才能做的事，还不费吹灰之力。

---

① 引自明代文学家王世贞《艺苑卮言》卷四。
② 赵昌平（1945—2018）：浙江上虞人，主要研究唐诗学及中国古典诗论，著有《李白诗选评》等。
③ 引自《孟子·公孙丑上》。

晚年,李白追随永王李璘①去东巡,本质上可能还是生命力旺盛的缘故,只有通过这种上天入地的折腾,才能释放他无处安放的力比多②。因为生命力太过充溢,有时候甚至表现为一种破坏欲,比如"我且为君捶碎黄鹤楼,君亦为吾倒却鹦鹉洲"③,虽是诗人狂言,也展现了他那种想粉碎一切的破坏欲。

人年轻的时候大多是充满朝气的,随着生命的流逝,慢慢才变得暮气沉沉。李白不一样,他的身上,始终洋溢着一股浓浓的青春气息,仿佛从未老去。千百年以来,李白始终是以一种少年人的形象活在我们的心中。李白的魔力,就是青春的魔力,李白的气质,有人形容为"朝阳气质",有人说他身上有种春日气息——都和青春有关。他这一生,以其传奇经历,谱就了一曲"青春之歌"。

后人评价唐诗:"永远是生气勃勃的,如旦晚才脱笔砚的新鲜,它丰富到只能用一片气象来说明。"④

可以说,盛唐最好的诗都是生气勃勃的,包括王维早期的诗

---

① 李璘(720—757):初名李泽,唐朝宗室,唐玄宗李隆基第十六子,唐肃宗李亨异母弟,母为郭顺仪。开元十三年(725),李隆基封其为永王。"安史之乱"时,起兵反叛,后被杀。
② 力比多:英文 libido 的中文译音,由心理学家弗洛伊德首倡,泛指一切身体器官的快感。
③ 引自李白诗《江夏赠韦南陵冰》,作于公元759年李白在长流夜郎途中在江夏(今武汉市武昌区)遇赦放还之时。
④ 引自现代诗人林庚所作《盛唐气象》(原载于《北京大学学报》1958年第2期)。

歌，以及杜甫追忆开元盛世的诗，但只有李白，在夜郎被赦归来后仍然能够写出"朝辞白帝彩云间"这样朝气蓬勃的诗，他的人和他的诗，都没有一丝暮气，生命不息，折腾不止，所以后人才将李白看成是盛唐气象的最突出的代表，而不是走向"佛系"的诗佛王维，或者好像从未年轻过的老杜杜甫。

人禀气而生，气有正邪，则人有善恶。《红楼梦》发掘出第三种人性并命名为正邪两赋之人：

> 置之于万万人中，其聪俊灵秀之气，则在万万人之上；其乖僻邪谬不近人情之态，又在万万人之下。若生于公侯富贵之家，则为情痴情种；若生于诗书清贫之族，则为逸士高人；纵再偶生于薄祚寒门，断不能为走卒健仆，甘遭庸人驱制驾驭，必为奇优名倡。如前代之许由①、陶潜、阮籍、嵇康、刘伶、王谢二族、顾虎头②、陈后主、唐明皇、宋徽宗、刘庭芝③、温飞卿、米南宫、石曼卿④、柳耆卿、秦少游，近日之倪云林⑤、唐伯虎、祝枝山，再如李龟年、黄幡绰⑥、敬新磨⑦、卓文

---

① 许由：传说中尧舜时代的贤人、隐士。
② 顾虎头：即东晋画家顾恺之。
③ 刘庭芝：即唐代诗人刘希夷。
④ 石曼卿：即北宋诗人石延年。
⑤ 倪云林：即元代画家倪瓒。
⑥ 黄幡绰：亦名黄旛绰，唐玄宗时有名的优伶，以幽默诙谐、口齿伶俐闻名。
⑦ 敬新磨：五代后唐庄宗时有名的优伶。

君、红拂、薛涛①、崔莺、朝云②之流,此皆易地则同之人也。③

很奇怪这其中没有李白的名字,照我说,李白比以上所列举的人物更为典型,很多人都不知道怎么定义他,就是因为他与生俱来的这种正邪两赋的气质。

天才李白,实际上是诗国里的英雄,堪比战场上的曹操,英雄元气淋漓、不拘小节,这就涉及到李白作为天才的第三个特质,也就是不羁。

李白曾以天马自比,我们这个尘世对于他来说就像一张大网,处处都是束缚,处处都是羁绊,于是他这匹天马就要奋力腾跃,想要破网而出,腾空而去,那些满怀郁勃之气的诗歌,正是这种挣扎留下的痕迹。

尘世间充满了种种烦琐的规矩,而在李白看来,规矩就是用来挑战和破坏的。他作起诗来,不屑于细微的雕琢,也不耐烦去讲究声律对偶,前人设定的一切规则,都被他天才的创造力击得粉碎。

在生活中,李白更是无视一切规则。作为一个天才,他觉得自己理应被这个世界优待,尘世间的传统和礼教,是用来规范我

---

① 薛涛(768—832):唐代女诗人,字洪度。自制彩笺写诗,人称"薛涛笺"。
② 卓文君、红拂、崔莺、朝云:卓文君与司马相如,红拂女与李靖,崔莺莺与张生,朝云与苏轼,在文字记载中,四女皆能识英雄于未遇或落魄之时,其感天动地的爱情故事广为传唱。
③ 引自《红楼梦》第二回"贾夫人仙逝扬州城,冷子兴演说荣国府"。

们这些凡人的，而他是天上的星宿下凡，自然是不愿意被这些所约束。那种规行矩步的腐儒们，在他眼里只是世俗的囚徒、礼教的笨汉，可笑得很。

人生而自由，却无往不在枷锁之中。李白也有他的枷锁，那就是对功名的向往与追求，这种济世之志是他戴了一辈子的"纸枷锁"。但每当功名利禄与自由意志产生冲突时，他还是能够毫不犹豫地选择后者。

所以李荣浩那首"要是能重来，我要选李白"的歌才会如此流行，李白创造的人生范本和生活方式，在一千多年以后仍然具有莫大的吸引力。

没有人想活成杜甫，那样太苦了，也没有人想活成王维，那样太清心寡欲了，更没有人想活成李商隐，那样太憋屈了。可我们都想做李白，这是为什么呢？

因为他一生不羁放纵爱自由，因为他够任性。

再没有比李白更任性的人了，不管别人怎么说，他总要我行我素。有时候他甚至任性到让我们惊叹，一个人怎么可以由着自己的性子到这个程度？他就不怕太嚣张、锋芒太露，会导致木秀于林，风必摧之吗？他就那么特立独行，不怕别人指指点点吗？

他还真不怕。要是怕了怂了，就不是李白了。人们总是活得顾虑重重、太过沉重，李白的出现，如同石破天惊，告诉我们，原本人还可以活得这么率性，这么不管不顾。他当然也付出了他的代价，那就是一辈子都颠沛流离，从未获取过主流认可的成功，但总体来说，他这辈子活得还挺不错，至少一直都随心所欲，一直都呆在自己的舒适圈里。黑塞说，人的职责只有一个，就是找到自我，固守自我，比他早生一千多年的李白，显然可以看作是黑塞的先行者。

该如何形容李白呢？

他是一个有着多重身份的人，一个酒徒、一个狂士、一个炼丹爱好者、一个热爱漫游的人、一个侠客、一个追月亮的人、一个孤独旅者、一个壮志未酬的失意者、一个对酒当歌的快活人、一个任性妄为了一辈子的人。但可能我们最熟悉的属于李白的那一重身份，还是一个不羁的天才。

不羁，正是天才之所以成为天才的秘诀所在。因为无所顾忌，他才能将上天赋予自己的独特生命力发挥到淋漓尽致，才能大展拳脚，开创出一个空前绝后的"李白诗歌宇宙"来。

人们总说李白不可学，其实真正不可学的，不是他的天分，而是他的个性。

从古至今，有天赋的人何其多也，但再也没有人能够复制李白的传奇，因为大多数人都生活在各自的枷锁之中，再也没办法像他一样任性。

# 躁狂抑郁多才俊

有一句话叫,天才在左,疯子在右。

获诺贝尔奖的华人科学家丁肇中说:"一个天才,和一个神经不正常人中间的距离是非常短的。"而哲学家亚里士多德也曾说:"没有一个天才不是带有几分疯癫。"

李白在那个时代,常常也是被人看成是狂人的。狂人,多少是有几分疯疯癫癫。唐文宗时,下诏将"李白歌诗、张旭草书、裴旻①剑舞"并列为三绝,这个张旭,又和李白同列为"饮中八仙",外号就叫"张颠",喝醉了酒就以头濡墨,然后拿头发去写字,也是个疯疯癫癫的天才式人物。

日本学者松浦友久②在他写的《李白的客寓意识及其诗

---

① 裴旻:生卒年不详,出身于河东裴氏,大致生活于唐玄宗时期,以剑舞闻名,传说李白曾向他学剑。旻,音 mín。
② 松浦友久(1935—2011):早稻田大学文学部教授,主授中国古典文学,著有《李白的客寓意识及其诗思——李白评传》《李白诗歌抒情艺术研究》等。

思——李白评传》一书中,曾经将李白和莫扎特相比较,从创作方式来看,李白像莫扎特,杜甫则似贝多芬。

> 莫扎特是天才型音乐家,一个复杂的交响乐或者歌剧,每个音符都完美地在他大脑中形成,然后他才落笔,熬上一天两夜,一部大作就诞生了,几乎没有涂抹修改。而贝多芬的创作则是人才型的,他坐在钢琴前苦思冥想,弹几个音,写几行谱,扯掉几根头发,然后把谱纸撕碎,重新再写。这样反复N次,一篇作品慢慢成形,还要反复修改才能定稿。然而定稿之后的作品,比莫扎特的神来之笔一点不差。[1]

歌德曾这样评价莫扎特,神的创造力在人间的化身,他的音乐才华是神送来的。这多么像中国人对诗人李白的评价。

李白的诗和莫扎特的音乐也给人以同样的感觉,都是那样天真烂漫、天才横溢、富有生机,两人的生活方式也有类似之处,他们都挥金如土、沉溺女色。莫扎特无畏而天真,内心纯粹却口无遮拦。在一部关于他的传记电影里,他经常肆无忌惮地讽刺别人,还常常爆发出一串神经质的笑声。他桀骜不驯又不可理喻,是同时代人眼中的疯子。

---

[1] 引自美国西华盛顿大学教授俞宁所作《退思:元白公的人格与风格》(原载于《西泠艺丛》2020年第1期,总第61期)。

除了莫扎特,李白还常常让我想到一个天才"神经病",那就是画家梵高。我第一次看到的梵高的画,就是著名的《向日葵》。画中大团、大团的金黄色,那么明亮,那么绚烂,满是生命的热情和活力。只看他的画,你根本不知道他经历过那么多磨难,多看几眼,就会感觉被画中燃烧的那种激情给点燃了,这和阅读李白诗歌的感觉何其相似。

如果我们把天才看成一种生命的能量,李白和梵高都是那种能量巨大的"超人",他们的情感远远比一般人要强烈,当这种情感毫无保留地倾注在他们的作品里时,就会形成笔夺造化的感染力。

梵高生前籍籍无名,种种异乎寻常的行为使他被人们看作疯子。他在一生中经历了严重的情绪波动和心理困扰:他与朋友争吵过后割掉了自己的耳朵,又在37岁时走向麦田,然后举枪自杀。在短暂37年的生命里,梵高以火一般的热情,甚至是在一种精神失常的状态下,创造出一个绚丽多彩、熠熠发光的色彩世界。

"我是个狂人!"梵高在生前就向弟弟提奥宣称:"我感到内心有一股力量……一团熊熊燃烧、无法熄灭的火焰。"

在那本关于他的著名传记里,作者如此描述说:"当人们早已将那令人窒息的青春狂热抛诸脑后时,文森特却仍沉溺其中。巨大、无法平息的激情席卷了他的人生。"[1]

---

[1] 引自[美]史蒂芬·奈菲、格雷高里·怀特·史密斯所著《梵高传》,译林出版社2015年版。

梵高患有双相情感障碍（bipolar disorder），也就是俗称的躁郁症。历史上患双相情感障碍的文艺家们并不少，如画家达芬·奇、高更，作家海明威，诗人拜伦、海子、顾城……

躁郁症并不罕见。英国心理学家菲利克斯·波斯特博士通过现代精神病病理学的分析方法，研究了近代300位著名人物后，发现了一个有趣的现象。

> 在政治家中占17%的人，有明显的精神病症状，如希特勒、林肯；
> 在科学家中占18%，如安培、哥白尼、法拉第；
> 在思想家中占26%，如罗素、卢梭、叔本华；
> 在画家中占37%，如梵高、毕加索；
> 小说家和诗人中占的比例最大竟达46%，如劳伦斯、普鲁斯特、福克纳。

通过这一研究，他认为，天才的创造性才华和精神病人的病态心理，确实存在着某种内在的联系。

用最新的核磁共振扫描技术查看躁郁症患者的脑部结构扫描图像后，你会发现——处在抑郁状态下的大脑，会呈现阴冷凝滞的深蓝、暗紫和墨绿色；而处在躁狂状态下的大脑则会像圣诞树一样闪亮，呈现明亮的红色、黄色和橙色。

科学用色彩无比精准地抓住了两大特点：抑郁期的冰冷死寂

和躁狂期的生动亮丽。

在大脑"地震"的躁狂期，人的心智会获得力量，获得从未展示过的天赋——看似致命的弱点里，居然隐藏着最大的优势。

美国精神病医师所著《躁狂抑郁多才俊》[①]一书中，列举了25位历史名人，如：贝多芬、梵高、牛顿、海明威，他们终其一生都有着双相情感障碍的典型表现。

躁狂抑郁虽有千般不是，但其所带来的魅力与才智、活力与干劲、自负与坚持、触及本质与直指人心，却无疑给世人带来了更具原创性、更加震撼人心、更为横空出世的各种作品。

所以，双相情感障碍一度被误以为是"天才病"。这未免太过美化了这种疾病，只能说具有艺术家气质的人由于敏感而情绪更不稳定，更容易患上这种病。

双相情感障碍患者的状态经常被比喻为坐在情绪的"秋千"或者"跷跷板"上，这个病，时而抑郁，时而躁狂。患此病的典型表现就是：躁狂时，觉得自己处于世界之巅，精力过人；抑郁时，却又感到坠入黑暗深渊，抑郁、孤僻，甚至想要自杀。

读李白的诗，常常也有这种坐跷跷板的感觉。不，跷跷板可能还是太温和了，应该是过山车才对，时而飞上云端，时而又坠入低谷。这样看来，他很有可能也患有这种双相情感障碍，症状还不轻。

---

① 由朱立安·李布、D.杰布罗·赫士曼所著、郭永茂翻译，上海三联书店2007年初版。

长期处于这种状态的人，难免会走向崩溃，不是疯了，就是自杀，像上面提到的那本书中，伟大的梵高自杀了，原因在于他严重的躁狂抑郁症的驱使。

而贝多芬和狄更斯的健康则都因其各自狂躁抑郁性的行为而受到了重大的损害，从而导致两人都在60岁之前就暴病身亡。

牛顿的情形比前三位要好多了，但是，他也受到躁狂抑郁的折磨而饱受苦楚。

那么李白为何既没有发疯，又没有自杀？

可能是因为他和典型的双相情感障碍患者还是有区别，要是区分得细一点，他患上的是躁狂症，要想让他抑郁是很难的，他顶多低落一会儿。和梵高一样，他也拥有一颗狂热的心，就像打了鸡血一样，永远都处于一种亢奋状态，人生的挫折、政治的失意只会让他更亢奋，他给人的感觉就是永远都处于世界之巅，至少他自己一直这么觉得。

身患躁郁症的人一定会比常人更痛苦吗？

BBC拍摄了一部叫《躁郁人生》（*Stephen Fry: The Secret Life of the Manic Depressive*）的纪录片，英国喜剧演员史蒂芬·弗莱在片中凭自身罹患躁郁症的经历，与许多有过同样经历的人或者家庭进行交谈。

他多次抛给观众这样的一个问题："如果有一个按钮，按下它，躁郁症的所有方面都会消失，你会按下它吗？"

大多数人都给出了否定的答案。

尽管他们身受躁郁发作的痛苦，但他们仍然不忍割舍轻微躁狂时喷薄而出的创造力。

如果按下那个消除躁郁症的按钮，那么消除的不仅是巨大的痛苦，还有巨大的快乐。

就像李白，我们寻常人可能只看到他上下求索、求而不得的痛苦和失落，却很少有人能够体会到那种追求过程中伴随的快意。

他的痛苦和快乐都是常人的数倍，他肯定不愿意按下那个键，因为他宁愿在情绪两极中摇摆，也不愿意陷入无喜也无悲的平静之中，那样太乏味了。

由于与生俱来的躁动与狂热，他的渴望总是比别人要急切，虚荣心也远比常人要强烈得多，不喜欢他的人会觉得他太急躁、太世俗，但是去除掉这一切，就好比一个人完全没有了水分，那将变得多么干巴巴。

中国人的传统认识里没有躁狂这两个字，他们常常提到的是"兴"。李白的诗中就常出现这个"兴"字，比如：

人分千里外，兴在一杯中。（《江夏别宋之悌》）
爱此溪水闲，乘流兴无极。（《姑熟溪》）
乘兴嫌太迟，焚却子猷船。（《寄韦南陵冰，余江上乘兴访之遇寻颜尚书笑有此赠》）
兴酣落笔摇五岳，诗成笑傲凌沧洲。（《江

上吟》)

俱怀逸兴壮思飞,欲上青天揽明月。(《宣州谢朓楼饯别校书叔云》)

……

和王维那种"兴来每独往"的雅兴相比,李白式的逸兴显然更为充沛、激荡,乃至于颇有躁狂之感。

他的兴致一来,有时要上九天揽月,有时又想纵火焚船。以李白爱折腾的劲头,如果他没有成为一个诗人,很可能会成为一个破坏分子。幸好还有诗和酒,这是他的解药,至少可以暂时抚平他的躁动不安。

李白仰慕的魏晋名士中也有不少被时人看作是神经病的狂士,像醉酒后一丝不挂还宣称要拿天地当裤子的刘伶,动不动就向人翻白眼、号称"礼岂为我辈设耶"的阮籍,生得玉树临风却酷爱打铁的嵇康等。

他们看起来精神状态都有些问题,但也没有人发疯或者寻死,可能是因为他们热衷于服用五石散,吃了这种药后就觉飘飘欲仙,什么烦恼都忘了。

酒就是李白的五石散、忘忧物,借助于酒,他将满腔躁狂都化成了创作的激情,"斗酒诗百篇",宣泄的过程同时也是一种治愈。

李白的诗歌,是具有疗愈人心的力量的,一位叫马勒的奥地利音乐家，就是在妻散女亡、事业失败的人生最低谷，读了李白的诗后得到了治愈。

马勒以李白的诗歌为主体，创作了一组交响乐《大地之歌》，又转过头来疗愈了无数人。

其中的第五乐章《春天的醉者》，原诗为李白的《春日醉起言志》：

处世若大梦，胡为劳其生？
所以终日醉，颓然卧前楹。
觉来眄庭前，一鸟花间鸣。
借问此何时？春风语流莺。
感之欲叹息，对酒还自倾。
浩歌待明月，曲尽已忘情。

"春风语流莺"，透过诗人朦胧的醉眼看过去，人世间的一切烦恼都随风而逝，缠绵春风中只剩下流莺美妙的歌唱声。谁能够想到这么美的诗句，竟然出自一个疑似躁狂症患者的笔下呢？

他就是那只在春风中歌唱的流莺，用他的歌声，治愈了自己，也治愈了千千万万的人，不分中外。

# 人诗合一

2023年，一部名为《长安三万里》的动画电影风靡了整个中国，有人说，这部电影之所以成功，是因为选取了李白作为主角，而李白，正好是古往今来第一大文化IP。

为什么是李白？

因为中国孩子对于诗歌的启蒙，是从唐诗开始的，或者说得更明确些，是从"床前明月光"开始的。

中国是一个诗的国度，中国的孩子自牙牙学语，就会跟着父母念诗。

唐朝以前的中国人，对诗的认识大多缘自《诗经》。

孔子说"不学诗，无以言"，不学《诗经》的话，连话也说不好。但唐以后，尤其自《全唐诗》问世以来，中国孩子最先读的，就不再是"关关雎鸠，在河之洲"，而是"床前明月光，疑是地上霜"和"春眠不觉晓，处处闻啼鸟"之类。

一代有一代之文学，楚之骚、汉之赋、六代之骈文、唐之诗、宋之词、元之曲，都是每个朝代特有的文学，独领风骚，后世再也无法超越。

　　这些文体有些虽然盛极一时，却早已被束之高阁，比如汉赋，现在除了专业的研究者，几乎没有人对司马相如、扬雄那些堂皇富丽的大赋感兴趣，有些尽管地位崇高，对于今人来说却也有些隔膜，比如《楚辞》《诗经》。这其中只有唐诗历久弥新，至今仍鲜活如才脱笔砚，由诗歌构筑的国度如果抽掉了唐诗，将会轰然坍塌。

　　唐诗是文学中的巅峰，而盛唐诗，则是巅峰中的巅峰。

　　诗至盛唐，至矣。

　　宋代严羽论诗首推盛唐，并明确提出"不作开元、天宝以下人物"。

　　明代胡应麟盛赞盛唐绝句"兴象玲珑，句意深婉，无工可见，无迹可寻"①。

　　以李梦阳为首的明代前七子②也提出"诗必盛唐"。

　　素来目高于顶的鲁迅也感叹说：

---

① 引自胡应麟《诗薮》内编卷六。胡应麟（1551—1602）：字元瑞，号少室山人，更号石羊生。明代诗人。著有《少室山房类稿》《诗薮》等。

② 明代前七子：明代文学家李梦阳、何景明、徐祯卿、边贡、康海、王九思和王廷相的并称，其强调"文必秦汉，诗必盛唐"。又有明代后七子：李攀龙、王世贞、谢榛、宗臣、梁有誉、徐中行、吴国伦，其继承前七子的拟古主张，声势更加浩大。

> 我以为一切好诗，到唐已被做完，此后倘非能翻出如来掌心之"齐天大圣"，大可不必动手。①

诗歌到了盛唐才真正走向了成熟，在此之前，从《诗经》《楚辞》到汉乐府、魏晋南北朝诗，其实经历了一个漫长的摸索期。

别看李白那么推崇建安风骨，但我们读汉魏时期的诗，会觉得质胜于文，还是太过于质朴了，后面的"齐梁体"②又走向了另一个极端，那就是"绮丽不足珍"，内容和文采不能很好地兼顾。其实哪怕是曹植，都存在着这个问题，就像他的名篇《洛神赋》一样，未免华丽有余，内容空洞。

直到盛唐，才达到了前人所追求的"文质相炳焕"，实现了体裁和内容的完美结合。

盛唐人殷璠甚至给出了一个具体节点，即"开元十五年后，声律风骨始备矣"，开元十五年，差不多正好是李白出川的时期，他处在盛极千古的时代——既是国家民族的黄金时代，又处在诗的黄金时代的交叉点上。

唐朝的建立，宣告着自汉末以来长达400年的混乱局面告终，中华大地上迎来了繁盛、统一的新局面。

---

① 见《鲁迅书信集》，出自鲁迅1934年12月20日致杨霁云的信。
② "齐梁体"：南朝时齐、梁两代诗人共同诗风的代称，其特点是追求形式，崇尚词藻，讲究声律，轻视内容，一反汉魏质朴诗风。另一方面，开始注重平仄声字的协调，而且用对偶句式入诗，为唐代近体诗的形成作了前导。

国力强盛，经济富足，百姓安居乐业，士人意气风发，这是唐诗繁荣的肥沃土壤，也是唐诗超越前代诗歌的有利条件。

由于实现了大一统，唐代的诗人自然源出多个地域、多个民族，如李白、白居易之先世皆出于西域，元结①、元稹、独孤及②等源出于鲜卑，刘禹锡先世出于匈奴，都是其中的典型例子。

盛唐诗的魅力，有概括为"盛唐气象"的，也有说是"盛唐之音"的，林庚先生说唐诗的好处是：

> 它易懂而印象深。易懂也还不算难得，难得的是能给人留下那么深的印象；更难得的是小时候就背熟了的诗，今天再读时还觉得那么新鲜。……唐诗的可贵处就在于它以最新鲜的感受从生活的各个方面启发着人们。它的充沛的精神状态，深入浅出的语言造诣，乃是中国古典诗歌史上最完美的成就。③

盛唐诗最显著的好处，正在于以最简洁易懂的语言，给人以最新鲜的感受。这不正好是李白给我们的感受吗？

李白大概是盛唐诗人中最富有口语气象的诗人，他的大部分诗都简洁、明快，洋溢着一种昂扬向上的情思，其中蕴含的诗意

---

① 元结（719—772）：唐代文学家，字次山，号漫郎、聱叟。
② 独孤及（725—777）：唐朝散文家，字至之。
③ 引自林庚《唐诗综论》，商务印书馆2011年版。

无需翻译也无法翻译,恰好是最适合给孩子用来启蒙的诗,比如我们最耳熟能详的那几首:

> 两人对酌山花开,一杯一杯复一杯。
> 我醉欲眠卿且去,明朝有意抱琴来。①

> 日照香炉生紫烟,遥看瀑布挂前川。
> 飞流直下三千尺,疑是银河落九天。

> 危楼高百尺,手可摘星辰。
> 不敢高声语,恐惊天上人。

> 天下伤心处,劳劳送客亭。
> 春风知别苦,不遣柳条青。②

> 白发三千丈,缘愁似个长。
> 不知明镜里,何处得秋霜。

翻看一部李白诗集,这样的例子俯拾即来。这样的诗,就算是不识字的人,也知道是天生好言语。

---

① 引自李白诗《山中与幽人对酌》。
② 引自李白诗《劳劳亭》。

当然，不单单是李白，像王维、孟浩然、王昌龄、岑参等也写下了大量明白如话却又韵味悠长的诗，那么，为什么偏偏是李白，被看作是盛唐气象最突出的代表呢？

简单来说，再没有比李白更纯粹的诗人了。"谈话是诗，举动是诗，毕生行径都是诗"，这是蔡元培评价徐志摩的一句话，移之来形容李白也很贴切，他的人生，就是一首流动的诗。

中国人只要一提到诗人这两个字，首先想到的就是李白，只有李白，唯有李白，在他身上，才真正实现了生命即诗、"人诗合一"。在中国，李白这个名字代表的已经不仅仅是一个诗人，还是一个符号，一种精神，一类浪漫美学，一个指向，一条通往自由之"道"。

要达到这个境界是很难的，中国绝大部分诗人都存在两个问题，不是人大于诗，就是诗大于人，我们都喜欢阮籍、嵇康的魏晋风度，但对他们的作品却知之甚少。人们提起嵇康来，顶多知道一句"目送归鸿，手挥五弦"，他们的诗歌，和他们人格的光辉相比显得黯然失色，就算是陶渊明，所写的诗还是远不如盛唐诗歌那样脍炙人口。还有一类诗人，名作佳句多不胜数，偏偏人淡得像个可有可无的影子，让人只记住了他的诗，记不清他的人，没错，我说的就是王维，王昌龄、岑参也有这个问题。

要论人诗合一，只有苏轼可堪和李白匹敌，苏轼的特长是更全面，光论气质之纯粹和个性之鲜明，还是要输李白一筹。

王维写起诗来，恨不能完全隐身。他笔下的山，是一座空山："空山不见人，但闻人语响"。

李白呢，写起诗来，首首都是"有我之境"，在他之前以及之后，都没有一个诗人像他这样乐此不疲地书写自我，他的诗不管是干谒也好，酬和也好，中心始终突出的是一个大写的"我"。

清人余成教在《石园诗话》①卷一中曾论及李白诗的起势说：

> 太白诗起句缥缈，其以"我"字起者，亦突兀而来。如"我随秋风来""我携一樽酒""我家敬亭下""我觉秋兴逸""我昔钓白龙""我有万古宅""我行至商洛""我有紫霞想""我今寻阳去""我昔东海上""我本楚狂人""我来竟何事""我宿五松下""我浮黄河去京阙""我吟谢朓诗上语"之类是也。

这还只是冰山一角，不用专门查阅李太白集，也可随便略举几例：

> 我从此去钓东海，得鱼笑寄情相亲。(《猛

---

① 余成教：生卒年不详，字道夫，号石园。清代诗人，著有《石园诗话》，仅存两卷。《石园诗话》以评述唐代诗人诗作为主，兼述前人论诗得失。

虎行》）

　　我来竟何事，高卧沙丘城。（《沙丘城下寄杜甫》）

　　我志在删述，垂辉映千春。（《古风·其一》）

　　我寄愁心与明月，随君直到夜郎西。（《闻王昌龄左迁龙标遥有此寄》）

　　……

　　他还总是喜欢在诗中自称"李白"或其字号，就像唐太宗总是喜欢自称为"世民"一样，显得特别可爱，比如"李白乘舟将欲行""夜台无李白，沽酒与何人""虽为李白妇，何异太常妻""青莲居士谪仙人，酒肆藏名三十春""四明有狂客，风流贺季真。长安一相见，呼我谪仙人"……

　　李白诗中的我，是我行我素，"我本楚狂人，凤歌笑孔丘""我辈不作乐，但为后代悲"；也是唯我独尊，"我觉秋兴逸，谁言秋兴悲"；更是自我中心，"我醉欲眠卿且去，明朝有意抱琴来"。

　　他的人生理想，有说是功名利禄，有说是兼济天下，其实都可以换成一个现代人常说的词，也就是自我实现。他的诗，是由一个个孤傲的自我连缀而成的，李白最喜欢也最擅长的题材就是李白本人，塑造李白传奇的第一人，正是李白自己。

美国汉学家宇文所安①也敏锐地感受到了这一点，他指出：

> 除了诗歌方面的卓越成就，李白还留给后代诗人一份重要的遗产：对于个人和诗歌特性的兴趣。仅仅杰出已不再令人满足，诗人必须既杰出又独特。因此，后代批评家总是劝告有抱负的诗人仿效杜甫，而不是李白……李白不可仿效的真正原因，却在于李白的诗歌主要与李白相关，其目标是通过诗中的人物和隐蔽于诗歌后面的创造者，表现出一种独一无二的个性。②

我们常说盛唐气象，但如果没有李白，盛唐气象也许将是一团混沌，显得面目模糊，直到李白闯入诗坛，才以一己之力提升了盛唐气象的内涵和格局，让盛唐气象变得如此鲜明独特。

多么神奇，李白对于当时的诗坛本来是个外来客、游离者，最后，却成了那个时代最重要的代言人。真正的时代英雄，可能都具有这种超越并引领时代的作用，关于李白对时代的超越性，早有人说过"超出唐人而不离唐人者，李也"。

如今，李白和盛唐早已密不可分，我们会觉得，杜甫可以属于任何朝代，而李白只能属于盛唐。

---

① 宇文所安（Stephen Owen，1946—）：美国汉学家，主要研究领域是中国古典文学、抒情诗和比较诗学。
② 引自宇文所安所作《诗的引诱》，译林出版社2019年版。

只有盛唐，才能孕育和包容李白，如果生在其他朝代，他可能真的会发疯。

想想徐渭吧，年轻时何尝不是才盖一世、气雄天下，后来竟因忧惧而落到杀妻自戕的地步，或者会横死。比如那位方孝孺，专门写过《李太白赞》的明代大儒，却因为支持建文帝，落得被明成祖朱棣诛十族的惨烈下场。

文人们都爱借李白之酒杯，浇自己不遇之块垒，殊不知，李白已经算生逢其时，他和他的时代互相成就、互相辉映。

如果没有李白，盛唐也将失去至少一半的光彩，属于那个朝代的风流早已被雨打风吹去，我们已经见识不到吴道子的壁画，听不到李龟年和三千梨园子弟的歌声，也无法切身感受到公孙大娘的剑舞有多么精彩，连万国来朝的威仪、杨玉环的天生丽质都已湮灭。幸好还有李白的诗，让我们能够想象得到关于盛唐的万千气象、山河澎湃、浪漫自由。

他绣口一吐，就是半个盛唐。

## 第二章 异乡客

李白与其他边塞诗人不同的地方在于,他不仅仅只是诗中含有大量西域意象,而是整个性格气质、人格精神都深受西域文化影响。我们不能说他是个彻头彻尾的西域人,但他至少是个西域客,来自西域的客人。

# 客从西域来

> 明月出天山,苍茫云海间。
> 
> 长风几万里,吹度玉门关。

如果要评选最出色的边塞诗,这首《关山月》肯定能名列其中,尤其是前面四句,境界何等阔大,一下子将人带到了塞外绝域,仿佛站在天山之巅,俯看一轮明月从云海中喷涌而出,脚下是长风浩荡,这大概是自古至今最壮丽、最气象万千的一个月亮了。

大唐的明月,曾经照耀着玉门关以西、葱岭以东的广大区域,这片广阔的土地有一个我们耳熟能详的名字,叫作西域。

从玄奘西行以来,西域一直以其神秘、浪漫的异域情调吸引着唐人前赴后继,盛唐诗人如高适、王昌龄、岑参甚至王维都有从军西域的经历,这个名单还可以拉得很长,奇怪的是,这其中,居然没有李白的身影,更奇怪的是,他似乎光凭天马行空的想象力,大笔一挥,就描摹出了一个令人无比神往的西域。

他是如何做到的?

现代不少学者给出的答案都很一致——他来自西域。

李白一家是从西域迁入蜀地的,这点是经由他本人亲口讲述的。他临终前曾对族叔李阳冰说,他的先祖曾因"中叶非罪,谪居条支",也就是因为犯了罪,被迫迁居到条支,后来为他重新作墓志的范传正则明确指出,他们一房是在隋朝末年"被窜于碎叶"。

碎叶是条支下属的一个地名,唐时属安西都护府统摄,位置靠近热海(现在的伊克塞湖),而如今,碎叶城已变为托克马克市,隶属于吉尔吉斯共和国。

若李白的父亲是唐中宗神龙元年①逃往蜀地的,那时李白已经五岁,也就是说,他在碎叶城生活了整整五年。这就不难理解他为何成年后从未涉足西域,却能写出让人身临其境的边塞诗,那是因为他本来就曾经身临其境。一般人是从五六岁才开始记事的,但早慧的天才,对童年的记忆往往也比普通人要早得多,白居易说他还不会说话就会指认"之"和"无"两个字,那么五岁的李白能记住儿时的大漠风光也不足为奇。

一直以蜀人自居的李白,出生地极有可能是在西域,又因为

---

① 神龙元年:神龙是武周皇帝武则天和唐中宗李显的年号,指705年正月—707年九月。神龙元年,即公元705年。

这个出生地之争，衍生出另一个更加重要的问题，那就是李白到底是胡人吗？

碎叶城是一个胡汉杂居的地方①，李白的父亲叫李客，这不太符合汉人命名的方式，有人据此推测说因为他本是胡人，并且没有给自己取一个真正符合规范的汉名。

李家在四川居住的地方叫漫波渡，与"蛮婆渡"谐音，汉人习惯称少数民族女性为"蛮婆"。照此看来，李白的母亲或许是当地的少数民族，譬如羌族。依照如此推论，不管是从父系还是母系来看，李白是少数民族的概率都很大，不是"胡儿"，就是"蛮子"。

李白的相貌，似乎也与传统的汉人儒士不太一样，所谓仙风道骨，也许就是因为长得比较独特。

但以上都纯属推测，按照目前的证据来看，还不足以完全证明李白就是胡人。

我个人认为，从血统来说李白至少不是个纯正的胡人，碎叶城的胡人以突厥为主，他们的长相相当有特色，紫髯碧眼，卷发高鼻，设想一下如果李白长得像武侠小说中的碧眼胡僧，肯定会给别人留下非常鲜明突兀的印象，但时人的记载中并没有类似的描述，何况李白还在自己的诗里将胡人的长相用"诡谲貌"来概括，如果他本身就是一个胡人，应该不会觉得自己的同类长得诡谲。

---

① 唐代僧人玄奘、辩机所撰《大唐西域记》里有"城周六七里，诸国商胡杂居也"的记载。——作者注。

李白身上究竟有没有胡人的血统,只能说极有可能,并不能完全肯定。但可以肯定的是,李白的祖辈们在胡汉杂居的地方从隋末一直生活到盛唐前期,不可避免地受到了胡地风俗的影响。

出生在胡化颇深的家庭里,李白对来自西域的人和事物似乎有着与生俱来的亲近感:

他爱喝西域酿造的葡萄酒,"蒲萄酒,金叵罗,吴姬十五细马驮"。

他爱听胡人的音乐,"胡人吹玉笛,一半是秦声""胡雏绿眼吹玉笛,吴歌白纻飞梁尘""羌笛横吹阿䶮回,向月楼中吹落梅"。

他最爱去胡姬当垆的酒肆,"胡姬貌如花,当垆笑春风""细雨春风花落时,挥鞭直就胡姬饮""胡姬招素手,延客醉金樽"。

李白的身上,也不乏胡风,譬如他会写月支书,传说中曾经醉草吓蛮书,都说明他不止精通一门异族语言。他剑不离身,箭术高超,也有胡地游侠儿的那种豪侠作风。

他给孩子们起名也有点西域化,有一个孩子叫"颇黎",传说西方吐火罗国有座颇黎山,山中盛产一种名为"颇黎"的水晶。另有个孩子,小名叫明月奴,有人考证说明月是西方的寓意,明月奴也就是来自西方的小家伙。

还有一点,很少有人指出,那就是他特别喜欢歌舞,不止是欣赏,自己也常常在饮酒时放歌,在月下起舞。他的书童丹砂,擅长跳清海波舞，也就是唐朝青海湖地区吐谷浑族的舞蹈，这种能歌善舞的特质，一半源自浪漫天性，一半来自胡风浸染。现在我们去内蒙、新疆等地旅游，也可以看见少数民族同胞们一高兴就手舞足蹈，歌舞对他们来说就像呼吸一样自然。

其实不止是李白，当时的诗坛甚至举国都酷爱胡风，李唐王室本就有鲜卑血统，唐高祖、太宗、高宗三代的母亲都是鲜卑族，唐太宗李世民就公然宣称："自古皆贵中华，贱夷狄，朕独爱之如一。"所以他被各个民族称为"天可汗"，俨然是胡汉民族共同尊崇的天子。

唐时的长安是一个国际化的大都市，万国来朝，汉胡杂居，长安人喜欢着胡装、饮胡酒、啖胡食、听胡乐、赏胡舞。

开元年间以来，"贵人御馔，尽供胡食，士女皆竟衣胡服"。就胡食来说，有毕罗、胡饼、土楼子等，盛在夜光杯中的葡萄酒，让举国皆迷醉如狂，人们对琵琶、羌笛和羯鼓等的热爱，远远超过了传统的琴和箫，胡旋舞、胡腾舞等风行一时，玄宗的爱妃杨玉环、宠臣安禄山，都是胡旋舞的高手。

玄宗还有个来自中亚的妃子名叫曹野那姬，很有可能是粟特人。受此影响，诗人们的诗歌中也充满了各种光怪陆离的西域元素。

倘若只是单纯比较诗歌中的西域情调，岑参的诗显然比李白的更加具有典型性。

李白与其他边塞诗人不同的地方在于，他不仅仅只是诗中含有大量西域意象,而是整个性格气质、人格精神都深受西域文化影响。我们不能说他是个彻头彻尾的西域人,但他至少是个西域客,来自西域的客人。

对于当时的长安诗坛来说,李白做人作诗都不守章法,那时候的人只能用"奇之又奇"来表达他们的莫名惊诧。现在我们知道了,岑参们只是以中原人的视角去书写西域,而李白根本就是一个来自西域的野孩子,在苍茫广袤的天地之间自由自在地长大。

尽管只有短短五年,可天山的明月和塞外的长风已经融入进了他的血液之中,因为从小就见识过雪山、戈壁、大漠、长河,才养就了气吞山河的胸襟和格局。他在诗里那么喜欢描绘雄奇开阔的山水,也许正是童年记忆的延伸和复制。

李白的才华和奇特总让人以为他是天外来客,那时候的西域,相对于中原地带来说,何尝不是天外呢,从这个角度来说,李白的确就是天外来客。

生长于文化中心地带的人,太容易受传统的束缚,而李白独特的域外经历,让他足以摆脱这种强大的向心力,最终成长为独一无二的自己。

这位来自西域的客人,给温柔敦厚的中原文化注入了滚烫的热血和不羁的野性。闻一多评价盛唐三大诗人,说王维的诗是贵族的清雅,杜甫的诗是平民的写实,而李白的诗则是胡化的浪漫。

也可以说,李白正是国际化的都市文化孕育中的一位国际化的诗人,是胡汉文化融合的最高峰。他随口吐出的诗歌,就像敦煌的飞天、铿锵的琵琶以及旋转如风的胡旋舞一样,有种飞动之美,我们可以从其人其诗上,一窥巍巍盛唐的有容乃大和海纳百川。

宽容和开放,也正是汉文化的最大特征,汉文化在传承的过程中,正是通过对其他民族文化的不断吸收和同化来维持其源源不断的生命力的。

关于李白的血统和出生地问题,还是日本学者松浦友久的观点最为通达:

> 依靠卓越的才能和突出的努力,一个生于西域的新移民者实际上成了第一流的古典诗人,这一事例也是汉人文化柔韧顽强的同化力在诗文方面的具体体现,在文化史上也应给予积极评价……不管出身的种族和血统如何,在华夏文明中成长,以中国为祖国,运用汉语而成为中国有代表性的诗人的李白,要用确切的话语来表述他存在的意义,那就应该说:他是中国民族性的卓越体现者。①

---

① 引自松浦友久《李白的出生地及家世——以异族说的再研究为中心》一文。张采民译,载于1990年《中国李白研究》(一九九零年集·下)。

值得一提的是,到了现当代,李白已经成为西方世界最受欢迎的诗人,他的译诗远远多过于其他诗人,那首讲述青梅竹马的《长干行》让外国人如痴如醉。

形成这种现象的原因很复杂,其中一个原因或许正是他身上的胡风、胡气令西方人感到亲切。

# 商人之子

比李白的出生地更扑朔迷离的，是他的家世。

胡应麟说："古今诗人出处，未有如太白之难定者。"他的先祖究竟是谁？他的父亲是从事什么职业的？甚至他究竟是不是姓李都备受争议，成为了二十世纪李白研究的一个热点。

堂堂大诗人李白，为何会有人怀疑他不是姓李呢，这可能要从源头讲起。

考查李白的家世，不得不提起李白的族叔李阳冰所作的《草堂集序》以及李白朋友的后人范传正为他所作的碑文，这是离他本人最近的原始资料，李序和范碑中有李白一家"复指李树而生伯阳""隐易姓名""指天枝以复姓"的字样，如果记载是真的话，那么在李白出生之前，他们家可能因为某种难言之隐改了姓，直到他降生后才复姓为李。

问题是指李树而复姓这种记述的色彩太过于玄幻了，葛洪①的《神仙传》里说"老子生而能言，指李树曰：以此为我姓"，这样一对比就会发现，关于李白的出生和复姓，和老子的相关经历太像了。老子本无姓，出生后为自己选择了李姓，相对应地暗示李白一家也是为自己选择了李姓。

这种推断不无合理之处，当时李唐王朝如日中天，李成了天下第一大姓，天下人以与天子同姓为荣，天子也会赐人姓李，如唐太宗就曾赐徐勣姓李，也就是我们熟悉的李勣。

李白一家从西域迁入四川，为取得当地人的认可而宣称姓李以壮声势，于情理上是说得通的。

但推断只是推断，在尚无确凿的证据之前，我们还是只能采取通行的说法，即李白父祖流落西域后因某种原因不得不改姓，神龙初年来到四川才复姓为李，至于为什么说是李白降生之后，才指李树复姓为李，可能是李白为了增强自己"天降太白星"的神奇光环吧。

至于李白的先祖，现在更是众说纷纭，有说是李陵之后的，更有说是李建成之后的。

前者姑且不论，后面这种说法和李白不姓李一样，纯属推断，没有任何实质性的证据。开元年间离玄武门事变已经差不多过去了一百年，如果李白真是李建成的后代，不至于再需要顾忌皇室的加害，相反，以他的性格，必定会津津乐道自己是已故太

---

① 葛洪（约281—341）：东晋时期道教领袖，著有《抱朴子》《神仙传》等。

子之后，因为身为李建成的后代，和唐代宗室的关系自然近得多了。

李白自称是西凉武昭王李暠的九世孙，西凉是五胡十六国之一，起自公元400年，至公元421年而亡，疆域在今甘肃西部及新疆部分地区。李暠是陇西狄道（今甘肃临洮）人，一说陇西成纪（今甘肃天水秦安县北）人，西凉开国皇帝，能文善武，颇有政绩，自称为汉代李广将军的十六世孙。

正因如此，李白不止一次以"陇西人"自居：

白，陇西布衣。（《与韩荆州书》）
本家陇西人，先为汉边将。功略盖天地，名飞青云上。（《赠张相镐二首·其二》）

诗中明明白白地说自己是汉时飞将军李广的后人，古人好称籍贯，李白多次强调自己是陇西成纪（今甘肃天水）人。巧的是，李唐王室恰好也缘出于李暠这一脉，如此一来，李白就和当今皇族扯上了亲戚关系，算起来比唐玄宗还高两辈。

但天宝初年，玄宗曾诏令李暠子孙去宗正寺登记，这份谱牒中并无李白的大名。另外诸多研究者也早就注意到，李白在与唐朝宗室们攀亲认故时，常常一不小心就把辈份给搞错了，有时候高一两辈，有时候又低一两辈，诸如此般，让人不禁心生疑惑。

今人都对此怀疑，离李白更近的唐朝人为何没人提出过疑问,包括李唐宗室在内,都是任由他以西凉武昭王李暠九世孙的名头招摇过市呢?

一大可能是唐人对太过久远的宗系并不那么较真,加上李白的赫赫诗名,宗室们也不乏有人以这样的同宗为荣。

晚唐时,令狐楚得势,许多姓胡的人纷纷改姓令狐,以此来攀附令狐楚,他还只是一个宰相,那么姓李的人说自己和李唐宗室源出一脉,自然也是可以理解的。

从现存的记载来看,李白的先祖不太可考,父亲的名字可能为"客",连李姓都是迁到四川后"指李树"为姓,或是借用李唐王朝的李姓。

不管李白遥远的先祖是谁,到了他父亲这一辈,李家在社会地位上毫无疑问地没落了。

李白的父亲李客,连个像样的汉名也没有,范传正说他"高卧云林,不求禄仕",高卧云林是真的,不求禄仕,换个说法就是没有当过官。从李白挥金如土的行为来看,他的父亲应该相当有钱,且具有一定的文化知识,可以向儿子口授《子虚赋》。

既然没有当官又家资万贯,那么李白的祖父辈很有可能是靠经商积累下了巨额财富,到了李客这一辈,显然已是一方豪富。

考虑到条支为汉胡杂居之处,商业贸易发达,李客可能是商人的推断非常具有说服力。李客的做派,和明清时的扬州盐商有点像,盐商们不仅有钱,且深具文士风度,喜读书,好诗文,热爱举办雅集，也热爱资助文人。

中古时期重农轻商，古人爱说"士农工商"，商人哪怕再有钱，社会地位却比一贫如洗的农民和手艺人还要低。能够成为大商人的人，天资肯定不俗，倘若文化不低的话，肯定会有扭转地位的强烈欲望，商人的独到眼光让他们在进行政治投资时，得到的回报率可能也远高于一般人，比如春秋时的范蠡、战国时的吕不韦就是成功范例。

唐朝时也出现了一个从商人转型为大官的例子，那就是女皇武则天的父亲武士彠（yuē）。

武士彠靠捣腾木材赚得盆满钵满，但他从来不安于只做一个商人，在隋末天下大乱时，他认定留守太原的李渊奇货可居，于是散尽家财全力资助，并且想尽办法怂恿李渊起兵，后来李渊成功入主长安，武士彠成了开国功臣升任工部尚书，一举进入了新帝国的最高层。

李白的父亲李客显然也并不只想当个商人，所以当李白出生后，儿子的异常聪明让他看到了阶层跃升的可能性，他将李家咸鱼翻身的希望寄托在这个天资出众的儿子身上。

李白从小就接受了良好的教育，可能是父亲为他聘请了名师，他才得以"五岁诵六甲，十岁观百家"，李家藏书应该非常丰富，这在雕版印刷还未普及的年代是十分罕见的。

托赖于此，李白少时就博览群书，"轩辕以来，颇得闻矣"，为他后来才惊四座奠定下了深厚的基础。他确实也很争气，小小年纪就表现出了不同寻常的才华，"十五观奇书，作赋凌相如"。

从中我们也可以看出，李白接受的教育和正统儒家还是不太一样的，他所谓的"诵六甲""观百家"，都显示出了兼容并收、不拘一格的风格，而儒家基本上都以四书五经为普及读物。

在此，我们应该感谢李白那个儒商家庭，是他们为我们的天才诗人提供了宽松的成长环境，在阅读和教育等各方面都没有给予限制，而是任由他像杂草一样，自由自在地吸收着五花八门的知识。

李白的个性，因此也与传统士子大不一样。

在唐朝的诗人中，论雄姿英发，只有晚唐的杜牧和李白最像，但他们的人生道路还是迥异，因为本质上，身为相门之后的杜牧是个儒士，李白却跳出了儒家的规范之外，他的身上不乏商人那种不怕风险、敢于投机的特质。

从父亲对他的教育规划也可以看出，李客一开始就没有打算让儿子走科举之路，对唐时科举所侧重的帖经和律诗，李白早期都没有进行过专门训练。

李白为何不应科举？

以前我们都觉得是性格放纵不屑于按部就班的缘故，现在结合他的家世来看，更可能是因为他是商人之子，在当时，商人之子是不能参加科举的。自己去不去应举是一回事，能不能应举又是另一回事，出身于商人家庭，让李白在没有进入到体制之前，已经感受到了来自体制的压迫。

这样一个非比寻常的家庭，对李白的影响也是非比寻常的。他的身上很多时候都会呈现出一种奇异的矛盾：绝顶的自负和绝顶的自卑交织在一起。

说李白自卑可能很少人会认同，因为他将这种情绪隐藏得特别深，原生家庭成了他不愿意触碰的隐痛。一方面他不愿提及自己的家人，诗中竟然有"绝无思亲之句"，不想就此谈论过多，也是为了避免暴露过多；另一方面他又有执着的宗室情结，热衷于和李唐宗室攀亲戚，可能是想借此来掩盖自己的寒微出身。

但李白毕竟是李白，他的伟大表现在最终还是能突破当时的社会成见，和其他诗人相比，他的身上有一种难得的平民意识。当面对王公大臣时，他往往表现得倨傲不屈，当和平民百姓们在一起时，他却是那么亲切可爱，平易近人。

他乐于和百姓做朋友，比如酿酒的纪叟、赠饭的荀媪，也写过不少关于平民的诗，如：

> 田家秋作苦，邻女夜舂寒。（《宿五松山下荀媪家》）
> 挥镰若转月，拂水生连珠。（《鲁东门观刈蒲》）
> 炉火照天地，红星乱紫烟。赧郎明月夜，歌曲动寒川。（《秋浦歌十七首·其十四》）

> 吴牛喘月时,拖船一何苦。水浊不可饮,壶浆半成土。(《丁都护歌》)
>
> ……

这些诗不仅写得亲切自然,还颇有美感。此类题材中他写得最好的还是和商旅有关的。李白写过非常多关于商人思妇的诗,其中《长干行》是最为人们所耳熟能详的:

> 妾发初覆额,折花门前剧。
> 郎骑竹马来,绕床弄青梅。
> 同居长干里,两小无嫌猜。
> 十四为君妇,羞颜未尝开。
> 低头向暗壁,千唤不一回。
> 十五始展眉,愿同尘与灰。
> 常存抱柱信,岂上望夫台。
> 十六君远行,瞿塘滟滪堆。
> 五月不可触,猿声天上哀。
> 门前迟行迹,一一生绿苔。
> 苔深不能扫,落叶秋风早。
> 八月胡蝶来,双飞西园草。
> 感此伤妾心,坐愁红颜老。
> 早晚下三巴,预将书报家。
> 相迎不道远,直至长风沙。

因为有了这首诗，才有了青梅竹马、两小无猜这两个成语，林语堂曾说芸娘是文学史上最可爱的女人，可在我心目中文学史上最可爱的是这位住在长干里的小女孩，她是那么天真烂漫，又是那么娇羞温柔。

这首诗是国外最受欢迎的李白译诗之一。全诗语言清新流畅，诗中蕴含的情感更是中外人们都共同为之感动。

以前读这首诗的时候，还只是感叹于李白怎么能将一个商人妻子的成长描绘得如此细腻传神，后来才知道，这根本是因为他对商人行旅的生活十分熟悉，连商人出行的线路都了然于胸。他说自己"混游渔商，隐不绝俗"，又说"青云豪士，散在商钓"，与渔夫商人为伍，他颇以为豪，因为他本来就是他们中的一员，这又是李白高出流俗的一面。

原来他并不是某些人误以为的那种高高在上的诗人，而是非常平民化的。所以从唐朝开始，百姓们就很喜欢李白，他们传诵他的诗歌，编造他的故事，在小酒馆里打出一面酒旗，上面写着"太白遗风"，所谓太白遗风，不仅是嗜好饮酒，更是平民风度。

如果要夸张一点，可以这么说，我们大诗人的心，始终和百姓们连在一起，所以平民百姓才这么喜爱他，说他是古往今来民间最受欢迎的诗人也不为过。

同样是大诗人，屈原、杜甫、王维这些出身于贵族或世家的诗人总是让老百姓们多多少少觉得有些隔膜，而李白则让老百姓们自然而然地感到亲近，这多少和他的出身有关。

## 惟蜀有才,奇瑰磊落

不管出生地在哪里,李白的青少年时期都是在四川度过的,他本人在对外介绍时也说"近者逸人李白,自峨眉而来"。蜀国多仙山,峨眉天下秀,李白便用峨眉来代称蜀地。

实际上他家坐落在四川江油市青莲镇漫波渡。20世纪30年代,李长之[1]曾亲自去漫波渡探访:远远看去就像云气蒸腾似的,一片淡淡的白雾,天和水是不大分的,岸上是一片淡黄花的树,夹着一些青竹,有些缥缈,有些空虚,也真仿佛李白的诗境。[2]

相传李白的母亲曾在漫波渡口浣纱,一尾金色鲤鱼跳入篮中,李母带回家烹而食之,之后就怀上了李白。

---

[1] 李长之(1910—1978):原名李长治、李长植,现代作家、文学评论家、文学史家。著有《道教徒的诗人李白及其痛苦》《司马迁之人格与风格》等。
[2] 参见李长之《李白传》。——作者注

李白就是在这样一个仿似仙境的地方长大的。青莲是个小镇，好在李家并未指望他走科举之路，这样也避免了他成为一心只读圣贤书的"小镇做题家"。

不过少年时的李白还是很勤奋的。相传他在山中读书时，有次下山去玩，路过一条小溪时遇见位老婆婆在磨铁杵，小李白好奇地问她在干什么，老婆婆回答说想把它磨成针，李白从中得到了启发，于是回去发愤苦读。

磨铁成针的故事可能是后人杜撰的，却也可以从中看到李白的勤学，年少时他曾经前后三拟《昭明文选》，觉得不满意的作品都烧掉重写，最后只留下了仿作的《恨赋》和《别赋》。

这种勤学苦练的精神，为他奠定了深厚的学问基础，他后来写诗不太爱用典，可一旦用起典来还是驾轻就熟的，正是得益于年少时的积累。

一方水土养一方人，成长于巴山蜀水之间，李白自然深受巴蜀文化的浸润。巴蜀这个地方，向来有"天府之国"之称，地沃土丰，商业繁盛，蜀地的美酒和锦缎都闻名全国，李白父亲选择迁居此地是有道理的。

蜀地的风光，堪称奇秀，有白云缭绕的高山、奔流不息的江水、奇险的栈道、凄厉的猿鸣，以及杜鹃鸟忧伤的鸣叫声、生活在这样奇幻瑰丽的自然环境中，让李白从小就培养出了对雄奇山水的爱好，巴山蜀水的各种元素，日后也常常出现在他的诗里。

蜀地的文化，则可以用奇诡来形容。奇幻的仙道文化与诡异的巫祝文化共同构成了蜀地文化夸张、浪漫的色彩，巴蜀道教创始人张道陵就是在巴蜀创立五斗米教，并在蜀汉传道30余年。李白的家乡，四川绵阳江油西南40里的紫云山就是一个著名的道教胜地，他也在诗中提起过"家本紫云山"。

附近的匡山上至今还有李白的读书台，也就是杜甫诗中提及的"匡山读书处，头白好归来"，据说青少年时期的李白常居此处读书有十年之久。相传匡山夜里每每有光影摇曳，当地老者便指点着说："那是李白在秉烛读书呢！"

一个人自幼生长的地方，肯定对他有莫大的影响，我们后来熟悉的那个飘逸、浪漫、特立独行的李白在蜀地时，已经初具雏形。他在这里修仙访道，学剑练艺，周游名山，读书干谒，成长为一个矫矫不群的青年。

巴蜀自古多才俊，孙中山曾感言"惟蜀有才，奇瑰磊落"，将巴蜀才士的风貌概括得非常贴切。

巴蜀的才士们，风貌与中原文士大不一样，从汉时的司马相如、扬雄到唐时的陈子昂、李白，宋时的苏轼，他们的共同点都可以用"奇瑰磊落"来概括，他们其人雄奇磊落，其文奇幻瑰丽，是时人眼中所谓的"奇士"，而非传统儒士。

蜀地有两个非常明显的特点。一是封闭性，此处四面环山，交通不便，"尔来四万八千岁，不与秦塞通人烟"；一是边陲性，此地虽然富饶繁盛，毕竟地处西南边陲，而自古以来的文化中心，都在黄河流域的中原一带。边缘地区往往是文化传统刚性最弱、最容易突破的地方,这就是"蛮夷"的优势,也是所谓文化边缘的优势。李白能够后来居上,超过中原地带出身的王维等人,和他成长于边缘地区不无关系。

"蜀之人无闻则已,闻则杰出"(魏颢语),巴蜀这个地方要么不出人才,要么一出就是杰出人才。因为要从这个地方走出去实在太不容易了,而能够真正走出去的人,肯定具有非比寻常的才华。光有才华还不够,要想和中原文士们一较高下,他们还得出奇制胜。

大多数的人成长都是从模仿偶像开始的,李白也不例外,他所追慕的蜀地先贤,远有司马相如,近有陈子昂。

初唐的陈子昂,正是蜀人出奇制胜的一个典型例子。陈子昂也是西蜀人士,出身于四川射洪县经营井盐的巨富之家,年轻时驰侠使气,不学无术,直到有次格斗时快闹出人命了,才幡然醒悟,折节读书。

陈子昂能够在初唐的诗坛脱颖而出,靠的不仅是非常之才华,更是非常之手段。他到长安闯荡时籍籍无名,有次在街头游荡时遇见有人在卖胡琴,一把貌似很普通的胡琴,居然要价高达百万。

陈子昂脑子里灵光一闪,拨开人群高价买下了这把胡琴,并宣布明天将在自己的住所奏琴娱客。

第二天,人们闻风而至,想一聆雅奏,出人意料的是陈子昂却高高拿起那把胡琴,当着众人的面摔得粉碎,更出人意料的是他还道出了下面一番话："我陈子昂，从四川来到长安，随身带着诗文百卷，却不为人知，这把琴只不过是乐工演奏的乐器，哪里值得大家这么关注呢？"

这一摔，摔出了关注，摔出了名气，陈子昂这个名字，很快就伴随着摔琴的故事，哄动了当时的文坛。

现在看来，哪有这么巧的事，这根本就是一出好戏，导演和主演都是陈子昂，从千金买琴到当众摔琴，都是他在自导自演。

陈子昂在初唐诗坛上地位很高，一首《登幽州台歌》足以让他不朽：

前不见古人，
后不见来者。
念天地之悠悠，
独怆然而涕下。

后人在论及陈子昂承前启后的重要地位时，评价说"论功若准平吴例，合著黄金铸子昂"[①]。

陈子昂卒于702年，正好是李白出生的后一年。对这位西蜀前辈，他自然也是熟悉而敬仰的。

创作上，他接过了陈子昂高举的"复古"大旗，提倡要复兴

---

① 引自金代诗人元好问《论诗三十首（其八）》一诗的最后两句，大意为"若是效仿越王平吴般论功行赏，应该铸造陈子昂的金像"。

建安风骨,他创作的《古风》系列,正是对陈子昂同题诗作的继承和学习;行为上,他也追随这位自蜀入京的前辈,试图以非常之手段,谋取非常之功名。

李白和司马相如、陈子昂这些蜀地才士有共同点,也有不同的地方。司马相如和陈子昂他们都是土生土长的蜀地人,而李白一家则是迁居于此的外来客、新移民。

尽管李家财力雄厚,但作为蜀地的新移民,李家的社会地位还是不如那些雄霸一方的本地土著们,李白的父亲终其一生都被称之为"客",这也是李家没有彻底融入到当地的一个有力佐证。

据《彰明逸事》[①]记载:

> 李白少时曾在剑南道绵州府昌隆县县衙当一名小吏。
>
> 一次,李白驱牛经过县令堂下,县令夫人欲加诘责。
>
> 李白便吟诗致歉,诗曰:"素面倚栏钩,娇声出外头。若非是织女,何必问牵牛。"
>
> 县令奇之,便令李白侍奉砚席。
>
> 有一次,县内发生大火。火灭后,县令作诗云:

---

[①] 据四川江油的《彰明县志》记载,宋人杨天惠编写的《彰明逸事》收录了多则关于李白的传说故事。

"野火烧山后，人归火不归。"一时想不出下句。

李白接口道："焰随红日远，烟逐暮云飞。"

县令听了就停止作诗。

还有一次，李白陪同县令在江边观看涨水。

有一女子淹死江中，县令见状，作诗吟道："二八谁家女，飘来倚岸芦。鸟窥眉上翠，鱼弄口旁朱。"

李白随口应道："绿发随波散，红颜逐浪无。何因逢伍相，应是怨秋胡。"

县令听到李白诗含讽意，很不高兴。

李白感到很惶恐，便隐于大匡山读书。

这些传闻荒诞不经，杜撰者可能是为了突出李白的才华和傲岸，结果反而凸显了他的狼狈和卑微。如果李白真的曾有做小吏的经历，那么可以看出，当时还籍籍无名的他，实在太微不足道了。

也许是在老家寻找不到发展机会，二十出头时，李白有过游历巴蜀之举，并曾来到成都。

成都当时还叫益州，唐时号称扬一益二，成都的繁盛仅次于扬州。西蜀小镇青年李白头一次来到如此繁华的大都市。

在这里，李白平生第一次干谒，他以初生牛犊不畏虎的劲头在路上拦住了益州刺史苏颋。后者对他评价甚高，也曾上书向朝廷推荐他，最后不知怎么的却没有下文了。

另一次干谒就更不顺利了,当时的渝州刺史李邕①可能看不惯李白的年少轻狂,对他不大客气,刺激得李白狂性大发,特意写诗予以回击。

既然本地的路走不通,那么只有学陈子昂那样出蜀去了。

自二十五岁离蜀之后,李白再也没有回到过四川。他在诗中也常常表达对蜀地的思念,但他思念的是相如台、扬雄宅,是峨眉的月亮和宣城的杜鹃花,而不是那里的人。

极有可能,他在蜀地的经历并不太愉快,作为一个新移民之子,他和父亲一样都受到过微妙的排斥和轻视,而李白又是一个何等敏感自负的人,心里暗暗憋了一口气,立誓要闯荡出个名堂来,让那些曾经排斥和疏远他们的土著们另眼相看。

离开蜀地之后,李白很少提及蜀地的双亲。

孝有两种方式,一种是随侍在旁,承欢膝下;一种是光宗耀祖,振大家声。魏晋时的王祥②说过"扬名显亲,孝之至也",李白辞亲远游,正是为了扬名显亲。

对他来说,人生中最重要的两件事就是报国和荣亲。"事君之道成,荣亲之义毕,然后与陶朱留侯,浮五湖,戏沧州""一生欲报主,百代思荣亲",心心念念着要光大门楣。

可事与愿违,他一直没达到心中的目标。"李白《蜀道

---

① 李邕(678—747):又名李北海,字泰和,唐代书法家。
② 王祥:字休徵,三国、曹魏至西晋时大臣。"卧冰求鲤"就是指发生在他身上的故事。

难》,羞为无成归"①,既然无法像他仰慕的司马相如、陈子昂那样衣锦还乡,他宁愿不还乡。

这种客居的身份,也造成了李白的客寓意识②。对于蜀人来说,他是个外来客,对于长安人来说,他还是个外来客。终其一生,他在哪里都找不到归属感。辞别蜀地之后,只有永无止境地漂泊下去了。

衣锦还乡的目标,李白生前失之交臂,死后倒是成功实现了。

今天的四川人,个个都以拥有李白这样的老乡为荣,"李白故里"成了江油响当当的一张金字招牌。

江油人提起这位大诗人来,都尊重地称他为"太白先生"。因为李白的缘故,清廉乡改名为青莲镇,当地重修了他住过的陇西院,还有一座李白胞妹月圆的坟墓,据说是李白离开之后,月圆留在父母身边替他尽孝,不管真假如何,出发点都是很美好的。

关于李白的出生地之争,明代的思想家李贽[3]说过一段很风趣的话:

**蜀人则以白为蜀产,陇西人则以白为陇西产,山东**

---

[1] 引自唐朝诗人姚合所作《送李余及第归蜀》一诗。——作者注
[2] 具体可参见松浦友久相关著作。——作者注
[3] 李贽(1527—1602):字宏甫,号卓吾,明代官员、思想家、文学家,其重要著作有《藏书》《续藏书》《焚书》《续焚书》等。

人又借此以为山东产,而修入《一统志》,盖自唐至今然矣……呜呼!一个李白,生时无所容入,死而千百余年,慕而争者无时而已。余谓李白无时不是其生之年,无处不是其生之地。亦是天上星,亦是地上英,亦是巴西人,亦是陇西人,亦是山东人,亦是会稽人,亦是浔阳人,亦是夜郎人。死之处亦荣,生之处亦荣,流之处亦荣,囚之处亦荣,不游不因不流不到之处,读其书,见其人,亦荣亦荣,莫争莫争。①

华夏何幸,曾生李白!大唐何幸,曾有李白!

---

① 引自明代思想家李贽《焚书》卷五《李白诗题辞》。

## 第三章 侠客行

想起少年李白来,脑海中浮起的形象总是他身骑白马,腰佩长剑,在浩荡春风中踏春而来。

# 银鞍白马度春风

倘若要为李白拍一部电影的话,我希望他的亮相是从下面这首诗里开始的:

登锦城散花楼

日照锦城头,朝光散花楼。<br>
金窗夹绣户,珠箔悬银钩。<br>
飞梯绿云中,极目散我忧。<br>
暮雨向三峡,春江绕双流。<br>
今来一登望,如上九天游。

在一个春天的清晨,年轻的诗人登上了成都的散花楼。

那日,春光明媚,春水四流,极目远眺,满目都是春意,满耳都是春风,吹得人心神俱醉,仿佛飘扬到了九天之上。

和他日后那些情景相融的山水名作相比，这首诗还存留着明显的齐梁体痕迹，像是在有句无篇的谢灵运诗集里抄过来的。尽管"暮雨向三峡，春江绕双流"堪称警句，全诗还是乏善可陈。

之所以用这首诗当作李白的开场秀，是因为其中透露的那种春日迟迟的气息，这种气息贯穿了他的一生。

想起少年李白来，脑海中浮起的形象总是他身骑白马，腰佩长剑，在浩荡春风中踏春而来。

想起他，就会想到桃花、春草、迎风招展的酒旗这些和春天有关的事物。他的一生，仿佛都在春游之中，而这场春游，正是在成都散花楼拉开序幕的。

那是开元十二年（公元724年）的春天，一个空前绝后的盛世如日中天，李白那年二十四岁，那时候，大唐和他都正青春，世界在他面前徐徐展开，等待着他去策马驰骋。

那一年，他游成都、上峨眉，然后舟行东下至渝州，游遍了大半个四川。

一年之后，他挥别蜀地，乘舟漂流而下，为他送别的，唯有头顶那轮月亮。他挥笔写下"峨眉山月半轮秋，影入平羌江水流，夜发清溪向三峡，思君不见下渝州"的佳作。从此一路向前，再也没有回头。

大唐诗人大概是历朝历代中最爱漫游的，连无比依恋家乡襄阳的孟浩然也曾数次外出漫游，而在众多诗人中，李白又是最爱漫游的。

据不完全统计，李白一共去过18个省，到过206个县，登过80多座山，游览过60多条江河和20多个湖潭。他的足迹最东至浙江天台山，最南至九嶷山，最西在四川峨眉山，最北到边塞的幽州。除了中年在长安供奉翰林的两年半，他这一生几乎都没停下来过。

李白漫游的足迹大致可以分为三个阶段。

第一个阶段从25岁出蜀漫游求仕，这个时期时间最长——前后长达18年，足迹也最广——近乎半个中国。

第二个阶段是仕途失意后，离开长安，开始漫游，这段时间也长达11年。

第三个阶段是安史之乱时期，李白躲避战乱以及被流放夜郎时期。

游国恩[①]先生等人的编著的《中国文学史》讲述李白第一次远游：

> 浮洞庭，历襄汉，上庐山，东至金陵、扬州，复折回湖北，以安陆为中心，又先后北游洛阳、龙门、嵩山、太原，东游齐鲁，登泰山，南游安徽、江苏、浙江等地，游踪所及，几半中国。[②]

---

[①] 游国恩（1899—1978）：字泽承，江西临川人，以楚辞研究与中国文学史研究著称于世，著有《楚辞概论》《中国文学史讲义》等。

[②] 引自游国恩等主编《中国文学史（修订本2）》，人民文学出版社2002年版。

他的远游，总是和修道寻仙、干谒投刺、任侠交游这些联系在一起，但又不止如此。无独有偶，我们熟悉的两个外国作家也热衷于长途旅游：

> 我老实告诉你，萨尔，不管我住在什么地方，我的衣箱总是塞在床底下，随时可拿，我随时都可以离开或者被赶出去。我决定什么都撒手不管了。你明白，我为了做到这一点已经竭尽全力，你知道那并没有什么了不起，我们懂得怎么消磨时间——我们磨磨蹭蹭，溜溜达达，东张西望，找一些老式的刺激，其实还有什么刺激呢？我们懂。[1]

> 一天早上睁眼醒来，蓦然侧耳倾听，远处传来鼓声。鼓声从很远很远的地方、从很远很远的时间传来，微乎其微。听着听着，我无论如何都要踏上漫长的旅途。[2]

李白就是如此，似乎总是有远方的鼓声在召唤着他，让他无论如何都要出发。

---

[1] 引自[美]杰克·凯鲁亚克《在路上》，上海译文出版社2006年版。
[2] 引自[日]村上春树《远方的鼓声》，上海译文出版社2011年版。

对比起来，和他同时代的诗人，出游的目的要明确得多，高适、岑参去边塞是为了从军，王昌龄漂泊四方是因为宦游，杜甫迁居蜀地是投奔亲友。

只有李白，总是迫不及待地从一个地方漂到另一个地方，他迷恋的是出发本身，是漂泊本身，只有在路上，才能容下他无处安放的激情。

李白的远游，和我们大多数人想象的并不太一样。

我们想象中的古人远游，大概是像玄奘西行那样，长途跋涉，风餐露宿，一路要历尽种种艰难困苦。

李白可不一样，他外出漫游不是为了取经，更不是为了吃苦，而是为了交更多的朋友、观赏更壮丽的山河、体验更丰富的人生，他可不是很多人认为的那种穷游族，就算在旅途上，他还是要呼朋引伴、一掷千金。

他的出游，大多数时候不是穷游，而是冶游、欢游。顾随①曾经很直接地评论说，李白就是个纨绔子弟。的确如此，从他出游的目的地和出游的方式，都可以看见这种浓厚的纨绔作风。

有人统计过，就到访次数来看，李白最爱去的城市前十名，包括金陵（今南京）、当涂、广陵（今扬州）、安陆、任城、浔阳（今九江）、江夏（今武汉）、鲁郡（今济宁）、洛阳和宣城，排名前列的金陵、扬州等地，都是著名的销金窟、温柔乡。

---

① 顾随（1897—1960）：本名顾宝随，字羡季，别号驼庵，中国韵文、散文作家、理论批评家。

李白第一次远游时，嘴里说着"自爱名山入剡中"，可一掉头就东游淮扬，在扬州这个烟柳繁华地、温柔富贵乡玩了足足一年，直到钱都花光了才依依不舍地离开。

很多人都说李白是大唐第一驴友，但这位驴友可不像如今那些一个睡袋就可以走天下的驴友那么艰苦朴素，而是要骑最快的马，喝最烈的酒，爬最高的山，去最繁华的城市，交最豪爽的朋友，以及，笑拥最美的女人。

美酒、美人和美景，大概构成了李白诗中的三原素，他在长安街头晃荡时，最爱去的就是胡姬当垆的酒楼：

五陵年少金市东，银鞍白马度春风。
落花踏尽游何处，笑入胡姬酒肆中。①

初游长安时，他已经三十岁了，却仍然像他诗中的五陵年少一样，身骑白马，意气风发，在春风中踏着落花而来。

到了金陵，劝酒的美人换成了吴姬：

风吹柳花满店香，吴姬压酒劝客尝。②

在襄阳的时候，他还不算有名，出去玩的派头却堪比东晋

---

① 出自李白诗《少年行·其二》。
② 出自李白诗《金陵酒肆留别》。

名士：

> 千金骏马换小妾，醉坐雕鞍歌《落梅》。
> 车旁侧挂一壶酒，凤笙龙管行相催。①

这一幕大概是李白在城市游荡时的常态，美人相伴，美酒在侧，如此出游，方才尽兴。

每到一处，他都要携妓出游，招摇过市，别人说什么他不管的，他就是要向名花美酒拼沉醉。对李白的这种纨绔作风，王安石就很看不惯，说他诗中十句，九句是说妇人与酒。

王安石是个自律派，而李白是个享乐派，前者自然理解不了后者。正是借助妇人与酒，李白完成了诗酒风流自我形象的塑造，这点更加超出了王安石们的理解范畴。

李白的出游，更为我们所熟知的，是"一生好入名山游"。

一个人的童年经历至关重要，李白的成长记忆与山息息相关，长大之后也自然乐意与山亲近，进而形成了名山情结："心爱名山游，身随名山远""久欲入名山""愿游名山去""名山发佳兴，清赏亦何穷"。

什么叫作名山？

可以简单理解为古代名人尤其是文人游览吟诵过的山岳。比如李白最爱去庐山，曾经五入庐山，而庐山就是陶渊明"悠然见

---

① 出自李白诗《襄阳歌》。

南山"的那座南山；他一直爱在浙东和皖南游览，正因为那里是大谢（谢灵运）、小谢（谢朓）寻幽探胜的地方，对谢灵运攀登过的天姥山，他向往不已，纵使不能亲至，也要梦游一番；他所深爱的峨眉山、嵩山、天门山、青城山等，都是被前辈诗人们反复吟诵过的。

李白那时候可能没有想到，那些他足迹所至的山岳，最终将因为他的诗而大彰其名，成为人们所向往的名山，吸引着越来越多的人前去观赏。

写庐山的诗那么多，但加起来都比不上他的《望庐山瀑布》有名：

日照香炉生紫烟，遥看瀑布挂前川。
飞流直下三千尺，疑是银河落九天。

宋时的苏东坡对这首诗极为叹服，还特意将此诗与徐凝[①]咏庐山的诗相比，批评徐凝的诗是恶诗，李白的诗才是真正的"谪仙词"。

峨眉山、天门山、天姥山、华山等都因他的吟咏而更为人们所熟悉：

蜀国多仙山，峨眉邈难匹。（《登峨眉山》）

---

① 徐凝：唐代诗人，生卒年不详，与白居易、元稹同时而稍晚。

天门中断楚江开，碧水中流至此回。（《望天门山》）

　　越人语天姥，云霞明灭或可睹。（《梦游天姥吟留别》）

　　西岳峥嵘何壮哉，黄河如丝天际来。（《西岳云台歌送丹丘子》）

　　……

　　甚至一座毫无名气的敬亭山，也因为他的喜爱而名垂诗史，跻身于峨眉、天门等名山之旁而毫不逊色："众鸟高飞尽，孤云独去闲。相看两不厌，唯有敬亭山。"

　　古代交通不便，所以李白的旅行都不是那种浮光掠影式的逗留，而是"偶乘扁舟，一日千里，或遇胜境，终年不移"。

　　美景就如美人，一见惊艳，再见倾心，要朝夕相对，才能写出"相看两不厌"的情境。才打了个照面就擦肩而过了，不过是惊鸿一瞥，光能绘其肌理而无法传其神韵。

　　更重要的是，李白将他气吞山河的魄力与气象，赋予到他所游览的山河之上，我们可以说，他凭着一己之力，大大提升了华夏山河的精神格局。

　　有了他的诗，我们母亲河的来源变得更加大气磅礴，"黄河之水天上来，奔流到海不复回"；有了他的诗，我们相信春风也能吹度玉门关，"长风几万里，吹度玉门关"；有了他的诗，我们才知道了蜀道有多险，燕山雪花有多大，烟花三月的扬州有多美丽；有了他的诗，我们才知道，世上真的有人能够胸怀大到"五岳为辞锋，四海作胸臆"（皮日休《七爱诗·李翰林》）。

感谢李白，彩笔一挥，就为我们华夏的大好河山染上了一层雄奇飘逸的文化色彩。

他的远游，既是冶游，也是壮游；既是自然游，也是人文游；既是城市游，也是名山游。诗与远方对他来说密不可分，他用他的一生，践行了一场深度的诗意游。

年少的时候，我们都渴望远行，渴望着拥抱山川湖海，最后却都囿于昼夜、厨房与爱。所以我们内心都向往李白，他居然能够一直在路上，并终身不倦，哪怕是入狱流放之后，也没有停止过他的脚步。

正如某华裔作家指出的那样，李白的家园实际上永远是在途中，他生命的本质存在于他无尽的漫游中，好像他在这个世界上注定只是一个过客。只有在无尽的漫游中，他才能收获到渴望的自由，但为此而付出的代价则是孤独。在这一场欢游和下一场欢游之间、这一座名山和下一座名山之间，充满了大段大段孤身上路、独自跋涉的时光。

这位大唐帝国最著名的行吟诗人，同时也是人世间最孤单的旅者。"独用天地心，浮云乃吾身"，这朵无根的浮云，注定要在天地之间漂荡。

欢聚之后，总要分开，所以李白总是在不断地告别，年少时辞亲远游,青年时别妻离家,旅途上挥别好友。

当我们这些喜聚不喜散的俗人还沉浸在告别的伤感中时,李白早已经转身离去。"挥手自兹去,萧萧班马鸣",这是来自大唐的独行侠,留给人们最潇洒的一个背影。

# 十步杀一人,千里不留行

## 侠客行

赵客缦胡缨,吴钩霜雪明。
银鞍照白马,飒沓如流星。
十步杀一人,千里不留行。
事了拂衣去,深藏身与名。
闲过信陵饮,脱剑膝前横。
将炙啖朱亥,持觞劝侯嬴。
三杯吐然诺,五岳倒为轻。
眼花耳热后,意气素霓生。
救赵挥金槌,邯郸先震惊。
千秋二壮士,烜赫大梁城。
纵死侠骨香,不惭世上英。
谁能书阁下,白首太玄经。

天才的气息，即使散落在零光片羽里，也会令人目眩神惊。

我还记得第一次读到这首诗时那种如遭电击的感觉，那时候我还是个沉迷于武侠小说的小学生，而这首诗，带给我的正好是类似于纵横江湖的快感，那种"飒沓如流星"的飒爽，"三杯吐然诺"的热血，"事了拂衣去"的潇洒，都有种说不出的魔力，吸引着我口诵心记，恨不能化身为诗中人，追随朱亥、侯嬴①二壮士行侠仗义去。

读其诗，想见其为人，我就像听到邻居朗诵李商隐《燕台诗》的柳枝一样，在心中惊叹："谁人有此？谁人为是？"

那时我对李白还很陌生，不知道是怎样的一个人，才能写出如此的诗来？

《长安三万里》中说，这是他写给高适的，但我觉得不如说是写给他自己的，高适稳重内敛的气质和此诗完全不搭。只有李白，才是唐诗江湖中最快意的那个侠客，对游侠的喜好伴随了他漫游天下的一生。

千古文人侠客梦，年少时谁不想仗剑走天涯呢。但大多数文人只是嘴上表示向往，即依旧困守书斋，只有李白切实地付诸行动了，这方面他是个行动派。

一手携书，一手仗剑，这对其他诗人来说只是个形容，对李

---

① 朱亥、侯嬴：两人都是战国时魏国信陵君的门客。朱亥本是一屠夫，侯嬴原是魏国都城大梁东门的门官，两人都受到信陵君的礼遇，都为信陵君所用。

白来说却是实指。

他总是随身佩戴着长剑,出蜀时是"仗剑去国,辞亲远游",去荆州拜访韩朝宗①时是"高冠佩雄剑,长揖韩荆州"。他年轻时游冶京洛间时,"腰间延陵剑,玉带明珠袍",瞧这打扮,放在金庸、梁羽生的小说中也毫不违和,论风流潇洒的程度,更是胜过了初出江湖的张丹枫、令狐冲们。

友人崔宗之②也说他"袖有匕首剑,怀中茂陵书",这种书剑飘零的形象对后世文人吸引力极大,引起了众多人效仿,晚清的龚自珍③更是独辟蹊径,易书为箫,"怨去吹箫,狂来说剑""一箫一剑平生意,负尽狂名十五年",开创了属于自己的箫剑形象。

但龚自珍应该只是说说而已,估计并不是真的会剑术,至少不像李白这么较真,在剑术上下了一番苦功夫。

他早年间应该花了不亚于学诗的力气去学剑,诗中说"十五学剑术",十五在这是虚指,指他很小的时候就开始学剑了。蜀中多剑客,他又好入深山游荡,可能不仅是为了修道,也是为了学剑。后来他移家山东,其中一个原因就是为了向裴旻学剑,

---

① 韩朝宗(686—750):唐朝大臣,曾任荆州长史,李白尝与书云:"生不用万户侯,但愿一识韩荆州。"
② 崔宗之:名成辅,以字行,生卒年不详。新唐书《李白传》载,崔宗之与贺知章、李适之、汝阳王李琎、李白、苏晋、张旭、焦遂为"酒八仙人"。
③ 龚自珍(1792—1841):字璱人,号定盦。清代思想家、诗人、文学家和改良主义的先驱者。

"顾余不及仕，学剑来山东"。

裴旻是大唐剑圣。相传他掷剑入云，高数十丈，又能用手中的剑鞘接住，真是神乎其技。李白对他十分佩服，写信表示"愿出将军门下"。

他在这方面的资质不知如何，许多人见了他之后，都会为他的相貌惊奇，也许正像小说中常提到的此人"骨骼清奇，资质不凡"。

他的武功看来不弱，在幽州打猎，他曾"一射两虎穿""转背落双鸢"，一箭可以射穿两头猛虎。他更擅长的还是剑术，《宣和书谱》①还专门提到他"及长好击剑，落落不羁束"。

唐朝的剑，剑身细长，是所有武器中最优雅的，倒是很符合李白的气质。我们无法想象他使刀，更无法想象他使流星锤或者拐子枪。

剑在很多时候都是他吐露不平的道具，他的诗中，一片剑气纵横，当他愤懑时，他会"拔剑四顾心茫然"；当他喝醉时，他会"三杯拂剑舞秋月"；当他苦闷时，他会"弹剑作歌奏苦声"；当他不平时，他会渴望着"安得倚天剑，跨海斩长鲸"。倚天剑的意象在李白诗文中出现过不止一次，后来金庸估计就是在此中得到了灵感，将这把闪耀于诗仙诗中的长剑移植到了《倚天屠龙记》中。

---

①《宣和书谱》：成书于北宋，作者不详，是一部书法著录著作，凡二十卷，著录宋徽宗时御府所藏书迹。

当然李白绝不仅仅是在月下舞剑或者弹剑作歌,据他自称,年少时曾经"托身白刃里,杀人红尘中",那可是真真切切地拔剑杀过人的。

听他这么说,不禁让人产生了一个疑问:杀人这回事也是侠客所为吗?

唐时的侠客概念和武侠小说中塑造出的侠客内涵不太一样。我们今天所说的侠客,侧重于行侠仗义、除暴安良,而唐时的侠客,则侧重于轻财重义、尚武任侠。

唐代算是游侠文化的高峰,看《唐传奇》就知道,出现了诸如虬髯客、聂隐娘、红线、妙手空空儿等诸多豪侠、奇侠。

唐代的诗人以任侠为乐。史称王之涣少有侠气,所结交均是五陵少年,爱击剑悲歌。王翰也爱任侠使酒,他笔下"醉卧沙场君莫笑"的战士,大有边塞游侠之风。

李白就是大唐游侠文化孕育出的一个典型代表,新旧《唐书》提到他,都说他少年时倜傥任侠,且有多种记载说他曾"手刃数人",李白自己对这点也毫不避讳,反而乐于提及。

有人为此提出过疑问,唐朝也算律令森严,如果李白真的杀过人,那么他为何可以不被惩罚?我觉得对诗人之言不必太较真,侠以武犯禁,游侠儿往往为所欲为,不受礼法和律令的束缚,李白喜欢吹嘘他"三杯弄宝刀,杀人如剪草"的经历,正是出于对这种以武犯禁的向往。

不同于王翰笔下的边塞游侠,李白应该算是那种流连于酒肆歌楼中的都市游侠。他的游侠之举有哪些呢？

我们一起来看看：

他曾有过"一散千金"的豪举，那是在初游扬州时，凡有落魄公子，都会花钱接济，不到一年就散尽了三十余万，这是仗义疏财。

他还曾有过"剔骨葬友"的义举，他在出外游览时结识了一个叫吴指南的朋友。两人同游洞庭时，吴指南不幸染病身亡。当时正是炎夏，李白服丧痛哭，如丧考妣，甚至哭出血来，连路上行人闻之都感到伤心。

他在守尸时，跑来一只老虎，李白为护住朋友尸体，坚持不肯退让一步，反而将老虎吓退了。

他将吴指南尸体暂时葬在湖边，三年后专程回到这里，挖出指南遗骸，用刀将其尸骨一根根在湖中刮洗干净，然后背到鄂城，借钱将尸骨厚葬。

有人考证出这叫二次捡骨葬，李白可能是受南蛮文化的影响，所以选择了剔骨葬友，不去考虑这种做法的古怪之处，至少这显示了他的存交重义、一诺千金。

他还曾有过论剑比武的壮举，不过这并不是我们想象中的华山论剑那样，而是街头斗殴。

他喜欢去的那些声色场所往往是火并之地，火并得多了，有时候也难免受伤。李白年轻时迷恋于斗鸡走狗，一天在斗鸡场中得罪了一批五陵恶少。

李白虽然武艺高强,但被众人围攻之下渐渐陷入困境,幸好朋友陆调及时赶到,出手相救,才让他免于被围殴。

他还热衷于结交豪侠,年少时"结发未识事,所交尽豪雄",等到年纪大了,还是爱和游侠儿交往。李白晚年有个门人叫武谔,为人质朴忠厚,大有侠客要离之风,听说李白的儿子独自滞留在东鲁,便只身前往接出。这位武谔,不知道是他的门客还是徒弟,武艺看来不在李白之下。

这么综合一看,他和我们熟悉的郭靖、胡斐等那种一身正气的大侠还是有区别的,而是亦正亦邪,更接近于香港电影中的古惑仔。

北大才子檀作文[1]就曾以"大唐第一古惑仔"来称呼李白,古惑仔最重视的就是义气,李白以上的种种行为,都离不开一个"义"字,他身上的侠风,呈现在诗里就是恣意任性,表现在行为上则是义薄云天。

李白心中还是有大义的,这是他远远超过一般古惑仔的地方。他崇拜的侠客很多,其中最重要的一个侠客就是鲁仲连。鲁仲连没有盖世武功,却堪称古往今来第一大豪侠。他是战国时期的齐国人,生平主要事迹有两桩:

一是谈笑却秦。指的是他游历赵国时恰巧遇到秦国围攻邯郸,魏国表面相助,暗中却作壁上观,并且游说赵王尊秦昭王为

---

[1] 檀作文(1973—):字从周,号穆庵,执教于首都师范大学文学院,著有《之子于归:檀作文诗经讲义》等。

帝，鲁仲连与魏国将军辛垣衍据理力争，最终使其放弃尊秦王为帝的想法，秦国也因此撤兵。这才是真正的"谈笑间，樯橹灰飞烟灭"，面对强秦的进攻，鲁仲连不费一兵一卒，仅凭三寸不烂之舌就解了邯郸之困，这份口才和智慧甚至超过了三国时大败曹军的周瑜。

一是功不受赏。邯郸之围解除后，赵国的平原君以千金相赠，鲁仲连却义正严辞地拒绝说："天下士人最看重的行为品格，就是不问任何好处为别人排忧解难。如果是冲着好处才去帮人，这跟做生意有什么分别，我鲁仲连才不屑于这么做。"说后飘然而去，终身都没再去过赵国。

后来又有一次，燕国攻占了齐国的聊城，齐国想夺回聊城但久攻不下，这时又是鲁仲连挺身而出，提笔洋洋洒洒写了一封信，命人射进城内。在信中，他将形势分析得入情入理，守城的燕将看了他的信，心生绝望，居然自杀了。城中群龙无首，顿时大乱，齐军很快攻破了聊城。仅用一封信就收回了一座城，鲁仲连辩才无碍的风采可见一斑。

齐国收回聊城后，大将田单想申请为鲁仲连封爵。鲁仲连却逃到东海去隐居了，临走时留下了一句话说："吾与富贵而屈于人，宁贫贱而轻世肆志焉。"

这段话与庄子所说的宁可"曳尾于涂中"相似，意思是与其坐享富贵而不得不屈身侍奉于人，不如在贫贱中任性恣意地过一生。

难怪李白对他佩服得五体投地,至少写过十首以上的诗来歌颂他,甚至拿明月来比喻他:

> 齐有倜傥生,鲁连特高妙。
> 明月出海底,一朝开光曜。
> 却秦振英声,后世仰末照。
> 意轻千金赠,顾向平原笑。
> 吾亦澹荡人,拂衣可同调。①

鲁仲连身上,既有济苍生、安黎元的侠义之道,又有功成身退、不慕荣利的超逸风度,"事了拂衣去,深藏身与名"这句诗简直就是为了他量身定做的。

为什么说他是古往今来第一大豪侠?

因为侠之大者,为国为民。

奉鲁仲连为偶像的李白,自然也将行侠与报国紧密地联系在了一起。他年少出蜀时,就说"已将书剑许明时"。安史之乱爆发时,他认为时机到了,经常"抚剑夜吟啸,雄心日千里"。可惜这番雄心还是落了空,他终究没有创造鲁仲连那样"我以一箭书,能取聊城功"的奇迹。

晚年的他,仍在借剑抒发壮志:"雄剑挂壁,时时龙鸣。不断犀象,绣涩苔生。国耻未雪,何由成名?"

---

① 引自李白诗《古风·其十》。

实在不必担心壁上的雄剑会生锈，自始至终，李白都是唐诗江湖中最锋锐的那把长剑，"倚天一出，谁与争锋"，至死都未失去他的锋芒。他诗中的那种干云豪气，至少有三分是由冲天剑气组成的。

## 千金散尽还复来

李白这辈子，几乎没有正经地上过班。

除了短暂地做过翰林供奉外，他总是在漫游，而这种漫游如前文所说，是需要大量金钱支撑的，那么他的经济来源究竟是什么？

一开始肯定来源于家庭资助，李白又称李十二，从这个排行来看家族中兄弟还挺多的，但父亲李客对这位聪慧过人的儿子寄予了厚望，在物质方面的供养自然也不会吝惜。

李白离开四川顺着长江漂流而下时，随身带了不少盘缠，还有书童随侍。他一路走来一路挥霍，仅在扬州一地就散金三十余万，可见盘缠之丰厚。

当然，我们也别被他唬住了。这个散金三十余万，当然不是黄金，三十万两黄金那可太吓人了，也不太可能是指三十万两白银，唐时银币还未通行，通用的还是铜钱，著名的开元通宝就是一种铜质货币。所以李白所说的三十余万，应该是指铜钱三十余万枚，一枚铜钱等于一文，一千文等于一贯，折算起来也就是三百贯。也算比较多，但不至于多到吓死人的地步。须知唐人的理想是"腰缠十万贯，骑鹤下扬州"，李白只不过是腰缠三百贯而已。

三百贯是个什么概念呢？

我们可以折算一下，开元年间物产丰富，物价很低，东都米斗十钱，青齐米半五钱。一斗米大概6.25公斤，那么一贯钱就可以购买1250公斤青齐米，照此可以推算出，盛唐时一贯钱大约相当于现在5000元—7000元人民币的购买力，三百贯往低了算大概是现在的150万。

当时一个宰相一年以货币形式发放的年俸大概就是三百贯左右，也就是说李白在扬州挥霍了一个宰相一年的俸禄，这着实不低。

根据以上推算，我们大概对李白家的经济状况有一个初步的了解，他们家肯定是家境殷实，但应该还没有到达卓文君父亲卓王孙那种富可敌国的地步。

李白在诗中曾说"兄九江兮弟三峡"。郭沫若据此推论说，李白的家庭是经营长江流域生意的富商，将上游"三峡"的食盐运往下游，再将下游"九江"的铜铁矿运回。在他外出漫游时，兄弟及族人长期为他提供经济上的资助。

但目前除了这句诗外，没有任何证据可以证明，李白在出蜀之后,还源源不断地获得过来自家庭的经济支撑。

不然的话,他在扬州千金散尽后,不会陷入相对窘迫的困境。那时他钱都花完了,又生了一场重病,在病中忍不住写诗向师父赵蕤①诉苦,即便如此,也没见他向家人求助。若真有一个予取予求的家庭,他后来就不至于要借钱去下葬朋友吴指南了。

李白后续很难得到来自家庭的支援,和当时的钱币流通方式也有关,开元时钱庄还极少,更没有后世大家熟悉的银票,大家只能携铜钱出门,铜钱每贯重六斤四两,三百贯铜钱重量已经惊人了,这可能是李白能够携带出门的最高限值的盘缠了,由于没有钱庄或者票号,他也没有办法再去支取银钱。

另一个经济来源则是妻子家。有人说许家看中了李白,有可能是瞧上了他家的雄厚财力,可李白娶许夫人恰好在东游扬州后囊中羞涩时,考虑到他当时的境况,能够拿得出手的像样的聘礼也只有傍身的才华了。

唐朝贵族女子的嫁妆是很丰厚的,晚唐唐懿宗最宠爱的女儿同昌公主出嫁时,皇帝一次赐予钱财五百万贯,那时全国的收入最高的时候只有六百万贯,而全国的财政收入基本上为一千两百万贯,也就是说,相当于中央财政的5/12,被皇帝一次性就赐给了公主。

王侯将相家的女儿虽不能跟皇帝的女儿比,排场也是很大

---

① 赵蕤(约659—742):字太宾,唐代道家与纵横家。赵蕤和李白号称"蜀中二杰",以"赵蕤术数,李白文章"并称。

的,敦煌遗书中记载了唐朝贵族女子出嫁的基本配置。

走在最前面的是两匹马,紧跟着的是两辆车轿,接下来是担子挑着的布帛和钱财,再接下来是猪羊、糕点等食品,最后是油、盐、酱、醋、花椒、葱、姜等调料,可谓十里红妆。

李白的两位夫人都是故相的孙女,陪嫁应该都不少,酒隐安陆那十年,李白政治上确实不得意,但物质上其实挺滋润。这段时间他还是一如既往地没有工作,却并没有什么养家糊口的压力,日常生活就是喝喝酒、写写诗,有时候还会携夫人去郊区泡泡温泉。

相府的孙女嫁给他后,还是维持着已有的生活水准,这从李白写的那些寄内、赠内诗中也看得出来,诗中的两位夫人,通常都像温庭筠词中那种精致、慵懒的贵妇形象,有一首据说是写给许夫人的《久别离》美极了:

别来几春未还家,玉窗五见樱桃花。
况有锦字书,开缄使人嗟。
至此肠断彼心绝,云鬟绿鬓罢梳结,愁如回飚乱白雪。
去年寄书报阳台,今年寄书重相摧。
东风兮东风,为我吹行云使西来。
待来竟不来,落花寂寂委青苔。

李白笔下的妻子，有股出尘的仙气，她结婚后仍然是云鬟绿鬓的模样，也仍然有着伤春悲秋的情绪，她生活中最大的忧伤就是对丈夫的思念。

这和杜甫诗中朴实勤劳、历经沧桑的贤妻形象是完全不一样的，前者似乎从来不需要为生活操心，后者则为生活操碎了心。

两段婚姻存续的期间，李白只要在家，日子还是过得挺舒坦，但他终年游荡在外，带的盘缠再多，依他的个性也是很快倾囊而尽，这就必定还需要别的经济来源。

我们普通人可能会为此烦恼，李白却从不担忧，因为他笃信"天生我材必有用"，我们现在总说有钱可以任性。李白呢，则验证了一个人有才也是可以任性的，当然那需要盖世之才。那时候是没有职业诗人的，写诗也没法发表出书，可终身未仕（严格来说翰林供奉并不算当官）的李白，硬是凭着一身诗才，实现了他"千金散尽还复来"的豪言。

李白三十多岁才真正成名，刚刚闯荡江湖时，由于没啥名气，他还是吃过些苦头的，就像他在《驾去温泉宫后赠杨山人》里说的那样，"少年落魄楚汉间，风尘萧瑟多苦颜"。

随着他诗名越来越盛，他的收入也越来越水涨船高。天宝年间奉诏入京，他的声名达到了顶峰，等他离开长安时玄宗还特意赐金放还，等于给了一笔遣散费。遣散费的多少并不重要，重要的是这其中蕴含着天子的恩宠。

从此以后，他的名气和才华可以让他处处都受欢迎，身为天子曾经宠遇的大诗人,他走到哪里,都有当地的官员接待。

在诗国唐朝,诗人的待遇还是不错的,参照一下杜甫就知道,杜甫在当时只有一点微薄的诗名,但还是有不少人接济他。在四川时,节度使严武待他极好,让他在漂泊困顿中暂时有了个安身之地。成都现在还能参观杜甫草堂,当然现在的草堂比起杜甫住过的要宽敞精致得多,这也代表了人们对诗人的尊重和同情,人们普遍认为,只有这样的居住条件才配得上一个诗人。

李白那时不说是天字第一号诗人,至少也是跻身于第一梯队了。凭他的诗名,他完全可以随身不带一文钱,就能享受到一个知名诗人应有的殷勤招待。

用李白研究专家裴斐[①]先生的话来说:

> 李白足迹遍天下,朋友遍天下,诗歌遍天下,除写诗并没有别的谋生手段,其经济来源恐怕主要还是靠诗名和写诗谋取馈赠。李白交游之广,世所罕见:上至帝王,下至平民,三教九流,五行八作,有交无类。李白为他们写诗,也靠他们养活。得意时为皇帝写诗,接受赐金;穷悴时接受普通农妇救济,也只能报之以诗。[②]

---

[①] 裴斐(1933—1997):原名裴家麟,先后任中央民族大学中文系教授、校学术委员会常委,并任中国李白研究会副会长、中国杜甫研究会副会长等职。
[②] 引自《裴斐文集》卷二《李白经济生活探源》,人民文学出版社2013年版。

翻开李白诗集，我们可以发现，与人赠答之作几乎占了一半左右，其中大部分是为了酬谢。

曾任泾县县令的汪伦对李白十分倾慕，特意给他去信，说当地有"十里桃花""万家酒店"，请他务必来此一聚。

结果李白兴冲冲地赶过去一看，"十里桃花"原来就是个桃花潭，而"万家酒店"则是一个姓万的老头儿开的酒店。尽管如此，因为汪伦的热情款待，李白在那还是玩得挺尽兴的。

临行时，汪伦还赠送了名马八匹、官锦十端，并亲自送李白上船，李白感其深情厚谊，遂大笔一挥，写出了"桃花潭水深千尺，不及汪伦送我情"的千古绝句。

作为盛唐最具偶像派风采的诗坛偶像，李白在当时就已经收获了无数粉丝，他的存在让我们知道，盛唐也有追星族，甚至比现在的追星族还要狂热。

比如自号王屋山人的魏颢就曾一路追随他的足迹，从河南到浙江，从王屋到天台，可惜每次都是李白前脚刚走，他后脚才到。跋涉三千余里，历经半年，魏颢终于在广陵（现扬州）与偶像相见，由此留下了一番佳话。

还有一个叫任华的粉丝，也是千里追星，可惜一直与偶像失之交臂，只好写了首《杂言寄李白》，算是一个粉丝对心中偶像的深情告白，今天我们熟悉的那句"数十年为客，未尝一日低颜色"正是来自任华的诗。不愧是李白的忠实拥趸，尽管未曾谋面，这句诗却尽显李白的神韵。

李白的这种谋生手段，其实和春秋战国时的门客类似，但在他的身上，完全看不到寄人篱下的卑微。一来是大多数时候，他确实受到了非比一般的礼遇和优待，杜甫所说的"残杯与冷炙，到处潜悲辛"的那种悲惨遭遇，估计他很少遇到过；二来是他自身也没有一丝经济上仰仗于人的窘迫，现在我们说配得感，李白是个配得感十足的人，他自信他配得上他得到的一切优礼和敬爱，因为他深信自己必将有一日会酬以厚报，"他日青云去，黄金报主人"。

关于李白的经济来源，裴斐先生有个诗意的说法，他说古代没有职业诗人，李白却实现了以诗谋生，算是一个职业诗人了。

以诗谋生听上去确实很诗意，可其实很不稳定，所以李白的经济状况经常是在两极间摇摆，富的时候一掷千金，穷的时候囊空如洗，甚至有过饥寒交迫的时候，"余亦不火食，游梁同在陈"。

可不管是穷是富，他给我们的印象总是不差钱，其实不是不差钱，而是他不大在乎钱，只有对金钱满不在乎的人，才有黄金逐手快意尽的派头。

战乱爆发之后，李白一度也挨过穷。有一次他借住在五松山下一家农户里，一位姓荀的农妇给他送来了当天的晚餐，乱世之后的农家能有什么好吃的呢，不过是用菰米（菰米也就是茭白的种子，在唐时是种主粮）煮成的一碗饭，可你瞧他写得多美：

> 跪进雕胡饭，月光明素盘。①

　　这就是李白，最家常的一碗菰米饭，也被他写得如此清雅。月光下如雪似霜的雕胡饭，丝毫不比他曾经吃过的那些玉盘珍馐逊色。这就是李白，他就算再落魄，也绝无潦倒气息。

　　如果要用一句话来概括李白的经济来源，我们可以说，在那个银票还不通行的中古社会里，才华就是他随身携带的通行证。

---

① 引自李白诗《宿五松山下荀媪家》。

## 第四章 乘龙婿

可以说，司马相如是李白平生第一位偶像，他说：「余小时，大人令诵《子虚赋》，私心慕之。及长，南游云梦，览七泽之壮观。」

## 相门赘婿

　　唐朝的士子，对于两样东西特别看重，一是仕宦，二是婚姻。

　　士子们在选择婚姻对象时看重门第，尤其以娶到"五姓女"为荣。有些士子为了能娶到高门大户的女儿，尽管年轻时眠花宿柳，却不愿意轻易娶妻，唐代著名的大诗人中因此晚婚的颇不少。

　　像中唐时期并称的元、白，在年轻时都有相好的情人，元稹有崔莺莺，白居易有湘灵，但最后都选择了和名门联姻，本质上都是因为心爱的情人家世低微，是以不得不割爱，为此元稹还特意写了篇《会真记》来为自己辩护，结果却反而落下了负心薄幸的渣男骂名。

　　作为商人之子的李白，希望通过婚姻来拓展人脉、提升地位的愿望比起元稹等人来更加强烈，他的婚姻由此也展现出了相当世俗或者说功利的一面来。

李白的感情史非常丰富，据魏颢《李翰林集序》中记载：

> 白始娶于许，生一女、一男曰明月奴，女既嫁而卒。又合于刘，刘诀。次合于鲁一妇人，生子曰颇黎。终娶于宋（宗）。

魏颢不愧是被李白亲自夸赞过的粉丝，用词相当有技巧。中间的两段感情用的是"合"字，说明只不过是同居关系，作不得数的。而前后两位夫人，则用了"娶"字，说明是正式的婚姻关系。

也就是说，在李白的一生中，经由他本人亲自认证的妻子只有两位，一位是许夫人，一位是宗夫人，这两位夫人恰好都是相门之后。这与其说是巧合，倒不如说是李白本人的精心选择。

许夫人是已故宰相许圉师①的孙女，许圉师的父亲许绍与唐高祖李渊是年少时的同学。他本人也具有一定的才干，于是在高宗朝一路扶摇直上，很快做到了左相的位置。

许家子侄们也仗着父辈的威风为所欲为，许圉师的长子曾因狩猎践踏田土与田主发生冲突，口角后竟公然射杀了田主。

许圉师知道后为儿子隐瞒不报，最终以"纵子为恶，徇私不法"的罪名被免去宰相一职，长子也病死狱中。但许圉师后来又

---

① 许圉师（？—679）：唐朝大臣，擅书法。圉，音 yǔ。

被委以户部尚书一任,许家子孙也不乏在朝为官的。

瘦死的骆驼比马大,许家在安陆经营多年,根基颇深,等到李白于开元年间来到此地时,安陆许氏仍是当地著名的望族。

漂泊了多年的李白在此停下了脚步,这时他已千金散尽,在扬州又大病了一场,恰好许家向他伸出了橄榄枝,便趁势留了下来。

李白在安陆整整住了十年,毫无疑问,他是住在许家的。关于这段经历,他本人并不讳言,在给地方长官的上书中,他自陈"许相公家见招,妻以孙女,便憩于此"。

见招显然是招赘的另一种说法,按照中国的传统,赘婿地位是很低的,可李白的自述中,却反而扬扬自得于"许相公家见招",这是为何?

这就不得不提到他的偶像司马相如,可以说,司马相如是李白平生第一位偶像,他说:"余小时,大人令诵《子虚赋》,私心慕之。及长,南游云梦,览七泽之壮观。"

很小的时候,父亲教他读司马相如的《子虚赋》,他便对赋中描述的云梦泽心向往之,于是在路过云梦泽所在的安陆时,与此地结下了不解之缘。

别看这段话很短,背后的信息量却很大。很多人都是将人生第一位偶像视为全方位模仿的对象,李白也不例外。

在他早年的时候,一直心怀"相如梦"。司马相如小名叫作"犬子",类似于我们民间所说的狗儿、牛儿,可见出身并不怎么样,后来却凭借才华脱颖而出,最终出任郎官衣锦还乡,这对一心想要逆袭的李白来说无疑是最佳模仿对象。司马相如早年间也颇为落魄,于是精心写了《子虚赋》意欲得到帝王的赏识,后来托了汉武帝身边的狗监杨得意(也是蜀人)向武帝说项,才由此被召进京。

李白年轻时也是想走这条路的,司马相如写《子虚赋》,他就写《大鹏赋》,算是对偶像的致敬之作,在这方面可以说是致敬失败了,并没有人因此对他高看一眼。

仕宦之路无法模仿,婚姻之道却可以借鉴。司马相如后来被大众所熟知,不是因为他官做得多么大,而是因为他琴挑卓文君的千古佳话。

他当时是个一文不名的穷小子,听说临邛巨富卓王孙新近守寡的女儿卓文君年轻貌美、精通音律,于是找了个机会去卓府上弹奏了一曲《凤求凰》,撩拨得卓文君春心荡漾跟他私奔了。司马相如家贫,文君嫁给他后不得不当垆卖酒,他就穿着条犊鼻裤(相当于大裤衩子)在旁边当酒保,卓王孙觉得丢不起这个脸,只得分给文君家奴一百人,家财一百万。

司马相如虽说没有赘婿之名,却有赘婿之实,早期是依靠"傍岳父"起家的,靠着岳父的资助,他才有资本到处结交权贵,积累了往上钻营的第一桶金。

对司马相如仰慕之极的李白,当然对这段故事耳熟能详,所以当许家将孙女许配给他时,他马上觉得机会来了,从此可以借着岳家的东风，复制司马相如的成功。

司马相如还需要策划下"琴挑"，他却仅凭诗才就获取了许家的青眼，这不比偶像更胜一筹吗？理解了这点，才能理解为何许家将小姐许配给他时，他会掩饰不住地为之自豪。

许家相中了李白，确实也是看中了他的才华，觉得他是个潜力无穷的政治新星，等于将重振家声的希望放在了这位娇客身上。

唐朝的望族，在择婿时不再一味地重门第，也开始重才华，不少名门想借寒门士子的才气来为家族注入新鲜血液，而这些士子在娶妻之后，因为要仰仗岳家，可能也会选择住在妻子家，像唐代宗时毁誉半参的宰相元载家境贫寒，早年间娶了王忠嗣的女儿王韫秀后就借住在王家，直至后来自己为官后才搬出来住。

这类士子虽入住岳家，可和传统上的赘婿还是有所不同的，岳家会给予他们一定的财力和人脉上的支持，通常来说也不会要求他们所生的孩子冠以妻姓。李白和许夫人所生的两个孩子应该也是姓李，而不是姓许，佐证是许夫人病逝之后，孩子们都没有留在许家，而是跟随李白生活。

但无可否认的是，这种身份终究是寄人篱下，难免会遭受歧视。元载住在王家时备受冷言冷语，一气之下离开王府直奔长安，还在诗中抱怨说"年来谁不厌龙钟，虽在侯门似不容"。

李白在许家，估计也受到过排挤，后来回顾这段生涯，他发牢骚说"酒隐安陆，蹉跎十年"，看来这并不是一段多么愉快的经历，人在屋檐下，不得不低头，可李白偏偏是最不愿意低头的，如此一来，他和许家人的冲突势必在所难免。

安陆十年，李白大部分时间是住在白兆山桃花岩，那首有名的诗"问余何意栖碧山，笑而不答心自闲。桃花流水杳然去，别有天地非人间"就写于此地。

诗写得云淡风轻，实际上他这时的心态肯定没那么云淡风轻，许家一开始在他身上寄予了很高的期望，这个时期的他，等于背负了李家和许家两个家族的厚望，出人头地的压力变得前所未有地大，可偏偏事与愿违，许家的人脉和财力并没有给予他太大的帮助，最终十年时光在蹉跎之中度过，双方原本的期望都落了空。

许夫人不幸早逝之后，李白可能无法再容于许家，不得不携子女迁往东鲁，在这期间曾与两个女子同居，直到宗家看中了他，沉睡已久的"相如梦"又一次觉醒，他再次义无反顾地选择了与故相孙女联姻。

宗夫人是已故宰相宗楚客①的孙女。宗楚客的权力不是一般地大，他是武则天堂姐的儿子，曾于武周神功元年、长安四年、中宗景龙元年三度为相。

他的哥哥宗秦客②，也是武周朝的宰相，武则天一生造了20个象征神权的汉字，其中12个就出自宗秦客的手，包括最著名的

---

① 宗楚客（？—710）：唐代大臣、诗人，字叔敖。
② 宗秦客（？—691）：唐代大臣，曾主持编纂《圣母神皇实录》。

"曌"字，可见对宗家何等倚重。

宗楚客名声也不是一般地坏，宗家兄弟被史官划定为"谄媚之臣"，贪赃枉法，无所不为，最终因依附韦后、心怀逆谋而被李隆基所杀。

和上段婚姻类似的是，这次李白仍然选择了寄住在宗家，宗夫人的弟弟宗璟还有妹妹们都和他们同住。同样类似的是，他对夫人的家世仍然引以为豪，在诗中代夫人立言说"妾家三作相，失势去西秦"，津津乐道于宗楚客三次为相的经历。

由此看来，李白两次联姻的对象都是没落的相门，而且还是名声不大好的相门。

如果说"入赘"相门显示了他势利的一面，那么娶的是没落相门的孙女，则显示了他无奈的一面。这已经是他可以够到的联姻的天花板了。

身为唐朝士子，谁不想娶家世清贵的名门之女，可对于毫无根基的寒士李白来说，他并没有别的更好的选择，可以联姻相门，即使是名声不佳的相门，对他来说也已经是阶层的突破了。

晚唐时，和他并称为"诗家三李"的李商隐在王茂元将幼女许配给他时也毫不犹豫地答应了，哪怕王茂元是帮助过他的恩公令狐楚的政敌，原因都是一样的，出身和地位限定了他们的选择，当看似改变命运的机会骤然降临时，他们根本没有办法抵挡这样的诱惑。

李白这种特殊的婚姻形式，和他特殊的家庭身世一样，构成了他种种异常行为背后的强烈动机。

都说他急于求成,他实在是有不得不急于求成的理由,长期寄居岳家,让他更加渴望能够早日封侯拜相,这样才能像元载那样一雪寄人篱下的耻辱,并让岳家的人对自己刮目相看。

在此我们才更能理解为何李白在永王征辟时,人到暮年仍选择下山,临出门时写了三首赠内诗送给宗夫人,其中第三首说"出门妻子强牵衣,问我西行几日归。归时倘佩黄金印,莫学苏秦不下机"。苏秦游说秦王失败后返家,妻子埋头织布不去迎接,嫂子懒得做饭招待他,连父母都不屑跟他说话,直到佩戴六国相印再次回乡,一家人才对他态度大变。

李白在这里自比苏秦,倒不是在讽刺宗夫人对他态度傲慢,而是跟夫人在开玩笑,殷切期盼着有朝一日能像苏秦一样让夫人分享自己的荣光——他太过于急切地想向妻子和她的家人证明自己了。

## 长相思，不相守

庆幸的是，李白的两次婚姻虽然带有政治联姻的动机，但他和两位夫人的感情都还不错，尤其是和宗夫人。

唐朝时涌现出了诸如鱼玄机、薛涛、李冶等众多女诗人，许、宗二夫人虽然不以诗名，可她们嫁的是空前绝后的大诗人，自然也沾染了一身诗意，留下的故事也与诗有关。

李白初赴长安时，曾经写过两首《长相思》，其二有句云"不信妾肠断，归来看取明镜前"，此句的想象力堪称出神入化，凭空设想美人临妆的明镜保留了她思念情郎时留下的眼泪，想来李白也认为是神来之笔，在回家时就拿出来给许夫人看，一搏夫人的赞叹。

没想到许夫人看过之后，居然笑着问他："夫君，难道你不知道武后曾经写过'不信比来长下泪，开箱验取石榴裙'的诗句吗？"

一句话就道破了诗中二句的出处，李白的创意，确实有源自武则天名句的嫌疑。李白听了后，不禁对夫人的慧眼如炬大为叹服。

这个故事说明了，许夫人是有一定的诗歌鉴赏能力的，平常他们夫妻俩估计没少在一起"奇文共欣赏"，这种夫妻间斗嘴较劲的情趣，和后世赵明诚、李清照夫妇的赌书泼茶倒有异曲同工之妙。

安陆那十年，李白说自己是"酒隐"于此，平常没少喝酒，为此他还写了首诗跟许夫人打趣说："三百六十日，日日醉如泥。虽为李白妇，何异太常妻。"

东汉时周泽为太常，好洁节欲，常常住在斋宫里，妻子怜惜他年老多病，特意去看望他，周泽却大怒，反以干犯斋戒为由，将妻子押解送狱。

李白这里是用周泽的典故调侃妻子，说自己每天烂醉如泥，虽然你做了我的妻子，却和嫁给那性格古板、不解风情的周泽有何区别。在自嘲之外，也充满了对妻子的歉意。

和宗夫人有关的故事更具传奇色彩，那时李白刚被赐金放还，终日和高适、杜甫结伴在梁园游荡。一日酒后诗兴大发，当场在一家寺院的粉壁上挥毫泼墨，题下了一首《梁园吟》。

不久后宗家小姐到寺院游玩，发现了粉壁上的题诗，一读之下，大为惊艳，正在她沉醉在诗中的情境中时，寺院的僧人却欲清除掉壁上的诗句，宗小姐为了保存该诗，不惜拿出一千两银子来，买下了这块粉墙。

这个故事漏洞百出，最大的漏洞是僧人意欲清除诗句，在一个举国都为诗狂的朝代里，名扬天下的大诗人能在寺壁上题诗，那么这座寺院等于被金手指开了光，估计连香火都会鼎盛不少，僧人哪里还会干出这种蠢事来。

真假姑且不论，千金买壁的故事至少暴露了宗小姐的粉丝属性，之后的经历证明了，不仅仅是宗小姐，连宗府一家人都是李白的铁杆粉丝，他们从那首《梁园吟》里，读懂了政治和人生的无常。同为政治上的失意者，更让宗家和李白产生了一种同病相怜的共鸣。

中年失意的李白，又一次奇迹般地获得了来自相门的青睐。

据说他再婚时已经49岁，宗小姐应该比他岁数小得多，这位年轻的妻子，是带着一位粉丝对偶像的崇敬之情嫁给李白的，难得的是，在婚后还一直延续着这份崇敬。

和许家不同的是，宗家似乎只是看中了李白作为大诗人的才气，并没有指望他能够为家族争光。

可能是受李白影响，宗夫人也热衷于修道，两人在这方面堪称志同道合。和李白相比，宗夫人的学道之心更为虔诚。安史之乱爆发后，他们夫妻二人曾避乱隐居庐山，一起求仙问道。如果就这样下去，这种生活也不失为乱世中的岁月静好，但李白岂是安于静好之人？

永王李璘一派人来征召，他立刻欢天喜地地下山了，彼时，宗夫人曾再三挽留，一来是她确实不慕荣利，二来也是她作为故相孙女，对当时的形势有自己的判断，认为入永王幕府并不是个明智的决定。

之后的形势果然证明了宗夫人的判断，李白一下从幕上宾成了阶下囚。他不幸下狱时，宗夫人没有指责他，而是到处奔波周旋，不遗余力地营救这位没有听从自己劝告的夫君；他流放夜郎时，又是宗夫人携弟弟宗璟一道为他送行，真正做到了患难与共。

对夫人的不离不弃，李白自然也十分感激，在监狱中他写下了《在浔阳非所寄内》：

闻难知恸哭，行啼入府中。
多君同蔡琰，流泪请曹公。

他把宗夫人比作蔡文姬，文姬再嫁后为了救丈夫，曾流着泪下跪向曹操求情，终于救下了丈夫一命，宗夫人为了李白，也是到处求人，这份深情厚谊，不逊于文姬。

李白和宗夫人的关系，有点像苏东坡与王朝云，都是老夫少妻，也都志趣相投。年轻的妻子对夫君的爱都建立在深深的仰慕之上，在相亲相爱之外，还有一份相知相敬。

朝云说东坡一肚子的不合时宜，被东坡引为知己，感叹说"惟有朝云能识我"；宗夫人可能也是李白交往的女性中，唯一真正懂得这位大诗人价值的人，他是她的诗侣、道友，是他的红粉知己，也是他无私的支持者和坚定的崇拜者。

但是崇拜一位诗人是一回事，嫁给一位诗人则是另外一回事，尤其是嫁给李白这样一位生性浪漫的诗人。

浪子注定不会为谁停留，不管是哪位夫人，李白和她们都聚少离多。安陆那十年，他一直在周边漫游，娶了宗夫人后，他也曾北上幽燕、南下吴越。

这一点朝云远比两位夫人幸运，她自十几岁入苏府后，不管东坡是起是落，都始终陪侍在侧、相濡以沫，但李白的两位夫人，大部分时间都只能独自守在家中，苦苦守候夫君的归来。

李白尽管一生正式结过两次婚，还有过无数或长或短的露水姻缘，但他始终活得像个单身汉，大部分时候都是独居状态。这不代表他不想念妻子。独自漂流在外，对妻子的思念和歉疚，化成了一阕阕相思曲，比如我们耳熟能详的《长相思》，这里姑录一首：

长相思，在长安。
络纬秋啼金井阑，
微霜凄凄簟色寒。
孤灯不明思欲绝，
卷帷望月空长叹。
美人如花隔云端。

上有青冥之高天,

下有渌水之波澜。

天长路远魂飞苦,

梦魂不到关山难。

长相思,摧心肝。

这首诗是写给谁的尚未成定论,但诗中所抒发的感情是人人都可以感知到的。那是一种慕而不得的相思之情,与所爱之人相望而不可相亲的惆怅之情。

同样写相思,李商隐笔下的相思如灰,"一寸相思一寸灰",是向内收敛、缠绵入骨的;而李白笔下的相思似火,"长相思,摧心肝",是向外溢出、一览无余的。何以摧心肝?因为相思灼心。

应该说,同样是相思,李白对两位夫人的思念浓度还是有区别的,他写给许夫人的诗并不多,像《寄远》十二首(有学者认为是写给许夫人的)所寄的对象是谁还是个谜,但写给宗夫人的诗至少有十几首,都是些明确标明为寄内或者赠内的诗,写得也情意绵绵。

比如这首:

### 秋浦感主人归燕寄内

霜凋楚关木,始知杀气严。

> 寥寥金天廓，婉婉绿红潜。
> 胡燕别主人，双双语前檐。
> 三飞四回顾，欲去复相瞻。
> 岂不恋华屋，终然谢珠帘。
> 我不及此鸟，远行岁已淹。
> 寄书道中叹，泪下不能缄。

漂在秋浦的时候，他写过不少寄内诗，这是其中的一首。一对客途中见到的归燕，都能够让他触景生情。燕子还能回到旧巢，他却只能漂泊在外，他连这归燕都不如了，在写信的过程中，他频频泪下，打湿了信封导致无法封口。

这首诗在他的集子中不算佳作，可这种千回百折、缠绵绯恻的情绪在李白身上是难得一见的。

尤其是经历了下狱流放的变故后，李白对宗夫人的依恋变得前所未有地重，在流放夜郎的途中，他写诗说：

> 夜郎天外怨离居，明月楼中音信疏。
> 北雁春归看欲尽，南来不得豫章书。[①]

宗夫人那时候寓居豫章，他在望眼欲穿地盼望着夫人的来

---

[①] 引自李白诗《南流夜郎寄内》。

信。在人生的最低谷时，夫人的柔情成了他最大的慰藉。

有时候他也会替妻子代言，遥想她在家中是如何思念自己的：

### 自代内赠

妾似井底桃，开花向谁笑。
君如天上月，不肯一回照。

这就令人疑惑了，他思念着她，他也知道她思念着他，为何却还是频频外出呢？

因为他是李白，行走在大地上的无脚鸟。他写过那么多思念故乡的诗，却从不回乡，同理，他写过那么多思念妻子的诗，却很少回家。

"美人如花隔云端"，这种隔离与其说是生活造成的，不如说是他主动选择的，他所追求的永远都是一种可望而不可即的状态，他所爱的永远是遥远的对象，他宁愿长相思，不愿长相守，这样才能既满足对爱情的渴盼，又不会受爱情的束缚。

从夜郎被赦回来后，李白和宗夫人是不是就从此团聚了？

他写给她的最后两首诗叫作《送内寻庐山女道士李腾空二首》：

### 其一

君寻腾空子,应到碧山家。

水舂云母碓,风扫石楠花。

若恋幽居好,相邀弄紫霞。

### 其二

多君相门女,学道爱神仙。

素手掬青霭,罗衣曳紫烟。

一往屏风叠,乘鸾著玉鞭。

李腾空就是一代权相李林甫的女儿,父亲以口蜜腹剑著称,她倒是出淤泥而不染,无意富贵,只爱修道,宗夫人和她两位相门女相约去庐山学道,李白则兴高采烈地送夫人前往。

郭沫若分析说,这时的李白已年逾六十,因过分失意而迅速衰老,对于道教的迷信已逐渐破除,宗夫人却愈益醉心隐逸,看来他们两人可能是在那时做了情投意合的最后诀别。

这种分析不一定完全对,从诗里看,李白还期盼着有朝一日与夫人"相邀弄紫霞"呢。

我更倾向于理解为,他们从此结成了一种更为松散的亲密关系,比夫妇远一点,比道友近一点,分居两地,偶尔欢聚。在这种关系里,李白终于获得了他多年以来孜孜以求的东西:自由和亲密的平衡。

# 南风吹归心

作为一个浪子型丈夫,李白在女性读者那里的人气可能没有其他诗人高。如果穿越回唐朝,有人想和王维谈恋爱,有人说嫁人当嫁李商隐,可能没有人会选择嫁给李白,因为没有人会想去驯服一只翱翔于青天之上的大鹏。

而作为一个浪子型的父亲,李白在这方面遭受的诟病更多。从女性学角度来研究李白婚姻家庭的日本学者筧久美子①指责说:

> 李白身为一家户主,或作为一位丈夫,是指望不上、靠不住的;他是一个对家庭不负责任、与家庭不相

---

① 筧久美子:日本神户大学教授,专攻中国文学,特别是李白,著有《李白》等。

称的人。①

倘若李白的孩子们听到了这段义愤填膺的批评，可能会对日本友人的总结陈辞举双手赞成，在他们的成长过程中，这位不着调的父亲确实缺席太久。

李白和许夫人生有一子一女，后来和山东一位女子同居时可能又生了一个儿子，乳名叫颇黎，又名天然（见《故翰林学士李君墓志并序》，选自清王琦辑注《李太白全集》卷三十一，附录一。是目前所见最早为李白所作的墓志，一般认为此墓志为后人伪托）。

关于这些孩子的数量和名字都颇有争议，我们在此取用通行的说法，即他至少有一儿一女，母亲都是许夫人，儿子名叫伯禽，女儿名叫平阳。

他对儿女的命名确实和中原传统士子大不一样，对比一下，杜甫的两个儿子分别叫宗文、宗武，显然要中规中矩得多，而李白是从来不按常理出牌的，他还给儿子取了个小名叫明月奴，这些名字和他的诗一样，都给人一种耳目一新的新奇感。

旧时的女孩子大多有姓无名，李白却用唐高祖皇帝女儿平阳公主的名字来为女儿取名，在诗中也多次提到这位女儿，那么他至少还是有一个优点的，那就是不那么重男轻女。

许夫人大约是在他们结婚十年左右时去世的，那时候两个孩

---

① 引自[日]筧文生、筧久美子《唐宋诗文的艺术世界》，中华书局2007年版。

子都还年幼,在移家东鲁之后,李白选择了和一位姓刘的女子同居,可能是急需有人照顾孩子们。

这次仓促的同居关系很快降到了冰点,两个人相处得很不愉快。闹到最后,刘氏居然主动抛弃了李白,而且在他的朋友面前说了他很多坏话。

这对骄傲惯了的李白来说简直就是奇耻大辱,写了一首雪谗诗向友人辩护,顺便把刘氏破口大骂了一顿:

> 彼妇人之猖狂,不如鹊之强强。
> 彼妇人之淫昏,不如鹑之奔奔。①

一般来说,李白还是挺讲究做人的姿态的,这次却大为失态,显然是受刺激了,这位刘氏看来不仅对他态度恶劣,还极有可能看上了其他人,所以他才口不择言地骂她猖狂、淫昏。

不过李白这个人有个原则,就是基本上事无不可对人言,后来他向魏颢口述生平时,就亲口说了"合于刘,刘诀",是她抛弃了他,换其他男人可能想遮掩一下,李白却坦坦荡荡地说出来了,这是他的可爱之处。

骂也骂了,气也出了,孩子还是得找个人管,李白又和鲁地一个女子同居了,这次关系更加不正式,我们连她的姓都不知道,只能称为鲁女。

---

① 引自李白诗《雪谗诗赠友人》。

由于中间的时间线比较混乱,我们无法考证刘氏、鲁女分别和李白同居了多久,因此也无法确定李白在受玄宗征诏,在南陵和子女作别入京时,诗中所说的那位"会稽愚妇轻买臣"是谁。

总之,浪荡了一生的李白在情场上也并不像人们想象的那么所向披靡,他也像未发迹时的朱买臣一样,被同居女友深深地嫌弃过。伯禽和平阳那时还小,"儿女嬉笑牵人衣",这对天真烂漫的小儿女,似乎还不解世事,不知道即将与父亲分开,会成为留守儿童。

之后他的两个孩子就长期寄居在东鲁,而李白则长期漂荡在外,这种父亲角色的缺位为他招致了许多非议。

李白在亲情方面确实有淡薄的一方面,比如清人王琦就说他"诗中绝无思亲之句"①,但并不代表他铁石心肠,他也有他割舍不了的牵挂,远在东鲁的一儿一女,就是他的软肋。

《唐传奇》中有个名篇叫《杜子春》,说的是浪荡子杜子春因荡尽家产,被亲友嫌弃,好不容易有了个随仙人前往昆仑山炼丹的机会,仙人警告他,不管发生什么事,都不要开口,杜子春前后经历了神将威胁、鬼怪作祟、天地异变、妻子受难等四关考验,最后却在孩子摔死时,忍不住"噫"了一声,因此没有成仙。

我第一次看到这个故事时就想起了李白。

---

① 清代王琦曾为《李太白文集》作注,本句引自《李太白全集》,中华书局2015年版。

和杜子春一样,他也被很多人看作有仙风道骨,可那无法割弃的儿女之情,最终成了他在这尘世中的羁绊,让他无法乘风归去。

当我们读到李白思念儿女的那些诗时,会惊异地发现,他的父爱可能远比很多人更为浓烈。

当友人去东鲁时,他会千叮万嘱朋友一定要去看看孩子们,"我家寄在沙丘旁,三年不归空断肠。君行既识伯禽子,应驾小车骑白羊";他和朋友谈起自己的两个孩子时,生平很少哭泣的他会泪如泉涌,"二子鲁门东,别来已经年。因君此中去,不觉泪如泉"。

最感人的还是下面这首:

### 寄东鲁二稚子

吴地桑叶绿,吴蚕已三眠。

我家寄东鲁,谁种龟阴田?

春事已不及,江行复茫然。

南风吹归心,飞堕酒楼前。

楼东一株桃,枝叶拂青烟。

此树我所种,别来向三年。

桃今与楼齐,我行尚未旋。

娇女字平阳,折花倚桃边。

折花不见我,泪下如流泉。

小儿名伯禽,与姐亦齐肩。

双行桃树下，抚背复谁怜？

念此失次第，肝肠日忧煎。

裂素写远意，因之汶阳川。

  李白写过那么多相思的诗，却都比不上这一首情真意切，这是一个长期游荡在外的父亲对儿女深入骨髓的牵挂和想念，天下间不得不与儿女分别的父母，一定会读懂这其中隐藏的拳拳父爱和无限歉疚。

  不过哪怕是在思念儿女的诗里，也掩饰不了李白的酒徒本色，"南风吹归心"够动人了吧，谁能料到下一句就是"飞堕酒楼前"，这样的句子，也只有李白敢赤裸裸地写出来。

  当代留守儿童的父母应该能体谅李白身为父亲的无奈和愧疚，尽管他们离开孩子的动机并不一样。前者更多的是为了生活，而后者更多的是为了理想，但那份无奈和愧疚古今无不同。

  唐代诗人漫游成风，哪怕是非常依恋家园的孟浩然也曾多次外出漫游，这个时候孩子只能留守在家。李白比起孟浩然来更不幸的是，他的第一位夫人早逝，孩子们失去了最好的监护人。后来和宗夫人再婚又住在宗府，一时不便将亡妻所生的孩子接过来，这造成了他莫大的痛苦。

  李白的这份父爱当然绝不仅仅停留在纸上的深情，而是竭尽所能利用他的财力、人脉等一切能够动用的资源，尽量将孩子们的生活安排得好一些。

他在东鲁应该置办了一些田地，也可能让同居过的"鲁女"代为照顾孩子，凡有朋友去东鲁，必定会拜托他们去看望他的孩子，可能他在这方面的资源比杜甫好，财力也比杜甫雄厚，即便天下大乱，他的孩子还是顺利长大了，没有发生杜甫家中小儿子饥饿而死的惨剧。

当他向魏颢谈及生平时，觉得这位粉丝非比寻常，日后必定会扬名于天下，立刻想起要将孩子托付给他，叮嘱他日后"无忘老夫与明月奴"。

天下大乱时，他唯恐东鲁的孩子们被战祸累及，连忙拜托大有侠义之风的门人武谔冒着战火去东鲁接孩子们。浔阳下狱时，他念念不忘的还是当初为何"星离一门，草掷二孩"，为当初匆匆离开了两个孩子而痛悔不已。

武谔不付重托，顺利地把伯禽和平阳接到了李白身边，星散流离的一家人总算团聚了。

宗夫人身为继母，待这两个孩子好像还不错，有诗为证："拙妻好乘鸾，娇女爱飞鹤。提携访神仙，从此炼金药。"

平阳看样子继承了父亲的仙骨，和继母宗夫人相携学道，修仙一家人的画风虽和普通家庭不太一样，倒也是其乐融融。可惜平阳身体不大好，大约是嫁人之后就去世了。

伯禽倒是一直陪侍在父亲身边，在李白晚年的诗里，还出现了"稚子"的身影，也许在一个父亲的眼里，分离了多年的儿子尽管已经长大成人，还是和憨态可居的稚子没有区别，还是那么弱小，那么需要呵护。

随着李白"浪游者"的身份越发深入人心，人们对他扮演的父亲这一角色就越发不满，如果好父亲的标准是牺牲自我来守护家庭的话，那么他确实不算是一个好父亲，甚至不算一个合格的父亲，他的确没有办法为了家人放弃理想。

这是作为天才的李白和作为常人的李白之间存在的无法克服的矛盾，我们平常人都渴望天伦之乐，诗人李白却显然是无法安于天伦之乐的。天伦之乐这个词还是他创造的，出自于他的《春日宴从弟桃李园序》："会桃李之芳园，序天伦之乐事"。

天伦之乐是一种平淡的幸福，而李白想要的则是一种剧烈的狂喜。这种狂喜，只有在路上才能体会到。为此他不得不牺牲掉身为常人的感情，而他的孩子们，则不幸失去了父亲的陪伴和教育。

李白的儿子们本来天分应该还是不错的，李华在为李白写的墓志铭里说"有子曰伯禽、天然，长能持，幼能辩"，也就是大的持久专注，小的机敏善辩，李华还预言他们将光大父亲的盛名，延续李家的光荣。但这一预言没有实现。

关于天然的结局史书记载，想必也是淹没无闻了，伯禽则一辈子都没有当过官，据野史记载顶多是在当涂县的盐场当过小吏，伯禽的儿子继承了父祖爱流浪的天性，年纪轻轻就出外游荡，自此不知所终。

他们为何和父祖一样也不参加科举？

是因为才学不够,还是因为商人出身?

这些都是难解之谜了。

李白一生都致力于提升阶层,靠着他的天资和努力,确实也庶几成功了,他的儿孙辈们却迅速地从已有的阶层中滑落了下来,除了天赋上的差别外,家族根基的薄弱和家庭教育的缺失也是重要的原因。

李白这一生算是不负此生,不负此心,可多少还是有些辜负了他的孩子们。但我们也要看到,他并不是某些人指责的那样铁石心肠,并没有抛下儿女完全不管,而是尽其所能给予爱护。

身为父亲,李白有他的缺陷,却也不必过分苛责,那样何尝不是对这位大诗人的妖魔化。

若是生于现代,他还可以有别的选择,那就是做一个独身主义者,这才是更适合他个性的生活方式。

## 第五章 道教徒

就是说，李白想做神仙家，并不是真心相信那些白日飞升之类的方术，只是以游仙抵消功业理想，在游仙中消磨功业理想破灭后无所作为的岁月。

## 五岳寻仙不辞远

犬吠水声中，桃花带露浓。

树深时见鹿，溪午不闻钟。

野竹分青霭，飞泉挂碧峰。

无人知所去，愁倚两三松。

这首《访戴天山道士不遇》，是现存可以系年的李白最早的诗歌之一。

戴天山也就是匡山，这里周秦时亦是氐、羌频繁出入的地域，山清水秀，林壑幽深，是个学道的好去处。

由此诗可见，李白与道教结缘得很早。唐时仙道一体，他说自己"十五好神仙，仙游未曾歇"。

在蜀地时，他问道寻仙的足迹已经遍布了峨眉、青城等名山。

在蜀中学道时，李白做过最有名的一件事，是和一个叫东严子的逸人隐于岷山之阳。

岷山也就是道教名山青城山，是道教十大洞天之一，而这位东严子，有人说可能就是赵蕤。

赵蕤是著名的纵横家，对李白的思想、学问影响很大，他著有《长短经》一书，阐述的正是纵横之术。

李白对这位亦师亦友的同道中人感情很深，他在扬州生病时，最牵挂的人就是赵蕤，还专门写了一首《淮南卧病书怀寄蜀中赵征君蕤》给他，所谓"征君"就是被朝廷征召而未就的隐士。赵蕤是位真正的隐士，他和妻子隐居在郪（qī）县（今四川三台县）长坪山，埋头专心钻研学问，不愿出仕为官。

在蜀地李白开启了一生的道缘，后来的漫游则加深了这种渊源。神仙与方术在李白人生中占有非常重要的地位，"五岳寻仙不辞远"，不是一句空话，他生平确实到访过许多道教名山，进出道观，结交道士，精读道经，大谈道旨。

李白的道友很多，例如元演、紫阳先生、盖寰、高尊师和参寥子等。以地点论，李白学道之地除岷山、嵩山，还有湖北随州以及山东等地。四十多岁时，他说学道差不多三十多年了，可见学佛、学道、寻仙、修炼是伴随他一生的重要内容。

李白学道是很认真的，他从小就熟读道书。"五岁诵六甲""十五观奇书"，尽管有人认为六甲并不能粗疏地解释为道教典籍，但这些奇书多少和道经有关。

后来，他在《答族侄僧中孚赠玉泉仙人掌茶》诗序中有"按《仙经》"之语。他还抄道书，诗曰"清斋三千日，裂素写道经"（《游泰山六首·其四》）。在《早秋单父南楼酬窦公衡》一诗中说"我闭南楼看道书，幽帘清寂若仙居"。

他亲自受过道箓，天宝三年，他结识了北海高尊师徒弟盖寰，盖寰为他造了"真箓"，这在道教修炼人来看是件不容小觑之大事。

随后李白又在高尊师亲授下接受了"道箓"，在齐州（现济南）道教寺院紫极宫正式加入道士行列。这位高尊师在给李白授完道箓后，便归北海游仙去了。

授箓的过程是很折磨人的。在电影《长安三万里》中，高台之上，李白将"箓"绑在手腕上，绕着法坛行走，顶着烈日炙烤，一圈圈直到考核时间到。备受煎熬的李白，在经受意志力考验后，最终"道箓"加身。

真实的受箓过程可能更加折磨人。据《洞玄灵宝三洞奉道科戒营始》记载，道箓传授颇为严格，其中有十八个等级，各个不同等级传授不同经箓，授予不同称号，依次渐进，不得有误。

授了道箓，才算正式入道。受箓者首先要斋戒数日，以实现身心的洁净，再将双手背剪，环绕坛坫，鱼贯而行，不断向神祇忏悔，还要通过上天的测验方能成功。以李白这种从不愿意受人拘束的性子，居然愿意承受这样的折磨，只为了名登方士格，正式列入道士籍，可见学道之心是很虔诚的了。

他还热衷于采药炼丹,"时命若不会,归应炼丹砂。""此中岂是久留处,便欲烧丹从列仙。""愿随子明去,炼火烧金丹。""炼丹费火石,采药穷山川"。

炼丹是个花钱受罪的体力活,壮年时期的李白既不缺钱也不缺力。特别值得一提的是《草创大还赠柳官迪》一诗,从中可以看出他自己也曾亲自从事过炼丹活动,而且自以为初步炼成了大还丹,并兴致勃勃地将其赠送给友人柳官迪。

到了晚年,李白依旧没有减弱自己对炼丹修仙的热情。在《忆秋浦桃花旧游时窜夜郎》一诗中写下了"三载夜郎还,于兹炼金骨"的句子,表达了自己想要炼丹的心情。

访道是道家修炼重要的生活历炼之一,所以李白也到处寻访,他曾说"铭骨誓相学"。

天宝三载(公元744年),李白与杜甫、高适同游王屋山阳台观,看到了阳台观的绘有洞天福地的山水壁画,壁画笔法之老道,令他惊叹。

李白写下《上阳台帖》:

山高水长,物象千万。
非有老笔,清壮何穷!
十八日,上阳台书,太白。

李白晚年曾在敬亭山、秋浦、清溪、大楼山等地修道。《秋于敬亭送从侄耑①游庐山序》就是写于这一时期：

余小时，大人令诵《子虚赋》，私心慕之。及长，南游云梦，览七泽之壮观。酒隐安陆，蹉跎十年。

初，嘉兴季父谪长沙西还，时余拜见，预饮林下。耑乃稚子，嬉游在傍。今来有成，郁负秀气。吾衰久矣，见尔慰心。申悲道旧，破涕为笑。

方告我远涉，西登香炉。长山横蹙，九江却转。瀑布天落，半与银河争流；腾虹奔电，潨射万壑，此宇宙之奇诡也。其上有方湖、石井，不可得而窥焉。

羡君此行，抚鹤长啸。恨丹液未就，白龙来迟。使秦人着鞭，先往桃花之水。孤负凤愿，惭未归于名山。终期后来，携手五岳。情以送远，诗宁阙乎？

文中提到之所以不能陪侄子李耑游庐山，就是因为炉中丹液还没有炼成，不能放手，只好暂不奉陪。

李白生平的确曾访过道家名山，受过道箓，采过药，寻过仙，炼过丹，并且常常进出道观，交结道士，精读道经，玄谈道旨。

李长之认为："假若道教算一种宗教的话，我敢说从来的中国诗人没有李白这样信教信得笃的。"

---

① 耑：即李耑，李白的堂侄。耑，音 duān。

长之先生的《道教徒的诗人李白及其痛苦》是众多李白传记中的扛鼎之作,不乏真知灼见,但他在论及道教对李白的影响时,不说有失偏颇,至少是过分夸大了。

这里,我更赞成范传正的观点,他在碑文中说李白"好神仙非慕其轻举,将不可求之事求之,欲耗壮心,遣余年也"。

就是说,李白想做神仙家,并不是真心相信那些白日飞升之类的方术,只是以游仙抵消功业理想,在游仙中消磨功业理想破灭后无所作为的岁月。

神仙、炼丹因其所蕴含的神秘主义和奇幻色彩,对生性喜欢幻想、爱好奇异的李白吸引力很大,但他并不真的迷信,他曾经多次写诗讥讽历代帝王对求仙和炼丹的迷恋,甚至将矛头直指当朝统治者唐玄宗。

玄宗也是痴迷于追求长生、炼丹的,他曾经向道士吴筠[①]求问神仙修炼之道。

吴筠规劝他说:"这是山野隐士所追求的事,主要是靠长年累月积功修道来获得,这不是陛下应该关心的事。"

吴筠是李白的至交道友,从他的话中也可看出李白的观点。

李白在诗中不止一次提到:

---

① 吴筠(?—778):字贞节,唐代道士,其诗文大多收录在《宗玄先生文集》。

> 仙人殊恍惚，未若醉中真。
> 蟹螯即金液，糟丘是蓬莱。①

与神仙世界的渺不可及相比，倒是面前的一壶酒更为实在。如若是一个忠实的道教徒，不会有这样清醒的反思。

李白在《暮春江夏送张祖监丞之东都序》中说：

> 仆书室坐愁，亦已久矣。每思欲遐登蓬莱，极目四海，手弄白日，顶摩青穹，挥斥幽愤，不可得也。

这里他说得很明白，他想通过修仙学道来"挥斥幽愤"，却未能成功。

若论儒、释、道三教对李白的影响，很显然道教占了绝对的主导，压倒了儒家与佛教。

但李白之所以为李白，是因为他对各种流派都采取"拿来主义"的态度，汲取可以为我所用的元素。他出入诸子百家，但从来不以某一家思想为终极的皈依，"吾不凝滞于物，与时推移，出则以平交王侯，遁则以俯视巢许"，对道家的高人巢父、许由他也是要俯视的。②

---

① 引自《拟古十二首·其三》。
② 参考詹福瑞、王红霞主编《李白研究文选》，赵昌平《李白性格及其历史文化内涵——李白新探之一》，四川人民出版社 2020 年版。

关于李白的这种"拿来主义",晚清时他的崇拜者龚自珍分析得一针见血:

> 庄、屈实二,不可以并,并之以为心,自白始;儒、仙、侠实三,不可以合,合之以为气,又自白始也。①

李白对他所仰慕的先贤们,总是采取博采众长、为我所用的态度,他学习他们,最终是为了超越他们,成就独一无二的自我。

对诸子百家,他只取宜乎性情的部分,对其他部分则弃而不用。对儒家,他感兴趣的是经纬天下,却并无多少忠君奉儒的思想。对道教,他迷恋其仙幻色彩和自由精神,却并不真正迷信。

在他身上,看得到庄子的超逸,却摒弃了庄子的厌世情绪。看得到屈原的奇瑰,却并无屈原那种呼天抢地的悲怆。和他对比起来,"屈生何悴!宋玉何悲!贾生何戚!相如何疲!"

李白是一个典型的杂家,所学涉及儒、释、道、侠、纵横等各个领域。但在本质上,他既非道,亦非儒,更非释,李白就是李白自身,从来不会在任何先贤或者某家思想前俯首贴耳,他是要嗤长卿、笑子云、俯视巢许的,"千载独步,唯公一人",把他解读为服膺某一教派的忠实信徒,真是小瞧了他。

---

① 引自清龚自珍《最录李白集》。

# 此中有捷径

道教有洞天福地之说，道教徒喜欢幽栖山林，这样离心目中的神仙似乎也近了一点，修道和隐逸总是密不可分。

中国的隐逸文化渊源流长，美国汉学家比尔·波特[①]曾经写过寻访当代隐士的书叫《空谷幽兰：寻访中国现代隐士》。

在书里，他想象隐士们在云中、在松下、在尘世外，靠着月光、芋头和大麻生活，直到实地走访才发现，隐士们的生活，远比他想象中的要原始和孤独。

李白也曾有过隐居生涯，而且前后有过好几段，但和比尔书中那些甘于寂寞的隐士一对比，就会发现他是个非典型隐士。

这种非典型首先表现在奇特上，人家隐居就老老实实隐居，可他不一样，非要搞出点动静来。

他和东严子一起隐于岷山之阳时，做过最出名的一件事，就

---

① 比尔·波特（Bill Porter，1943—）：美国当代作家、翻译家和汉学家。

是养了上千只奇禽,只要他一吹口哨,这些奇禽就会飞到他的手掌上来取食,一点都不感到害怕。

他们隐居的奇闻异事四处流传,连广汉太守都被惊动了,特地来拜访他们,还向朝廷推荐他们当官。结果,他们志趣高洁,拒绝了朝廷的征召。

这和陈子昂摔琴是一个道理,都是通过出位之举来搏取关注。

李白是最懂得吸引人眼球的,若真的在山中默不作声地隐居,就算隐居到老死又会有谁知道,非得标新立异,才能让人知道这里有个隐士。养奇禽的行为,相当于一种行为艺术,成功地引起了关注。

这次隐居让李白尝到了甜头,原来隐逸也是可以制造名声的,出蜀之后,只要一有机会,他就会跑到山里去隐居。

在安陆时,他曾在寿山隐居,结识了元丹丘①后,又跟着他一起去嵩山隐居。

可能是发现一个人隐居搞不出什么大的动静来,李白移居东鲁后,约了山东名士孔巢父、韩准、裴政、张叔明、陶沔在泰安府徂徕山下的竹溪隐居,人称"竹溪六逸"。这个名头,有点向"竹林七贤"致敬的意思。

由此,我们可以看出李白隐逸的第二个特点,那就是不甘寂

---

① 元丹丘:又名丹丘生,生卒年不详,唐朝道士,擅诗文,与李白交往甚密,多有诗歌往来,《李太白全集》中写给他的诗多达11首。

宽。就算隐居,他也要隐居得声势浩大、热热闹闹,这样才能制造出轰动效应。

李白的隐逸,固然是因为他爱好山水、性喜自然,更是隐居养望,以求仕进。

仕和隐的矛盾,曾经困扰过许多诗人。可在李白这里,仕和隐之间并不是对立的,而是相互补充的,仕是目的,隐是手段。早年间,隐逸可以为他求仕造声势,晚年时,隐逸又成为他仕途失意时的慰藉。

在历代的隐士中,李白推崇的分别有严子陵[①]、诸葛亮、谢安等人。这三个人有个共同点,都是先高卧云林,通过隐居制造出巨大的名声,再引起执政者的注意。

以诸葛亮和谢安为例,他们不出山则已,一出山就出将入相,建立不世之功业。

对那些终老于山林田园的隐士,李白是不大认可的,他曾经批评过陶渊明"握䦆东篱下,渊明不足群",又说"有耳莫洗颍川水,有口莫食首阳蕨"。不要学许由用颍水洗耳,不要学伯夷和叔齐隐居首阳采薇而食,以上都是史上有名的真隐士,李白却表示无法认同。

这其中,李白最推崇的是谢安。

谢安曾经隐居绍兴东山多年,世称"谢东山"。他经常和王羲之这种级别的名士在一块,"出则渔弋山水,入则言咏属文,

---

① 严子陵(前39—41):又名遵,东汉隐士。

无处世意",不管政府怎么征辟,他就是不出山,急得当时的老百姓直呼"安石不出,如苍生何"。

李白有很深的东山情结,基本上谢安怎么做,他就怎么追随,谢安喜欢携妓同游,"虽放情丘壑,然每游赏,必以妓女从",他就携金陵、昭阳之妓出游,因此还搏得了一个"李东山"的美名。

李白曾携妓去谢安曾经流连的地方怀旧,并怅然长吟"携妓东土山,怅然悲谢安。我妓今朝如花月,他妓古坟荒草寒"。

如此亦步亦趋,当然不是为了终老林泉,而是为了惊动朝廷。可以想见,在山林之中隐居的他,是多么渴望老百姓们也能大呼一声"李白不出,如苍生何"!这样必能震动朝廷,以达天听吧。

以隐逸来求仕也是当时的风气,唐时尤重道教,李唐王室也往往在栖居于山木的幽人逸士中寻访人才,以表示他们求贤若渴的态度。

《旧唐书》说,唐高宗、武则天就曾"访道山林、飞书岩穴,屡造幽人之宅,坚回隐士之车"。唐玄宗更是在科举之外,又兴"道举",还屡屡下诏征辟山野逸人。

正是在这种风气之下,许多人视隐逸为终南捷径。

唐时有个道士叫卢藏用,本身有点才气,但没有出头的机会,他最初隐居于终南山,就一心想着借助隐居获得高名,以便被朝廷征召。后来皇帝移驾洛阳,他又跟着跑到洛阳附近的嵩山隐了起来。当时人们给他送了个别号,叫"随驾隐士"。

时间长了,卢藏用就逐渐有了名气,武则天听人说起他,就把他请出山去,赏了一个左拾遗的职务。到中宗朝的时候,卢藏用就已经戴上了不小的乌纱帽,先后做过中书舍人、吏部侍郎等。

后来,唐睿宗继位后将道士司马承祯①接入京,后者不愿意出仕,辞别还乡。临别时,卢藏用手指终南山说:"此中大有佳处,何必舍近求远呢?"

司马承祯笑他说:"照我看来,终南山里藏着一条做官的捷径啊。"

这则故事可能语含讽意,但换个角度来看,终南捷径为走不通科举之路的人提供了另一种仕进之途,让千千万万奇才异士看到上升的可能性,未尝不是一件好事。

李白想要走的,就是这么一条终南捷径,为此他不仅以退为进,以隐求仕,还积极结交道友,扩充人脉。不得不说他还是有道缘的,至少他接触的那些知名道士们一个个都对他赞赏有加。

李白结交的道士非常多,有越中道士吴筠、昌明道士雍尊师、东鲁方士赵叟,女道士有李林甫之女李腾空、吴江女冠褚三清等,其中对援引他起到作用的大概是以下几个人。

一个是元丹丘,元丹丘就是《将进酒》中提到的"丹丘生",也是李白生命中最重要的朋友,他将前者看成异姓天

---

① 司马承祯(647—735):字子微,法号道隐,自号白云子,唐朝道士,李白好友。

伦①，即异姓的亲弟兄，这份情意，比待杜甫可深厚多了。

元丹丘与李白结交甚早，早在安陆时期两人就来往了。自此以后，他们"投分三十载，荣枯同所欢"（《秋日炼药院镊白发赠元六兄林宗》），也就是说有难同当，有富同享。元丹丘曾经邀请李白和他在嵩山同隐。

后来，李白对那段日子还颇为怀念，写诗说："我有万古宅，嵩阳玉女峰。长留一片月，挂在东溪松。"

元丹丘应该相当有钱，在李白不如意时，他盛情邀好友一家人去偕隐，这份古道热肠，倒和李白诗中常写到的那些侠客相似。

元丹丘的道教关系网很广，李白与道教中人物交结，大都是由元丹丘牵的线。

李白曾随元丹丘一起拜会其师胡紫阳。胡紫阳正是道教宗师司马承祯的弟子。

天宝元年，李白做翰林供奉的时候，元丹丘也当了西京大昭成观的威仪。天宝三载他与李白先后出京，二人可谓是"同枯同荣"了。

李白为元丹丘写了不下二十首诗，在诗里将这位异性骨肉描绘成了一位活神仙，比如这首《元丹丘歌》：

---

① 见《颍阳别元丹丘之淮阳》。——作者注

> 元丹丘，爱神仙，
> 朝饮颍川之清流，
> 暮还嵩岑之紫烟，
> 三十六峰长周旋。
> 长周旋，蹑星虹，
> 身骑飞龙耳生风，
> 横河跨海与天通，
> 我知尔游心无穷。

一个是司马承祯，司马承祯是南朝"山中宰相"陶弘景上清派的第四代嫡系传人。

武则天、唐睿宗、唐玄宗三代帝王屡次诏请司马承祯进京，唐玄宗对他更是优礼倍加，曾二次召见入京，并亲受道箓，连宰相张九龄、张说都对他敬重有加。

司马承祯可以说是唐朝版的"山中宰相"，受到了三代帝王的隆重礼遇。在他身上，一心渴望做帝王师的李白看到了梦想照进现实的可能性。而他屡屡谢绝皇帝的挽留，坚决要回到天台山修道的行为，更与卢藏用等汲汲于功名的"假隐士"区别开来，让李白坚定了日后毋恋栈于富贵的理想。

一个是吴筠。吴筠为当时著名道士。他从小便阅遍经籍，工于诗文，曾作《游仙诗》阐述自己的思想，作《览古诗》凭吊古圣先贤，又作有《高士咏》歌颂古今高士，几次科举都未能及第，最后入嵩山做了道士。此后游天台，观沧海，与名士相交游。

唐玄宗曾遣使召他入京，在大同殿接见。

有一次，玄宗召他入宫向他问道。

吴筠说："天下之间能够深晓，通达于道的，只有老子《五千言》（即《道德经》），而其余的著述不过是在浪费纸墨罢了！"

这种狂傲的风度，倒是和李白类似，难怪两人在会稽相识时一见如故。

他们之间除了探索修道成仙的法术，还喜欢用诗歌相酬和。与元丹丘一样，李白和吴筠的交往也维持了终生。

《下途归石门旧居》这首诗，有人考证出是他在晚年写给吴筠的：

> 吴山高，越水清，握手无言伤别情。
> 将欲辞君挂帆去，离魂不散烟郊树。
> 此心郁怅谁能论，有愧叨承国士恩。
> 云物共倾三月酒，岁时同饯五侯门……

诗中说他和吴筠曾经共饮美酒，同游侯门，一起被玄宗待以国士之礼，那段岁月令他留恋不已。

另外李白还有一个重要的道友是贺知章。

人们都知道贺知章和李白是酒友，却很少有人注意到他们也是道友。贺知章当时也是受过道箓的正式道士，他和李白初见，正是在长安一个叫紫极宫的道观里。

若不是道友这层身份，只怕李白没那么容易见到这位身居三品的太子宾客。有关他对李白的重要作用，留待下节再详述。

据《新唐书·李白传》中记载，吴筠被玄宗召入京后，亲自推荐了李白。另一种说法则是元丹丘向玉真公主①推荐了李白。

玉真公主是玄宗的妹妹，道号持盈。堂堂公主也慕仙修道，可见唐朝学道风气之盛。

由于玉真公主的特殊身份，且与唐玄宗在信道方面志同道合，又无政治野心，所以她在唐玄宗时代一直恩宠不衰。

喜爱诗文的玉真公主成为了诗人和唐玄宗之间互相沟通的一条渠道。她经常向玄宗推荐诗人，其中最为著名的就是王维和李白。

两种说法都有可信之处，综合起来大概就是，李白入道以来结识了众多贵人，由元丹丘—胡紫阳—司马承祯（吴筠）—玉真公主—唐玄宗，形成了一条完美的贵人链。

这条贵人链的尽头，终于通向了最高统治者也是当世最有权利的道士玄宗，帮他打通了仕途之门。

李白的道友圈里，囊括了上至帝王公主，下至知名道士的诸多道友，论地位之高，权力之大，可能还远在他的诗友圈之上。

---

① 玉真公主（？—762）：字玄玄，号持盈，法号无上真，唐睿宗李旦第九女，唐玄宗李隆基同母妹，母为窦德妃。

# 风骨神仙籍里人

很少有诗人像李白一样，在生前就被神话化或者说神仙化了，这和他的道教信仰密切相关，第一个对他进行神仙化的，正是当时道教的领军人物司马承祯。

李白年轻时游江陵的时候，曾专程去天台山拜会过司马承祯。后者对他一见就大为惊叹，称赞他有仙风道骨，可以与之一起神游八极。

李白一听，得到自己偶像的肯定，自然心里得意，信心倍增，当即写了一首《大鹏遇稀有鸟赋》的诗，把自己比作将展翅腾飞的大鹏，把司马承祯比作不可多得的稀有鸟。

对于一个尚未成名的年轻人来说，前辈们的评价至关重要，甚至可以起到引领终身的作用。

当年曹操籍籍无名时，人物鉴赏家许劭评价他是"治世之能臣，乱世之奸雄"，这句话成了尚在混乱中摸索的曹操的一盏指路明灯，引领着他最终成为了乱世奸雄。

道教宗师司马承祯对李白的点评，也起到了类似的作用，他的一句话唤醒了李白的仙人意识。在此之前，他还是个迷恋于任侠使气的愣头青，在此之后，他开始有意识地朝着仙风道骨的路线转型了。

我们现在都认为，李白是一个自我意识非常强的人，但是个性再强的人，其实也有一个自我塑造的过程。

日本艺术家山本耀司说过，自我这个东西，其实你是看不见的，没有什么所谓的自我，它是流动的，冲撞的。你只有真真正正地撞上了些什么，才知道边界在哪儿。你要终身跟那些很强的东西、很可怕的东西和水准很高的东西相碰撞，然后才知道"自我"是什么。自我是不断地在自我升级中间碰撞而产生的。

与司马承祯的会面，就是李白学道路上与大人物的第一次碰撞，他的仙人意识由此开始萌芽，并在与元丹丘、吴筠等道友的交往过程中不断深化，真正成型还是等到他入长安见了贺知章之后。

贺知章一见李白，先是"奇其姿"，被他的风采惊住了，又读了他的诗，认为可以泣鬼神，于是惊呼他为"谪仙人"。

这是李白与大人物的又一次碰撞。

司马承祯给出的"仙风道骨"四字评语还比较泛泛而谈，用来评价谁都可以，不像贺知章给出的"谪仙人"那么有的放矢，简直就像是为李白量身定造的。

在他众多的外号中，以"谪仙人"的名号流传最广，也最不可替代。

宋人勾龙震①集古今人诗词，以李白为首，成《谪仙集》十卷。虽然其他才子文人也被称作"谪仙"，但是只有李白最具有代表性，他几乎垄断了"谪仙"这个称号，其他人不过是偶尔借用一下这个名号罢了。

同样是宋人的徐钧②则在诗里仰慕地称李白是"风骨神仙籍里人，诗狂酒圣且平生"。

可见，在宋人看来，李白的神仙属性尚排在诗名和好酒之上。

谪仙人的形象如此深入人心，一开始是来自司马承祯、贺知章等名人盖章，后来则是因为李白的不断自我仙化。

这种自我仙化首先表现在形象上。

很少有人指出，李白其实是相当注重打造形象的，这可能是从古至今偶像派的共同特点。李白本身形象就不俗，"虽长不满七尺，而心雄万夫"。

他的身高有点争议，唐时一尺比现在短得多，我倾向于认为他个子中等。

有学者考证，唐时的大诗人，如李白、杜甫、王维、白居易

---

① 勾龙震：南宋朝绍兴二十七（1157年）年丁丑科进士，四川成都人，参见《宋朝进士录》《蜀典六则》。

② 徐钧：字秉国，号见心，生卒年不详，南宋诗人。

等人，就没有一人身高超过1.62米。他们中，已经没有像嵇康那种龙章凤姿、鹤立鸡群的高个子，这个数据未免令人有点沮丧。

个子高矮不是关键，关键是这种心雄万夫的气度。

整体来说，李白是以风采气度见长的。传说玄宗初见他时，他"神气高朗，轩轩然若霞举"，他一出现，就像朝霞一样照亮了整个宫庭，真是神采照人。

李白眼睛特别亮，崔宗之说他"双眸光照人"，魏颢说他"眸子炯然，哆如饿虎"，那时的他已经不年轻了，一双眼睛却仍然炯炯有神，这是生命力满溢的表现。

李白平常就喜欢华服美衣，爱穿千金裘、紫锦袍，年轻时经常腰系玉带，身骑白马。入道之后，整体打扮则多了几分飘逸出尘的仙气。

魏颢在《李翰林集序》中提及，李白"曾受道箓于齐，有青绮冠帔一副""或时束带，风流酝籍"。

在粉丝的眼中，李白束起长发，身着道袍的样子，很是风度翩翩。

一次，朋友送给他一件五色裘，在他的诗中，这件华服巧夺天工，仿佛是天上的素娥玉女制作的，"襟前林壑敛暝色，袖上云霞收夕霏"，他设想穿着这件五色裘身骑白鹿、手拂紫芝时，连天上的群仙见了也会不禁大为赞叹。

当他身披宽大的道袍，在山林云雾间游走时，那种情景，又仿佛是步入了天宫，"西上莲花山，迢迢见明星。素手把芙蓉，虚步蹑太清。霓裳曳广带，飘拂升天行。邀我登云台，高揖卫叔卿。"

在形象上愈来愈神仙化的同时，李白对身世也进行了一番仙化。

他字太白，自称是母亲怀孕时梦见长庚星（也就是太白星）入怀，然后生下了他。

相传，贺知章一见他，也曾感叹说："你莫非是天上的太白星精下凡？"

从此以后，他的名（白）、字（太白）和出生传说（太白星）水乳相融在一起了。

这则传说也为他本来暧昧不明的身世披上了一层缥缈的仙雾，没有人再追究他的祖先究竟是谁，人们都愿意选择相信，他就是天上的星宿下凡的。

李白本人在诗里，也一再强调这种星宿属性以及谪仙属性：

世人不识东方朔，大隐金门是谪仙。（《玉壶吟》）
青莲居士谪仙人，酒肆藏名三十春。湖州司马何须问，金粟如来是后身。（《答湖州迦叶司马问白是何人》）
四明有狂客，风流贺季真。长安一相见，呼我谪仙人。（《对酒忆贺监二首·其一》）
攀龙九天上，忝列岁星臣。（《赠崔司户文

昆季》）

谓我是方朔，人间落岁星。(《留别西河刘少府》）

李白爱以东方朔自比，东方朔传说是岁星下凡，他还在一篇序文中称自己原本是三十六天帝的外臣："吾稀风广成，荡漾浮世，素受宝诀，为三十六帝之外臣。"

自视为太白金星转世的李白，也将太白山看作自己的本命山。

他每次登上太白山时，总觉得离心目中的神仙世界又近了一步：

> 西上太白峰，夕阳穷登攀。
> 太白与我语，为我开天关。
> 愿乘泠风去，直出浮云间。
> 举手可近月，前行若无山。①

既然自诩为太白星、谪仙人，在言行举止和生活方式上，李白也自觉地向仙人靠近了。

他自称逸人，栖居于山野之间，"弄之以绿绮（琴名），卧之以碧云，漱之以琼液……倚剑天外，挂弓扶桑。浮四海，横八

---

① 引自李白诗《登太白峰》。

荒，出宇宙之寥廓，登云天之渺茫。"

他结交道友，遍访仙山，"吾与霞子元丹、烟子元演，气激道合，结神仙交，殊身同心，誓老云海，不可夺也。历行天下，周求名山，入神农之故乡，得胡公之精术……"

后辈独孤及曾见过晚年的李白。据他描述，李白的行囊里别无其他俗物，唯有"仙药满囊，道书盈箧"，这和韦应物笔下那个"涧底束荆薪，归来煮白石"的全椒道士一样，已经彻底洗尽尘埃气了。

因为热衷于寻仙，李白留下了相当比重的游仙诗。他现存的一千多首诗中，有一百多首与游仙相关。

和其他人的游仙诗不同的是，仙人在他笔下不再是可敬、可慕的对象，而是变得可亲、可近，非常富有人情味：

仙人如爱我，举手来相招。（《焦山望松寥山》）

仙人浩歌望我来，应攀玉树长相待。（《怀仙歌》）

天上白玉京，十二楼五城。仙人抚我顶，结发受长生。（《经乱离后天恩流夜郎忆旧游书怀赠江夏韦太守良宰》）

萧飒古仙人，了知是赤松。借予一白鹿，自挟两青龙。（《古风·其二十》）

玉女四五人，飘摇下九垓。含笑引素手，遗我流霞

杯。(《游泰山六首·其一》)

李白是始终要求平等的，即使是在他所倾慕的神仙面前，也不会自降身段，以崇拜者自居。相反，神仙们待他非常热情友好，给予了他在尘世间也难以得到的殊遇。

遥不可及的仙人，为何对待我们的诗人如此亲切？

因为他本来就是从天界而来的，只不过是"误逐世间乐"，才来这世上一遭，在他的想象中，只要他愿意，他可以随时乘风归去。

"愿随夫子天坛上，闲与仙人扫落花"。闲与仙人扫落花，亏他想得出来，这就是赵翼再三推崇的不用力而触手成春的境界。如此雍容，又如此自在，一种独属于李白的仙人风度在这七个字中展露无遗。

众所周知，李白是强烈要求被优待的。"谪仙人"这一身份，恰好满足了他对优越感的追求。

因为自诩为仙人，他拥有了一种从云端俯瞰芸芸众生的神仙视角，并由此获得了振拔于庸常生活之上的超越感，造就了他诗中出尘脱俗的仙气。

杨义[①]在对比李杜的山水诗时说，杜甫诗中的山水是通向人间的，通向他忧国忧民或人生迟暮的内心，而李白诗中的山水是

---

① 杨义（1946—2023）：文学史家、中国社会科学院学部委员，著有《李杜诗学》等。

通向天上的，通向他心系神人、胸罗星月的飞动的灵魂，"疑是银河落九天""白波九道流雪山""蜀道难，难于上青天"，都给我们这种从天上俯瞰人间的观感。

我们读李白的诗（不限于游仙诗），总觉得有一种力量牵引着我们向上飞升，是因为他很少在诗中描摹日常生活中那些琐碎而具体的烦恼，他不像其他诗人那样喜欢叹穷嗟病，更不喜欢反复沉溺于自伤自怜。

对于我们普通人来说，生命就是一袭爬满了蚤子的华袍，而李白却奋力将蚤子抖落得干干净净，让生命回复到最初的轻盈和华美。

赵翼提到李白时，说他"胸怀浩落，不屑屑于恩怨"，这其实也是一位谪仙的自我修养，神仙自然懒得斤斤计较，更不屑于蝇营狗苟。

关于李白的谪仙属性，叶嘉莹说过的一段话尤其精彩。她说李白是仙而人者，是生来的、不服约束的天才，不幸被贬降到人间，尘世对于他来说就像一张大网，他不甘心被网罗，所以他要挣扎，他要脱离。

李白的那些寻仙问道之举，那些游仙诗，正是这种强烈想要脱离飞升欲望的结晶。

幸运的是，拜他的仙才所赐，这些诗并无一丝苦苦挣扎的狼狈感，而是写得逸怀浩气、飘飘欲仙，他笔下的山水，也从人境化成了仙境，比如著名的《梦游天姥吟留别》就是如此，诗中处处都是神仙元素：

> 海客谈瀛洲，烟涛微茫信难求。
> 越人语天姥，云霞明灭或可睹。
> ……
> 我欲因之梦吴越，一夜飞度镜湖月。
> ……
> 脚著谢公屐，身登青云梯。
> 半壁见海日，空中闻天鸡。
> 千岩万转路不定，迷花倚石忽已暝。
> 熊咆龙吟殷岩泉，栗深林兮惊层巅。
> 云青青兮欲雨，水澹澹兮生烟。
> 列缺霹雳，丘峦崩摧。
> 洞天石扉，訇然中开。
> 青冥浩荡不见底，日月照耀金银台。
> 霓为衣兮风为马，云之君兮纷纷而来下。
> 虎鼓瑟兮鸾回车，仙之人兮列如麻。
> ……
> 且放白鹿青崖间，须行即骑访名山。
> ……

天姥山在浙东，江南的清丽山水，在李白的笔下幻化成了神奇瑰丽的仙境。

在仙化的山水里,李白才能够上天入地,飘然翱翔于天地之间。与神仙世界的惬意相比,官场的失意根本算不了什么。

处处以谪仙人自居的李白,在他一手营造的仙化诗境里,对他瞧不上的庸碌凡人们成功地实现了降维打击。

## 第六章
# 失意者

四处干谒的李白,和我们现在这些到处求职的年轻人没什么区别。那种被迫低头的窘迫,那种求告无门的无望,在他早期干谒的诗文中处处可见。

## 南徙莫从，北游失路

大唐帝国国力强盛，尤其是到了开元天宝年间，国力达到顶峰，"一百四十年，国容何赫然"。

盛世呼唤英雄，一个开明升平的时代，鼓舞着士子们建功立业。魏晋时的门阀政治至隋唐时已经式微，这让出身寒门的士子们更加跃跃欲试。

从未有一个朝代的士子像唐代士子这样雄心勃勃，积极进取。唐人墓志中说："人之处世，莫不欲位尊而家肥，握权而居要。"和西晋时大富豪石崇所说的"士当身名俱泰"差不多一个意思，却更加露骨。

唐代士子从来不掩饰他们过分强烈的功名心，而在他们之中，李白的功名心又尤为突出。

作为一个敏感而自负的年轻人，又出身在那样一个家庭，他可能过早地看清了世界运行的真相。社会的基础是权力，而在一个官本位的社会里,只有攀登到权力的高峰,才能得到主流社会的认可。

当时士人求仕,无非通过以下几种途径:一是科举,一是从军,一是门荫,一是荐举。

盛唐绝大部分诗人都参加过科举考试,成功及第的如王维、岑参、王昌龄、储光羲①、常建等。

李白的伯乐贺知章不仅是进士,还是江浙一带第一位有史可查的状元,科举落第的有孟浩然、杜甫等,可见科举还是士子们求仕的第一选择。李白的出身和个性让他没有选择这条康庄大道,而是选择了另外一条少有人走的路,为此他尝试了可以尝试的一切方法,隐居、学道、漫游,以及干谒,这里重点说说干谒。

所谓干谒,也就是以诗文向权贵自荐。

唐代在科举之外,另设荐举,可由官员向朝廷举荐人才。其实就算是科举,考卷也是不糊名的。考生在入考之前,也要拿着诗文到处去行卷,因此唐朝干谒之风大盛,诗人们没有不干谒的。

这些人中有一举成名的,比如王维就以诗名深受玉真公主赏识。还有白居易,相传他曾经去拜访当时的大诗人顾况,后者一听说他的名字,就摇着头跟他开玩笑说:"长安米贵,居大不易

---

① 储光羲(约706—763):唐代官员,润州延陵人,祖籍兖州。田园山水诗派代表诗人之一。

啊。"等到读了他诗中的名句"野火烧不尽，春风吹又生"时，不禁拍案叫绝，改口说："有才如此，居亦何难！"

也有屡屡受挫的，比如杜甫，他旅食长安的那段干谒岁月相当狼狈，"朝扣富儿门，暮随肥马尘"，实在是辛酸得很。

很不幸，李白也是屡屡受挫中的一员，这方面和杜甫还真是对难兄难弟。

他说自己"十五好剑术，遍干诸侯；三十成文章，历抵卿相。"事实上，他"遍干诸侯"的过程，可以用四个字来形容，那就是屡败屡战。

年轻时，他在蜀中干谒过益州长史苏颋和渝州刺史李邕。前者虽夸赞他"此子天才英丽，下笔不休，虽风力未成，且见专车之骨，若广之以学，可以相如比肩也"，但也没将他收入幕下。后者对他就没那么彬彬有礼了，李邕是当时的大名士、大学者，也是行书碑文大家，手书的《麓山寺碑》古朴厚重，流传至今。

不知道为什么，同样是名士作派的他居然很瞧不上李白，将他打击了一番，心高气傲的李白哪受得了这个，直呼其名写了一首《上李邕》：

> 大鹏一日同风起，扶摇直上九万里。
> 假令风歇时下来，犹能簸却沧溟水。
> 世人见我恒殊调，闻余大言皆冷笑。
> 宣父犹能畏后生，丈夫未可轻年少。

什么叫做年少轻狂？这就是年少轻狂！

"世人见我恒殊调，闻余大言皆冷笑"，少年李白受冷遇的原因就藏在这两句诗里，试想有这么一个年轻小伙子，籍籍无名，来历不明，在德高望重的老前辈面前大言不惭，自诩人间第一流，谁见了不会冷笑一声呢？

比较起来，苏颋的礼遇是很难得的，李邕的冷遇反而是正常的。想要借干谒来谋求举荐的人太多了，无名之辈的干谒，注定要从碰壁开始。年少轻狂的李白那时候还不知道，在干谒路上，等待他的将是一连串的碰壁。

在安陆时，他先后向当地官吏李长史、裴长史上书。长史在本州（本郡）之内，作为州郡上佐，地位较高，仅次于刺史（太守）和别驾，品级大概是从五品上。

李白刚到安陆没多久，在路上因醉酒冲撞了安州长史李京之的车驾。当时似乎有个什么规定，说长史的车驾出行时，十丈之内不容小民通行，以避免冲撞。这本来是件不值一提的小事，但李京之心胸狭窄，揪住这个居然意欲治李白的罪。可见当时权贵与平民之间等级何等森严，一个长史而已，还算不得什么了不起的权贵。

李白无奈之下，才写了《上安州李长史书》，主要目的还是为了请求对方原谅，就是在这样的道歉信里，他还是不忘附上诗歌数十首，希望在求得宽宥的同时能获取援引，真是什么也浇灭不了他干谒的热情。

李京之离任时，在接任的长史裴宽面前说了李白许多坏话，李白因此又向裴长史上书，一是为了陈情，二是为了自荐。信写得非常漂亮，可惜还是没有得到回应。

李白在安陆的处境可见不是太妙，作为一个外来女婿，他的纵酒狂歌、特立独行为他招致了很多非议和攻击。

当他在寿山隐居时，一位叫孟少府的官吏居然借指责寿山来指责李白不该在此地隐居，李白见招拆招，也以开玩笑的口吻写了一篇《代寿山答孟少府移文书》来回应。在这篇文章里，他宣称自己"天为容，道为貌，不屈己，不干人，巢由以来，一人而已"。

可为了求人引荐，李白还是不得不再继续干谒。

这次干谒的人叫韩朝宗，时任荆州长史、襄州刺史兼山南东道采访使，我们更熟悉的是他的外号"韩荆州"，只因那句著名的"生不愿封万户侯，但愿一识韩荆州"。李白的干谒文章，以这篇《与韩荆州书》最为著名。

韩朝宗当时以爱才荐贤闻名，确实也推荐了诸如崔宗之、严武等人，据说有次还想举荐孟浩然，但因后者只顾和朋友喝酒没有赴约才不了了之。

在三篇上书中，这篇《与韩荆州书》写得最好也最广为人知。李白文章那种汪洋恣肆、纵横捭阖的气势，在此文中得到了充分体现，有人称之为千古雄文，后来还被收进了《古文观止》中：

　　白闻天下谈士相聚而言曰："生不用万户侯，但愿一识韩荆州。"何令人之景慕，一至于此耶！岂不以有周公之风，躬吐握之事，使海内豪俊，奔走而归之，一登龙门，则声誉十倍！所以龙盘凤逸之士，皆欲收名定价于君侯。愿君侯不以富贵而骄之、寒贱而忽之，则三千宾中有毛遂，使白得颖脱而出，即其人焉。

　　白，陇西布衣，流落楚、汉。十五好剑术，遍干诸侯。三十成文章，历抵卿相。虽长不满七尺，而心雄万夫。王公大人许与气义。此畴曩心迹，安敢不尽于君侯哉！

　　君侯制作侔神明，德行动天地，笔参造化，学究天人。幸愿开张心颜，不以长揖见拒。必若接之以高宴，纵之以清谈，请日试万言，倚马可待。今天下以君侯为文章之司命，人物之权衡，一经品题，便作佳士。而君侯何惜阶前盈尺之地，不使白扬眉吐气，激昂青云耶？

　　昔王子师为豫州，未下车，即辟荀慈明，既下车，又辟孔文举；山涛作冀州，甄拔三十余人，或为侍中、尚书，先代所美。而君侯亦荐一严协律，入为秘书郎，中间崔宗之、房习祖、黎昕、许莹之徒，或以才名见知，或以清白见赏。白每观其衔恩抚躬，忠义奋发，以此感激,知君侯推赤心于诸贤腹中,所以不归他人,而愿委身国士。傥急难有用,敢效微躯。

且人非尧舜,谁能尽善?白谟猷筹画,安能自矜?至于制作,积成卷轴,则欲尘秽视听。恐雕虫小技,不合大人。若赐观刍荛,请给纸墨,兼之书人,然后退扫闲轩,缮写呈上。庶青萍、结绿,长价于薛、卞之门。幸惟下流,大开奖饰,惟君侯图之。

即便如此,韩朝宗还是没有对已经崭露头角的李白施以援手。那么问题究竟出在哪里?

只要细读过以上文章就会发现,问题大概就在于,文章都是好文章,但并不是合格的干谒文,就像李白尽管满腹才华,却并不是一个合格的干谒者。

合格的干谒诗文应该是什么样的呢?我们读读孟浩然的那首《望洞庭湖赠张丞相》就知道了:

> 八月湖水平,涵虚混太清。
> 气蒸云梦泽,波撼岳阳城。
> 欲济无舟楫,端居耻圣明。
> 坐观垂钓者,徒有羡鱼情。

这首诗是写给张九龄的,虽有求荐之意,但写得非常含蓄,极力想泯灭干谒的痕迹，尽显不卑不亢的风范。

李白也是想显得不卑不亢的，但一不小心就亢过头了。

他夸起对方来不要命，夸裴长史"鹰扬虎视，齿若编贝，肤如凝脂，昭昭乎若玉山上行，朗然映人也。而高义重诺，名飞天京，四方诸侯，闻风暗许。倚剑慷慨，气干虹霓"；夸韩荆州"制作侔神明，德行动天地，笔参造化，学究天人"，确实有些吹捧过头，但考虑到这毕竟是在求人，说几句称赞对方的套话也不算太过分。

可他夸起自己来更不要命，在上书裴长史时不惜用大量笔墨来描写自己是如何轻财好施、存交重义、养高忘机以及天才英丽的；上书韩朝宗时说自己"遍干诸侯""历抵卿相"，又说自己"日试万言，倚马可待"；晚年在代宋若思上书举荐自己时更是夸口说"怀经济之才，抗巢由之节，文可以变风俗，学可以究天人"。

这就有点过分了，干谒者再怎么说也是要对方帮忙引荐的，如果自我标榜得过了头，未免会引起对方的反感。

像求张籍推荐的朱庆余，不敢直接询问，只能借闺意诗来试探，"妆罢低声问夫婿，画眉深浅入时无"。那种小心翼翼的心态，那种低回婉转的措辞，才是一个干谒者应有的姿态。

即便是韩愈这样的豪杰之士，写起干谒文章来姿态也是很低的。谁也没有像李白这样，在干谒文里仍然保持着他以英雄自许的气概。本来是他求人，却写得像是他给了对方一个发掘天才、举荐天才的机会,就算不得不干人,他还是不愿意屈己。

最要命的是,他明明很希望对方引荐,却总是忍不住在结尾时表现得满不在乎:

> 愿君侯惠以大遇,洞开心颜,终乎前恩,再辱英盼。白必能使精诚动天,长虹贯日,直度易水,不以为寒。若赫然作威,加以大怒,不许门下,逐之长途,白即膝行于前,再拜而去,西入秦海,一观国风,永辞君侯,黄鹄举矣。何王公大人之门,不可以弹长剑乎?
> ——《上安州裴长史书》

翻译成大白话就是"此处不留爷,自有留爷处",隐隐还有威胁的意味"他日我发达了,你就会后悔你当初没有慧眼识珠了"。

试想你在一封求职信的末尾撂下这样的狠话,哪怕你的求职信写得再文采斐然,这份工作还能应聘上吗?

可他就是忍不住说,这都是因为自尊心在作祟。他那么骄傲的一个人,却不得不低下高贵的头,奔走于权贵之门,而且还屡受白眼冷遇,内心无疑是饱受屈辱的。

四处干谒的李白,和我们现在这些到处求职的年轻人没什么区别。那种被迫低头的窘迫,那种求告无门的无望,在他早期干谒的诗文中处处可见。

在《上安州李长史书》中,他说自己"孤剑谁托,悲歌自怜,迫于栖惶,席不暇暖。寄绝国而何仰?若浮云而无依",真令人不忍卒读。

宋人洪迈①读了此文,都忍不住为我们的诗国英雄掬一把泪,感叹说:"这简直就是神龙困于蝼蚁啊!"

可能发现在湖北一带干谒行不通,李白决定到长安去寻找机会,这次他结识了张说之子、玄宗的女婿张垍,想要通过他向玉真公主干谒。

这次干谒的结果比前几次都要惨淡。他在张垍的介绍下,来到终南山一座玉真公主的别馆,苦苦等候公主的到来,可这座别馆其实早已荒废,公主迟迟不来。

他在终南山的潇潇苦雨中写下了《玉真公主别馆苦雨赠卫尉张卿二首》向驸马张垍陈情,其一说:

> 秋坐金张馆,繁阴昼不开。
> 空烟迷雨色,萧飒望中来。
> 翳翳昏垫苦,沉沉忧恨催。
> 清秋何以慰,白酒盈吾杯。
> 吟咏思管乐,此人已成灰。
> 独酌聊自勉,谁贵经纶才。
> 弹剑谢公子,无鱼良可哀。

---

① 洪迈(1123—1202):字景卢,号容斋,又号野处,南宋著名文学家,著有《容斋随笔》等。

终南山的秋天,在王维的笔下是"空山新雨后,天气晚来秋。明月松间照,清泉石上流"。而李白眼中的景象,则是秋雨飒飒,一片阴湿。

同样的秋景,透过富贵闲人和底层寒士的两双眼睛来看,折射出完全不一样的色彩。

李白的心情,就像眼前的秋色那般萧瑟。那是开元十八年(公元730年)的秋天,李白这年三十岁。古人说三十而立,可他还是像朵无根的浮云般到处漂荡,南徙莫从,北游失路。

前途在哪里?它真的存在吗?在终南山的苦雨里,这位总是信心满满的青年生平第一次迷失了方向。

# 盛唐诗人多不遇

李白出蜀的时候，满心都是想着要一飞冲天、一鸣惊人，可转眼这么多年过去了，他上下求索，却始终不得其门而入。

这段"少年落魄楚汉间"的经历，造就了他胸中一股郁勃不平之气，发之为诗，则形成了他诗中一个最动人的主题，那就是怀才不遇。

怀才不遇是盛唐诗人（尤其是出身寒微的诗人）们面临的共同困境，连二十一岁就中了进士开启仕途的王维，都写过《不遇咏》，说自己"北阙献书寝不报，南山种田时不登。百人会中身不预，五侯门前心不能"，总之就是处处受阻，处处碰壁。

王维最后官终尚书右丞，人称王右丞，右丞为正四品下，考虑到他在朝为官三十几年，弟弟王缙又当了宰相，这份官职实在不算是高。

对比一下北宋的苏轼、苏辙兄弟就知道，王维和苏轼都是二十一岁中的进士，苏轼被贬了那么多次，最高官职也做到了礼部尚书，正一品大员，王维虽也曾被贬，但没犯过什么大错，仕途相对平顺，如此在官场上打熬了三十多年，也不过是做到右丞。

但对其他盛唐著名诗人来说，这已经让人艳羡了。

有人曾做了一份唐代著名诗人与官衔对应的的一览表：

| 唐代著名诗人与官衔对应一览表 | | |
| --- | --- | --- |
| 品级 | 姓名 | 官职 |
| 从二品 | 李绅 | 尚书右仆射 |
| 从二品 | 白居易 | 太子少傅 |
| 从二品 | 张九龄 | 中书令 |
| 正三品 | 贺知章 | 太子宾客，秘书监 |
| 正三品 | 高适 | 散骑常侍，节度使 |
| 正三品 | 刘禹锡 | 礼部尚书 |
| 从三品 | 韦应物 | 苏州刺史 |
| 从三品 | 杜牧 | 湖州刺史 |
| 正三品 | 元稹 | 户部尚书 |
| 正四品上 | 岑参 | 嘉州刺史 |
| 正四品下 | 王维 | 尚书右丞 |
| 正四品下 | 柳宗元 | 柳州刺史 |
| 从五品上 | 卢纶 | 检校户部郎中 |
| 正六品 | 崔颢 | 司勋员外郎 |
| 正六品 | 杜甫 | 检校工部员外郎 |
| 从六品 | 温庭筠 | 国子监助教 |

| 正七品 | 王勃 | 朝散郎 |
| --- | --- | --- |
| 从七品 | 骆宾王 | 侍御史 |
| 从七品 | 李商隐 | 太常博士 |
| 正八品 | 孟郊 | 水陆运从事 |
| 从八品 | 陈子昂 | 右拾遗 |
| 从八品 | 王昌龄 | 江宁县丞 |
| 从九品 | 卢照邻 | 县尉 |
| 从九品 | 王之涣 | 县尉 |
| 从九品 | 李贺 | 奉礼郎 |
| 从九品 | 贾岛 | 主簿 |
| 皇帝近侍 | 李白 | 翰林待诏 |

这里面提到的盛唐诗人中有三位官至三品,其中贺知章存世的诗作甚少,且他是江浙有史可征的第一位状元,本人又活到了八十六岁,能做到这个位置主要是循资渐进。

高适的情况比较特殊,尽管《旧唐书》中说"诗人之达者,唯适而已",但他能够官居三品,和诗人的身份几乎没啥关系,关于他的故事,留待后文详述。

张九龄算是盛唐诗坛、政坛两开花的典型代表。做诗,则有"海上生明月,天涯共此时"的名句;从政,则是名垂千古的开元明相。而且他出生在只不过是韶州曲江的一个普通官宦家庭,却能够从偏远山区一路闯关至京城长安,最终杀入政治核心,所以唐朝人都称他是"岭南第一人"。

张九龄的成功给了同时代的士子们空前的鼓舞,当时的大诗人如王维、孟浩然等,都想投入张九龄门下。

李白求仕之途稍晚于他们,但可以想见,同样是出身于偏远地区的才士,他必然从这位开元明相身上,看到了逆风翻盘的可能性。

王维和岑参也官至四品,这两个人都是出身世家、早中进士,岑参还有过从军和入幕的经历,而且仔细考察他的仕途,几乎称得上多蹇。

和以上诸位相比,其他盛唐知名诗人的仕途完全可以用暗淡来形容了。

王昌龄,号称诗家天子、七绝圣手,最高只做过江宁县丞这种芝麻小官;王之涣,就是旗亭画壁中以"黄河远上白云间,一片孤城万仞山"中力压高适、王昌龄而夺冠的千古诗人,只不过是个九品的县尉;崔颢,一首《黄鹤楼》让李白都低头拜服的大才子,《旧唐书》上提到他的仕途,说他终身都名位不振,最后也只做到了司勋员外郎……

以上还漏掉了不少知名诗人,因为还有些是终身未仕,连九品芝麻官都没有当过。比如与王维齐名的大诗人孟浩然。李白对孟浩然是很景仰的,不止一次写诗称颂这位前辈,只因孟浩然堪称他的先驱。

孟浩然大部分时候都在家乡襄阳隐居,少部分时候则漫游吴越、奔走京洛。他曾经参加过科举,没有成功,这之后他想走的,可能也是一条希望通过隐逸、干谒、漫游来曲线求仕的道路。

这条路他差点就走通了，孟浩然四十来岁游京城时，在一次诗人雅集中，吟出了"微云淡河汉，疏雨滴梧桐"的佳句，在座诸人包括王维在内都叹服不已，为之搁笔。

他的诗名之盛，可能连天子都有所耳闻。相传有次王维在内廷值班时曾邀请孟浩然一起切磋诗文，两人正聊得尽兴时，玄宗突然驾到，没有任何官职的孟浩然不能见驾，又来不及避开，只好藏在床下。

王维不敢向玄宗隐瞒，老实说了。玄宗听后很高兴，说："我早就听说此人的诗名，何必要藏起来呢？赶快出来吧。"

孟浩然见驾后，皇帝问他："你带诗来了吗？"

于是，孟浩然在皇帝面前朗诵了一首自己认为的杰作《岁暮归南山》，也就是"不才明主弃，多病故人疏"那首。

玄宗听了后转喜为怒，发脾气说："是你自己这么多年不主动寻求做官，我并没有抛弃你，为什么要在诗中污蔑我呢。你为何不读那首'气蒸云梦泽，波撼岳阳城'？"

之后的结果，自然是孟浩然黯然离京。

这个故事可能是捏造的，但可从中看出，这条以布衣而至青云的另类求仕之路是多么地难走。孟浩然当时深得张九龄、王维等人的赏识，最终还是失之交臂。

《明皇杂录》①中说:"刘希夷、王昌龄、祖咏、张若虚、孟浩然、常建、李白、杜甫,虽有文名,俱流落不偶,恃才浮诞而然也。"这份名单,几乎把初盛唐知名诗人都一网打尽了。不得志的阴云,始终笼罩在这群"英特越逸(玄宗语)"之士的头上。

这不禁让人质疑,唐朝号称以诗赋取士,为何大诗人们却并没有取得与诗名相匹配的权位呢?

关于这点,赵昌平分析得有理。自魏晋门阀政治以来,数百年来都是由高门士族垄断了政坛上层,唐朝对门阀大力打压,尤其是武则天执政以来,更是大兴科举,广泛擢拔庶族、寒士。

尽管如此,初盛唐毕竟还是处于从门阀政治向科举取士的转型期,这种转型直到中唐才慢慢成型,到宋代再趋于完善。

与后来经历了一个半世纪磨炼的中唐才士不一样,盛唐才士,绝无韩愈、柳宗元那种大诗人兼大政治家的例子,偶有展露峥嵘者如张九龄,其好景亦不长。

对比一下唐宋两代文坛泰斗的不同仕途,就会发现两者之间相去甚远。宋代的晏殊、欧阳修、苏轼这些文坛上的领袖,都同样在政坛上叱咤风云,同时代人还经常为苏轼抱不平,遗憾他没有做到宰相,实际上他离宰相也就差一步之遥了,而且他弟弟苏辙是真的做过宰相。

---

①《明皇杂录》:唐代郑处诲撰写,记载了唐玄宗一代杂事,偶亦兼及肃、代二朝史实。

再来看看唐朝大诗人李白、杜甫的仕途，一个是终身没有任何实质性的官职（李白的翰林头衔只是个虚衔），一个做的都是些微不足道的小官，真是令闻者伤心、听者落泪。

李白是胸有大志的，他一心想要"申管晏之谈，谋帝王之术，奋其智能，愿为辅弼。使寰区大定，海县清一"，一句话，他是要做宰相的。

即使是在人人都自命不凡的盛唐，李白的口气之大、自负之高也是罕见的。可理想越是高远，就越衬托得现实是如此残酷。与胸有大志的理想形成鲜明对比的，则是他一生都郁郁不得志的现实，尤其是二入长安之前，自负为王佐之才的李白也不得不奔走于公卿之门，看尽脸色，受尽冷遇。

对于一个满腹才华的人来说，怀才不遇大概是最痛苦的事情。但凡稍微有点才华的人，都会有一种才华上的优越感，进而要求被优待，才高如李白，更是处处要求被优待，可在早年的际遇中，他得到的冷眼却远远多过于青眼。

世俗之人就是这么势利而浅薄，他们对一个人的态度，总是取决于此人的社会地位而非真实才能，在没有得到玄宗的礼遇之前。李白对于很多人来说只不过是个不起眼的诗人罢了，他们对他的态度，估计还比不上一个底层小吏。

敏感如李白，对自己的社会处境也是心知肚明的。他在诗中称自己是"最下士"，也就是处于社会等级的最底层，只比贩夫走卒略好一点，这样一种身份，让他在大街上遇到一个芝麻大点的小官吏也得退避三丈，不然就是犯了冲撞长官的大罪。

生活在等级如此森严的古代社会，你要么奋发图强、出人头地，要么就只能沉沦底层、任人鱼肉，无怪乎李白的功名心那么强，他并不是贪图利禄，他只不过是想要获得世人真正的尊重。而在当时，要想获得这一点，除了求仕别无他途。

在早期的诗中，李白屡屡以未遇时的韩信、郦食其、姜尚、冯谖、朱买臣、苏秦等人自比，这些人有一个鲜明的共同点，那就是他们早年都长期地沉沦于底层，受尽了世俗之人的嘲笑。

韩信曾受过胯下之辱，冯谖在孟尝君府中备受冷落，朱买臣被妻子抛弃，苏秦连父母都嫌弃他，这些都让长期不得志的李白心有戚戚。他在诗中反复吟咏这些前辈高人，正是因为这些不遇时的苦楚他几乎都遭遇过，当然没有到胯下之辱么严重，但是被嘲笑、被抨击、被冷视都是他在早期干谒生涯中遭逢的常态，连同居的刘女士都嫌弃他眼高手低、不务正业，由此类推，可见这时李白的生存处境有多糟糕。

这就让他的不遇感远比其他诗人更加强烈。他以一支天风海涛般气势惊人的诗笔，来怼天怼地怼不平，他抨击世人的有眼无珠，"淮阴市井笑韩信，汉朝公卿忌贾生""嫫母衣锦，西施负薪"；抨击世态的炎凉，"前门长揖后门关，今日结交明日改""智者可卷愚者豪，世人见我轻鸿毛"；抨击世事的黑白颠倒，"珠玉买歌笑，糟糠养贤才""吟诗作赋北窗里，万言不值一杯水"……

诗是不平则鸣，李白的不平远比其他诗人更甚，他和此相关的那些诗也呈现出一种独有的面目，其他人写不遇，重点是不遇，李白写不遇，重点却是不服。

这种不服，从干谒李邕时回击的"丈夫未可轻年少"开始，贯穿了他的终生，李白的一生，就是大写的不服，那一声振聋发聩的呼声"大道如青天，我独不得出"，不知激起了多少怀才不遇者的共鸣。明明大道宽广得如同青天，明明这个时代看上去到处都是机会，明明那么多不如我的人都平步青云了，为何只有我一个人出不了头？

这句天问背后的潜台词是"凭什么"，年轻人最爱问凭什么，等到他们年纪大了，遇到不公平的对待就不再质疑，而是学会了默默接受。

李白不一样，他到老了都在质问"凭什么"，他是永远不服的。

下面这首《行路难》，是李白此类主题中写得最好的一首诗：

> 金樽清酒斗十千，玉盘珍羞直万钱。
> 停杯投箸不能食，拔剑四顾心茫然。
> 欲渡黄河冰塞川，将登太行雪满山。
> 闲来垂钓碧溪上，忽复乘舟梦日边。
> 行路难！行路难！多歧路，今安在？
> 长风破浪会有时，直挂云帆济沧海。

此诗脱胎于南朝刘宋诗人鲍照的《拟行路难》,我们可以对比一下:

> 对案不能食,拔剑击柱长叹息。
> 丈夫生世会几时,安能蹀躞垂羽翼?
> 弃置罢官去,还家自休息。
> 朝出与亲辞,暮还在亲侧。
> 弄儿床前戏,看妇机中织。
> 自古圣贤尽贫贱,何况我辈孤且直。

鲍照是南朝刘宋诗人,出身低微而才气很高,他所开创的寒士文学对后世影响颇深。杜甫在称赞李白时说"白也诗无敌,飘然思不群。清新庾开府,俊逸鲍参军",这个鲍参军,指的就是鲍照。

朱熹说:"鲍明远(鲍照字明远)才健,其诗乃《文选》变体,李太白专学之。"可见鲍照也是李白的学习对象之一。

对比以上两首诗可以发现,李白的确是在向鲍照学习。比如"停杯投箸不能食,拔剑四顾心茫然"就脱胎于"对案不能食,拔剑击柱长叹息"。

但鲍照的这首诗中只有沉痛和愤懑,而李白却在将这种沉痛和愤懑扩大化和深刻化之后,又注入了一种高昂的自信和顽强的追求，达到了点铁成金、青出于蓝的效果。

人生真是太难了啊，求仕更是难上加难，处处都是歧路，处处都是困境，你想前行，却发现四顾茫然，找不到前进的方向，你想突围，却无奈"欲渡黄河冰塞川，将登太行雪满山"。

那么，怎么办呢？

是像鲍照一样试图放弃仕途，转而寻求家庭的温暖吗？

谁也没想到，李白上一句还在感叹行路难、多歧路，下一句就峰回路转，情绪一下子从谷底反弹至顶峰：长风破浪会有时，直挂云帆济沧海！

这才是太白本色，就算屡战屡败，他还是越挫越勇，哪怕阊阖九门不可通，他还是要"以额扣关"，向命运抗争，想让他放弃，那是不可能的。

所以，我常说人要多读李白，那种"虽九死其犹未悔"的精神，千载之下仍然激励人心。

# 仰天大笑出门去

李白早期的经历，和项羽有点像。

项羽年少时曾学习读书识字，没有学成就放弃了；学习剑术，也没有学成。

他的叔父项梁很生气。项羽却说："写字，能够用来记姓名罢了；剑术，也只能与一个人对敌，不值得学。我要学习能敌万人的本事。"

于是，项梁就教项羽兵法。

项羽非常高兴，可是略微懂得了一点兵法的大意，又不肯最终学完。

李白呢，学剑，没有学成顶尖高手，"剑非万人敌"；隐居，没有隐出太大名堂，至少没有卢藏用那么大的名气；修道，投入了很多精力去采药炼丹，结果是"未就丹砂愧葛洪"；干谒，尽管"遍干诸侯""历抵卿相"，却还是敲不开王公大臣的门。

但李白和项羽毕竟是不一样的,他做什么都很认真、很执着,就算暂时看不到好的结果,还是坚持到底。

在出蜀以后,除了短期的停留之外,他足足进行了长达十五年的漫游。在漫游的过程中,一边结交豪士,一边求道修仙,一边干谒官员,如此持之以恒,直接的成果可能并没有收获,却收获了一项副产品——诗名。

说到诗名,就涉及到唐诗的传播。唐朝没有媒体,没有网络,连印刷术都没有普及,那些诗作到底是怎样传播开来,并且流传后世的呢?

唐诗的传播,大概有以下几种方式:

一是题壁。今人喜欢走到哪就在哪题一句"某某到此一游",唐人则是遇到山石墙壁之类的,都爱在上面题诗,诗人寒山①就最爱"闲于石壁题诗句",据《太平广记》统计,光是人们抄录下来的寒山题壁诗就有三百多首。

驿站也是题壁诗的绝佳场所,白居易每到一处驿亭就先下马,"循墙绕柱觅君诗",这个君指的是他最好的朋友元稹,在通讯不发达的年代,这种题壁的方式有点像现在的留言条、朋友圈,可以促进亲朋之间的沟通。

一是吟唱。也就是口口相传,这算是最古老的传播方式了,宋代说"凡有井水处,皆能歌柳词"。

---

① 寒山:生卒年不详,字、号均不详,唐代诗人、隐士。

其实早期的唐诗和宋词一样,都是可以唱的,"李唐伶伎取当时名士诗句入歌曲,盖常俗也。"(王灼语)

旗亭画壁的故事,说的就是王昌龄、王之涣、高适三人共诣旗亭,听妙龄歌女们唱诗以决胜负的故事。

故事中最漂亮的那个歌女唱了王之涣的"黄河远上白云间",于是,王之涣后来居上力压双雄。故事里的歌女所唱的都是绝句,这正是李白最擅长的诗体。

二是酬和。唐朝诗人之间习惯以诗应酬,包括在行卷或者干谒时,都要携诗一卷。

有诗人为了追求闻达,将自己的诗呈献给朝廷显贵。既敲开了为自己闻达之门,又"发表"了自己的诗作。朋友之间也经常相互唱和,像白居易和元稹唱和的诗据说近九百首,还专门出了个集子叫《元白唱和集》。

三是编集。唐时的诗集分为两种,一种是选集,也就是唐人选唐诗,比如《国秀集》《中兴间气集》《箧中集》之类,其中殷璠编选的《河岳英灵集》选录了从开元二年至天宝十二年24位诗人共234首(今存228首)诗,专收盛唐诗,选篇精到,评论中肯,是现存的唐人选唐诗中最重要的一种。另一种是专集,如《白氏长庆集》《杜工部集》《王右丞集》就属此类。

以上几种方式李白都采用过,他现存的题壁诗有十几首,当时写的应该远不止这个数量。他的书法也是很好的,这对题壁是一个很大的优势,杜甫的字就写得不好,有时还拜托其他人帮忙在壁上题自己的诗。

李白最喜欢出入酒楼歌肆,这些地方正是诗歌传播的好场所,他擅长写的绝句,恰好又是歌伎伶人们最爱唱的体裁。

《长安三万里》中有个场面,一群美丽的宫女演唱他所写的《采莲曲》,"日照新妆水底明,风飘香袂空中举",歌声袅袅,相当动人,这一幕不算是过度演绎,而是真实还原了当时李白诗歌人人传唱的盛况,同时代的任华就曾说过他"新诗传在宫人口"(当然这是二入长安以后的场景)。

他托人编过两个诗集,一是托魏颢编的《李翰林集》,一是临终前将自己毕生的文稿交予族叔李阳冰,叮嘱李阳冰为自己编集子以便流传后世。李阳冰没有辜负他的期望,用心整理出《草堂集》,一共10卷。可惜这两个集子都失传了,留下来的只有序言,却也成了我们了解李白生平的第一手资料。

在漫游的路上,他不断地干谒,也不断地宴饮、出游、送别,这些都伴随着诗的诞生和传播,比如他后来终于见到了玉真公主本尊,并献给她一首诗,在诗里将她比作仙人,这首诗流传至今。

和同时代其他诗人相比,李白算是走得最远、干谒最勤、应酬最多、写诗最快的人。漫游者的这种生活方式,不仅给了他无尽的灵感,更让他走到哪里就写到哪里,相应地把诗名也传播到了五湖四海。

李白能够从一个籍籍无名的少年成长为一个名闻天下的诗

人，离不开他的自我传播，他可能是同时代诗人中最注重传播、也最擅长传播的。

他懂得面对不同的群体写不同的诗，当他流浪在江南一带时，就会自觉地向当地民歌学习，他的绝句和乐府，充分吸收了江南民歌清新自然的优点，口语气息十足，最利于在民间传唱。当他供奉翰林时，就会写典雅华丽一点的绝句和律诗，这样适合在宫中演唱。

他写诗特别快，号称"斗酒诗百篇"。宴饮场相当于赛诗会，有时候是需拼手速的，写得快的人，至少印象分比较高，若是在这种场合上"吟安一个字，捻断数茎须"，肯定是博不到什么好感。

他口才也特别好，五代后周人王仁裕《开元天宝遗事·粲花之论》载："李白有天才俊逸之誉，每与人谈论，皆成句读，如春葩丽藻，粲于齿牙之下，时人号曰李白粲花之论。"其中称赞李白有"天才俊逸"的美誉，每和别人谈论什么，都成美妙文章，其言辞典雅隽妙，有如明丽的春花，粲然于齿牙之下，所以当时人都把李白的话称为"李白的粲花之论"。

李白现在流传下来的诗有一千来首，据说这些不到他生平所作的十分之一。

他生前花了那么多心思来传播他的诗歌，可惜去世后两个诗集都散佚了，这和他没有担任官职可能有一定关系，像王维的诗，就是唐代宗时由皇帝亲自下诏编辑成集的，保存得较为完善。

这点杜甫都比李白幸运一些,他去世的次年,一个叫樊晃的人就为他编订诗集,这个集子也散佚了,但北宋时的王洙又从皇家秘府到通人所藏,搜罗了能搜到的所有杜诗编成二十卷,就是后世《杜工部集》的蓝本。

宋时号称千家注杜,李白的作品则少人问津,直到明朝时,胡应麟用了七年时间编纂刊辑《李诗通》,比较完整地收录了李白在当时留存的作品。

唐诗能够流传下来是很难的,"孤篇压全唐"的张若虚只有两首诗流传后世,"白日依山尽"的王之涣只有六首诗留了下来。

在一千多年里,也不知道有多少唐诗失传,我们现在能够读到那么多精彩绝伦的李诗,实在应该感谢胡应麟的辛苦搜集。

李白还有一个最明显的特点,那就是擅长在干谒应酬的诗文中塑造自我形象,后世关于李白的印象,大多都是来自他干谒三长史的三篇雄文。

李白不仅擅长自夸,还擅长引用别人的话来夸自己,比如"诸人之文,犹山无烟霞,春无草树。李白之文,清雄奔放,名章俊语,络绎间起,光明洞澈,句句动人。"

就这样,他的名气越来越大,终于名动京师了。

这个名是双重的,不仅是诗名,也是狂士、酒仙、道教徒之名,换而言之,在没有入朝之前,李白其人其诗,已经成了当时流传甚广的一个文化IP。

想必在二入长安之前,吴筠、玉真公主、贺知章等人早就在唐玄宗面前交口称赞,说有这么一个诗人,叫作李白,他仙风道骨,他舌灿莲花,他倚马万言,他养高忘机,他狂放不羁,他的诗可以泣鬼神,他喝起酒来能一饮三百杯……

这对生性浪漫、爱好文艺的唐玄宗来说构成了不可抵抗的吸引力。

天宝元年,他下了一道求贤诏,宣称"前资官及白身人有儒学博通、文辞秀逸及军谋武艺者,所在具以名荐",也就是说你只要精通才学,或者有一技之长,都是朝廷渴盼的人才。李白的名字,赫然就在求贤之列。

接到这道诏书后,李白简直欣喜若狂,挥笔写下了名作《南陵别儿童入京》:

白酒新熟山中归,黄鸡啄黍秋正肥。
呼童烹鸡酌白酒,儿女嬉笑牵人衣。
高歌取醉欲自慰,起舞落日争光辉。
游说万乘苦不早,著鞭跨马涉远道。
会稽愚妇轻买臣,余亦辞家西入秦。
仰天大笑出门去,我辈岂是蓬蒿人。

收到皇帝诏令的时候,那位嫌弃他的会稽愚妇刘氏可能刚离开不久,李白正处于生命中一个小小的低谷。

求贤诏的到来,一下让他从低谷攀到了高峰,乐得简直没边了,又是"高歌取醉",又是"起舞落日",恨不得对当初看不起他的每一个人都宣称:你们瞧,我李白才不会长期沉沦于草野之中!

这副狂态很多人看不惯,当代才子刀尔登[1]就开玩笑说:"我们都知道小人得志的样子很难看,敢情大人得志也不好看。"

陆游则毫不客气地批评:

> 以布衣得一翰林供奉,此何足道!遂云"当时笑我微贱者,却来请谒为交欢",宜其终身坎壈也。[2]

这个时候,我忍不住要用菲茨杰拉德的那句名言来回击了:

> "每逢你想要批评任何人的时候,"他对我说,"你就记住,这个世界上所有的人,并不是个个都有过你那些优越条件。"[3]

---

[1] 刀尔登(1964—):本名邱小刚,著有随笔集《玻璃屋顶》《中国好人》等。
[2] 引自陆游《老学庵笔记》。
[3] 引自[美]菲茨杰拉德《了不起的盖茨比》,上海译文出版社2009年版。

陆游是南宋时尚书右丞陆佃之孙，他当然不会懂得像李白这样出身不明的人，历尽多少坎坷、受过多少挫折，才能实现从蜀地小镇青年到长安翰林供奉的逆袭。

李白出门的这一幕，总让我想起《倚天屠龙记》中张无忌与六大派决战光明顶的场面。

当我们看到一个受尽了折磨、吃尽了苦头的少年，终于依靠自己的力量走上人生巅峰时，谁能不为此热泪盈眶呢？

让我们原谅李白的得意忘形吧。因为他实在是压抑得太久、憋屈得太久了，这么多年来，他一直苦苦等待着一个机会，现在机会好不容易来了，而且来得比预想中的还要晚很多了，他就是要仰天大笑出门去，让所有人都看到他的扬眉吐气。

孟浩然没走通的通天小道，终于被他走通了。

这是天宝元年（公元742年）的秋天，李白这年已经42岁了，离他乘舟出蜀，已过去了17年，这是意气风发、横冲直撞的17年，也是颠沛流离、无人喝彩的17年，凭着一股野蛮生长的力量，他终于让这个世界看到了他满腹的才华。

秋天是收获的季节，在漫长的耕耘之后，李白终于也收获了人生的果实，他就要走出南陵、走向长安、走向他生命中熠熠发光的流金岁月了。

## 第七章
# 长安客

天宝元年秋天的长安城,迎来了一位意气风发的中年人,他将以诗人的身份,昂首阔步走进帝王的宫阙。能以诗名震动朝廷,并被皇帝当成座上客的,李白算是旷古绝今的第一人。

## 浪漫主义的高光

长安,这座当时世界上规模最大的城市,拥有二十五条大街、一百零八坊,设计极为规范方正,"百千家似围棋局,十二街如种菜畦"。

全城以南北向的朱雀大街和东西向的广济大街为主轴,其他街道以此为骨架,形成了棋盘式的城市格局。城中居民以坊为单位,分别居住在若干坊内。

站在春明门的城墙上俯瞰整座长安城,可以看到"云里帝城双凤阙,雨中春树万人家"的盛况。

长安,在当时是世界的中心之一,也是万众向往的繁华都会。

假如你有幸年轻时在巴黎生活过,那么你此后一生中不论去到哪里她都与你同在，因为巴黎是一席流动的盛宴。[1]

这句话同样适用于唐时的长安，尤其是开元天宝年间的长安。

那时候的长安，既是一座浪漫之都，也是一座文艺之城，每天都有无数的诗人、歌伎、胡商、术士、舞者、画家在这里来来往往，酒肆里、当垆的胡姬笑得比春风还美。

皇宫中，三千梨园子弟们每天都在演奏新乐，东市、西市汇集了各方的奇珍异宝，人们沉醉在西域葡萄酒的馥郁香气里，也沉醉在胡姬的笑容、公孙大娘的剑舞、许和子的歌声、吴道子衣带当风的壁画和张旭挥毫的满纸云烟里。

天宝元年秋天的长安城，迎来了一位意气风发的中年人，他将以诗人的身份，昂首阔步走进帝王的宫阙。能以诗名震动朝廷，并被皇帝当成座上客的，李白算是旷古绝今的第一人。

一进入长安城，他就闻到了弥漫在空气中的那股无所不在的葡萄酒酒香。对于一个酒徒来说，这种酒香已足以让人微醺，醉意和醉态，贯穿了他在长安不足两年的岁月。

这种醉意，不仅来自长安酒肆中的那一碗碗美酒，更来自平生未曾有过的至高隆遇。

初入宫廷时，他受到了唐玄宗的充分礼待，玄宗特意在金

---

[1] 引自［美］欧内斯特·海明威《流动的盛宴》，上海译文出版社 2020 年版。

銮殿召见他,"降辇步迎如见绮、皓",也就是说他亲自下阶迎接,如同汉高祖见到了商山四皓那样万般敬重。

这还不止,唐玄宗还"以七宝床赐食,御手调羹以饭之,谓曰:卿是布衣,名为朕知,非素蓄道义何以及此",床指的是坐具,即让李白坐在镶满了宝石的坐具上,亲手调了一碗羹汤给他吃,并对他说:"你本来是个平民,名声竟然被我知道了,不是你平日里道德显著、诗名远播怎么会如此?"又令他待诏翰林,专掌密命,问以国政,潜草诏诰。

这番际遇,让人想起闻一多在描绘李杜会面时曾说"我们该当品三通画角,发三通擂鼓,然后提起笔来蘸饱了金墨,大书而特书。"

我相信对于李白来说,真正应该"品三通画角、发三通擂鼓"的,应该是在金銮殿中的这一刻,这是他生平离理想最近的时刻,岂止敲锣打鼓,更要仙乐齐鸣。

他写了那么多游仙诗,没想到在有生之年,真的能够叩开天门,亲临九重宫阙,那是比上清境界还要真实得多的人间仙境。

他曾一次次幻想天关为我开、仙人共我语,玄宗御手调羹的恩遇,已经远远超过了他对"仙人抚我顶"的期待。

仙境就在眼前,不在别处,理想变得如此接近,不再遥不可及。当此际,就算没有饮酒,金銮殿上的李白想必也已经飘飘然、醺醺然,笼罩在头顶的那块不得志的阴云终于一扫而空,仿佛只要一挥手,就能实现他"使寰区大定,海县清一"的梦想。

李白的翰林生涯，从一开始就沾染上了飘飘欲仙的酒意，与此相关的几桩盛事，都离不开一个"醉"字。

比如醉草吓蛮书。李白确实是有过"草答蕃书"的经历，这在范传正为他所作的碑文中描述为"论当世务，草答蕃书，辩如悬河，笔不停缀"。

有人甚至考证出文中的蕃指渤海国，说李白可能精通渤海国的文字。渤海国处于东北，和西域实在是相距太远，这个推论未免有点偏离事实。

明朝的冯梦龙更是仅仅根据这几个字，就杜撰出一个《李谪仙醉草吓蛮书》的故事来，说满朝文武没有一个人识得番书，只有李白认识，于是他用番语写了封答番书，并当着番使的面朗读，吓得对方面如土色，山呼拜舞辞朝。不说别的，冯梦龙杜撰的那篇吓蛮书恩威并施，还是挺有太白之风的，兹引如下：

> 大唐开元皇帝，诏谕渤海可毒，自昔石卵不敌。蛇龙不斗。本翰应运开天，抚有四海，将勇卒精，甲坚兵锐。颉利背盟而被擒，弄赞铸鹅而纳誓；新罗奏织锦之颂，天竺致能言之鸟，波斯献捕鼠之蛇，拂菻进曳马之狗；白鹦鹉来自诃陵，夜光珠贡于林邑；骨利干有名马之纳，泥婆罗有良酢之献。无非畏威怀德，买静求安。高丽拒命，天讨再加，传世九百，一朝殄灭，岂非逆天之咎徵，衡大之明鉴与！况尔海外

小邦，高丽附国，比之中国，不过一郡，士马刍粮，万分不及。若螳怒是逞，鹅骄不逊，天兵一下，千里流血，君同颉利之俘，国为高丽之续。方今圣度汪洋，恕尔狂悖，急宜悔祸，勤修岁事，毋取诛僇，为四夷笑。尔其三思哉！故谕。①

再比如醉赋行乐词。孟棨②《本事诗》中记载：

> (玄宗)尝因宫人行乐，谓高力士曰："对此良辰美景，岂可独以声伎为娱？倘时得逸才词人吟咏之，可以夸耀于后。"遂命召白。时宁王邀白饮酒，已醉；既至，拜舞颓然。上知其薄声律，谓非所长，命为《宫中行乐》五言律诗十首。白顿首曰："宁王赐臣酒，今已醉。倘陛下赐臣无畏，始可尽臣薄技。"上曰："可。"即遣二内臣掖扶之，命研墨濡笔以授之，又令二人张朱丝栏于其前。白取笔抒思，略不停缀，十篇立就，更无加点。笔迹遒利，凤跱龙拏③。律度对属，无不精绝。

---

① 引自冯梦龙《警世通言》第九卷"李谪仙醉草吓蛮书"。
② 孟棨：字初中，生卒年、籍贯不详。唐朝诗人，其《本事诗》记录了许多诗歌故事。
③ 凤跱龙拏：成语，形容书法气势雄壮。跱，音 zhì；拏，音 ná。

李白很少写律诗,《宫中行乐词》是他现存极少的五律组诗,现存八首,姑录其二:

### 其一

小小生金屋,盈盈在紫微。
山花插宝髻,石竹绣罗衣。
每出深宫里,常随步辇归。
只愁歌舞散,化作彩云飞。

### 其八

水绿南薰殿,花红北阙楼。
莺歌闻太液,凤吹绕瀛洲。
素女鸣珠佩,天人弄彩球。
今朝风日好,宜入未央游。

任华所谓"新诗传在宫人口"中的新诗,大概是指此类诗歌。用前人的评价来看,这些诗写得流丽而未免浅薄,偶尔有个别佳句,如"今朝风日好"就深受董桥喜爱,还被他用来套做书名。

从这些诗中也可以看出李白当时是很受玄宗重视的,刚入长安,他就陪玄宗扈从温泉,平时在宫中也常常侍游其旁,作诗助兴。

有一次玄宗在兴庆宫白莲池宴饮,马上召他来作一篇序文,当时他已经喝醉了,玄宗便令高力士扶着他登舟,即兴而作此序。

而在这一场接一场的宫中行乐中,要属沉香亭畔的那场宴饮最为闻名。

这个故事完整地记载在唐代李濬的《松窗杂录》①里:

> 开元中,禁中初重木芍药,即今牡丹也。得四本:红、紫、浅红、通白者,上因移植于兴庆池东沉香亭前。会花方繁开,上乘照夜白,太真妃以步辇从。诏特选梨园弟子中尤者,得乐十六部。李龟年以歌擅一时之名,手捧檀板,押众乐前,欲歌之。上曰:"赏名花,对妃子,焉用旧乐词为?"遂命龟年持金花笺宣赐翰林学士李白,进《清平调》词三章。白欣承诏旨,犹苦宿醒未解,因援笔赋之:"云想衣裳花想容,春风拂槛露华浓。若非群玉山头见,会向瑶台月下逢。""一枝红艳露凝香,云雨巫山枉断肠。借问汉宫谁得似,可怜飞燕倚新妆。""名花倾国两相欢,长得君王带笑看。解释春风无限恨,沉香亭北倚阑干。"龟年遽以词进,上命梨园弟子约略调抚丝竹,遂促龟年以歌。太真妃持颇

---

①《松窗杂录》:唐李濬所撰杂史所记多轶闻秘事,以玄宗时为多。李濬:生卒年不详。会昌间宰相李绅子。

梨七宝杯，酌西凉州蒲萄酒，笑领，意甚厚。上因调玉笛以倚曲。每曲遍将换，则迟其声以媚之。太真饮罢，饰绣巾重拜上意。……上自是顾李翰林尤异于他学士。会高力士终以脱乌皮六缝为深耻，异日太真妃重吟前词，力士戏曰："始谓妃子怨李白深入骨髓，何拳拳如是？"太真妃因惊曰："何翰林学士能辱人如斯？"力士曰："以飞燕指妃子，是贱之甚矣。"太真颇深然之，上尝欲命李白官，卒为宫中所捍而止。

那是春天，正是长安最美的季节。

沉香亭的春天，是长安之春里浓墨重彩的一笔。沉香亭位于兴庆宫龙池东北部，因全部都是用名贵的沉香木构造而得名，此亭居高临下，正是观赏名花的绝佳之处。

这个早春，亭畔的牡丹开了，浓郁的红紫、清冷的浅白交相辉映，照亮了整个春天。

赏花对于当时的人是一件大事，尤其是牡丹。

"花开时节动京城"，不止是寻常百姓，连皇帝都要被惊动的。于是唐玄宗就骑着一匹名叫照夜白的白马，身后跟着杨玉环（那时她还未被封为贵妃，故名太真妃），又精心挑选了梨园弟子中格外优秀的，携十六种乐曲前来助兴。

知名宫廷歌手李龟年手捧檀板，正欲高歌一曲，玄宗却说："赏名花，对妃子，怎么能演唱旧词旧曲呢？"

于是派李龟年手持金花笺去宣李白前来,作《清平调》。

当时李白正宿酒未消,随李龟年进宫时还迷迷糊糊的,但他接过笔来,一挥而就,梨园弟子连忙调丝竹、奏新曲,李龟年曼声吟唱,唐玄宗亲自吹奏玉笛伴随,杨玉环则手持七宝杯,笑饮葡萄酒,沉醉在诗人的赞美和美妙的歌声之中。

好个李太白,即使在醉中也出手不凡,三首《清平调》语语浓艳,字字流葩:

### 其一

云想衣裳花想容,春风拂槛露华浓。
若非群玉山头见,会向瑶台月下逢。

### 其二

一枝红艳露凝香,云雨巫山枉断肠。
借问汉宫谁得似,可怜飞燕倚新妆。

### 其三

名花倾国两相欢,长得君王带笑看。
解释春风无限恨,沉香亭北倚阑干。

这三首诗历来评价甚高,被称为风流旖旎,绝世丰神。

上海作家潘向黎①和陆游一样，认为李白被功名心荼毒了。但即便如此，她提起这三首诗来，仍然赞叹不已：

沉香亭。亭外是盛开的牡丹，玉石栏杆内是比牡丹更加丰美娇艳的杨贵妃，春风轻拂，异香四溢，襟袖尽染，诗人呼吸着花香，花香又从他笔下流出，在中国人的记忆中香了一千年。②

关于李白入朝后的场景，陈凯歌导演的电影《妖猫传》中用一场极乐之宴来刻画。

在这场由大唐天子举办的国宴上，李白醉酒吟诗，力士卑躬脱靴，贵妃回眸一笑，玄宗散发击鼓，还有表演幻术的白鹤少年、深髯碧眼的胡人……

这是一场极尽奢华、如梦似幻的宴会，尽显泱泱大唐的强盛、包容与开放。

极乐之宴虽然是为杨贵妃举办的，但李白才是这场宴会隐藏的灵魂人物，没有盛唐诗仙的绣口一吐，这场宴会就无法抵达欢乐的极致。所以，杨贵妃在电影中对他说："李白，大唐有你才了不起。"

---

① 潘向黎（1966—）：当代作家，著有《看诗不分明》《梅边消息：潘向黎读古诗》等。
② 引自潘向黎《梅边消息：潘向黎读古诗》，北京十月文艺出版社2018年版。

沉香亭畔的那一幕,和电影中的极乐之宴神奇地重合了,只不过是将玄宗吹笛换成了击鼓,将力士脱靴换成了龟年高歌。

李龟年是当时梨园子弟中的领军人物,在这样一场极具文艺气息的欢宴上,他的出现远比高力士要合理。

这是现实版的极乐之宴,也是盛唐浪漫的高光时刻,虽然这场宴会远没有电影中那么规模宏大,但让它流芳千古的几个核心元素一点都没有少。

沉香亭里,汇集了几个盛唐之最:最风流的皇帝,最美丽的女人,最出色的歌声,以及最有才的诗人,它满足了我们对盛世的一切想象。

唐玄宗和杨玉环,是帝皇夫妻中难得的一对艺术家伉俪。

两个人都多才多艺,尤其是富有音乐才华,玄宗最擅长的乐器是羯鼓,而杨玉环则史书称她"善歌舞、通音律",最擅长的乐器是琵琶和磬,击起磬来泠泠有金石之音,连宫中的乐工都比不上。

身段丰腴的她还精通胡旋舞,跳起舞来旋转如风,令人眼花瞭乱。玄宗对她爱若珍宝,连宫中的牡丹开了,他都对人家说:"哪里比得上我的解语花呢。"

玄宗还对宫人说:"朕得了杨贵妃,如得至宝。"专门叫人谱了一个曲子,就叫《得宝子》。

这对艺术家夫妻最爱做的事就是在宫中大开音乐party,他们共同为后世留下了一曲《霓裳羽衣舞》。

相传是玄宗游月宫时聆听仙乐,梦醒后记下了音律(实际上是改编自天竺音乐),杨玉环则编排了舞蹈。唐玄宗吹笛,杨玉环跳霓裳羽衣舞几乎成了杨贵妃电视剧的必备桥段。

沉香亭的这场欢宴,这对帝王夫妻是以艺术家的身份,而不是以皇帝和妃子的身份参与的。

诗才是这场春日宴的灵魂,正如诗仙李白才是这场宴会的主角,李龟年、杨玉环甚至唐玄宗,都是诗人光环下的配角,他们的出场,只是为了衬托盛唐第一诗人的惊才绝艳。

艺术消除了帝王与平民之间的巨大鸿沟,对文艺的共同爱好让他们欢聚一堂,其乐融融。

这一年,李白四十三岁,唐玄宗五十七岁,杨玉环二十四岁,他们相遇在盛世的巅峰,共同缔造着属于他们的盛世风流,而这个盛世,已经"熟得像一个马上要坠落的果子"(梦枕貘《妖猫传》语)。

这一年,安禄山四十岁,挺着大肚子进京晋见玄宗,拜玄宗为父,认杨妃为母。杨玉环召他入宫,说给胡儿洗三为乐,逗得玄宗哈哈大笑。

安禄山尽管很胖,但居然也是个胡旋舞高手,而且特别会逗趣,玄宗问这个三百多斤的大胖子肚子里有什么,他连忙借机表态:"腹中别无他物,唯有一颗忠心。"

安禄山每次见了玄宗和杨妃,只拜杨妃,不拜玄宗,玄宗问他,他就一本正经地回答说:"胡儿只知有母,不知有父。"

天宝二载，安禄山晋升为骠骑大将军，一步步走向发迹的顶端。那时候谁也猜不到，盛唐将终结在这个说自己只有一颗忠心的胡人大胖子手里。

联想到若干年后"渔阳鼙鼓动地来"，沉香亭畔的欢会又蒙上了一层末日狂欢的气息。

十三年后，沉香亭的牡丹依旧笑春风，却再也没有那样一朵活色生香的解语花了，"云想衣裳花想容"的绝美诗句成了《广陵散》。

那么多同时代的诗人，也不乏有见过贵妃真容的，却只有李白用诗句留下了贵妃的风华绝代，开启了白居易《长恨歌》的先声。

那些都是后话了，此刻，让我们在天宝二载的春天里再多停留一会儿。

"今朝风日好，宜入未央游"，在沉香亭的花香和春风里，诗人和帝王都醉在了长乐未央的美梦里。

# 翰林秉笔回英盼

刚入宫廷的李白，确实非常春风得意，翰林是可以骑马进宫的，玄宗赐了他一匹马，又赏给他白玉鞭，他骄傲地称之为飞龙马，在自己的诗中不止一次提到过"身骑飞龙"去朝天。

玄宗又因为赏识他的才华，曾亲赐他御衣，"激赏摇天笔，承恩赐御衣"，其中有一件可能是宫锦袍，许多年以后，他穿着这件宫锦袍和崔宗之一同在南京采石矶游玩，路人纷纷围观，望之如神仙中人。

玄宗那时候最迷恋的就是秋冬季节带着杨玉环去华清池泡温泉。刚进宫的那个秋天，李白就有幸厕从其中。

华清池有大大小小众多的汤泉，我们的大诗人，很有可能也在其中享受过温泉水滑，在一首给曾经同是"山人"朋友的诗中，他不无炫耀地写道：

### 驾去温泉宫后赠杨山人

少年落魄楚汉间,风尘萧瑟多苦颜。
自言管葛竟谁许,长吁莫错还闭关。
一朝君王垂拂拭,剖心输丹雪胸臆。
忽蒙白日回景光,直上青云生羽翼。
幸陪鸾辇出鸿都,身骑飞龙天马驹。
王公大人借颜色,金璋紫绶来相趋。
当时结交何纷纷,片言道合唯有君。
待吾尽节报明主,然后相携卧白云。

少年落魄,指的是"酒隐安陆"那十年。那时候他漂泊在楚汉之间,流落风尘郁郁不得志。

自许有管仲、诸葛亮那样的才华却没有一个人认可,得到的只是"见余大言皆冷笑"的白眼。

而今忽蒙天子白日之光垂照,瞬间如同肋生两翅,一下可以飞上青云。

帝王的态度就是风向标,那些昔日高高在上的王公诸侯一见玄宗对他的拂拭之恩,也跟着对他青眼有加,那些佩金章披紫绶的高官们也纷纷奔走相趋,争着跟李白结交。

这令他的虚荣心得到了极大的满足,也令他的自信心得到了空前的高涨。他本来就自负,这下更加目空一切、不可一世,以为一展身手、平步青云的机会来了,他将乘着盛世的东风,沐浴着圣主的光辉，建立不世之功业，在凌烟阁的名臣图中再添一幅画像。

玄宗的垂顾让他有了种天光照顶的幻觉，如果说长安是个舞台，上次初入时他还是台下的观众，这次却来到了台上的中心，所有聚光灯都打在他身上。

整个长安都知道有这么一个大诗人李白，关于他的传说源源不断地流到街头巷尾，他写的《大鹏赋》，京城里家家都争着收藏，"当时笑我微贱者，却来请谒为交欢"，当初那些觉得他身份低微的人，也厚着脸皮前来奉承他。而他这个时候，已经是谈笑皆王公、往来无白丁了。

我们看看"饮中八仙"的组成成员就大概知道李白当时在京城的社会地位了。八仙中有王室宗亲：汝阳王李琎，宁王李宪之子，玄宗的侄子；李承乾之孙李适之，时任左相。还有高官大臣：功臣之后崔宗之，袭封为齐国公；太子宾客贺知章，三品大员；世家之后苏晋，曾任吏部侍郎。除此之外，张旭虽然官很小，但人家是草圣，知名书法家；焦遂虽是个平民，但当时名气也挺大。

如此看来，李白的酒友们来头都不小，不是达官贵人，就是社会名流，他们在长安结成了一个松散而又亲密的小团体（苏晋去世较早，未预天宝八仙之宴），经常饮酒作乐。

毫无疑问，这个小团体的中心正是李白，杜甫在《饮中八仙歌》中也是在他身上倾注了最多笔墨，如果没有他，就不会有八仙的出现。

这一团体的出现足以和魏晋的竹林七贤媲美,就像竹林七贤代表着魏晋风度,那么饮中八仙则代表了盛唐风流。这点留待下文再展开,兹不赘述。

八仙中对李白影响最大的是贺知章,他一见李白就惊呼为"谪仙人"。

还有一次,他和李白去喝酒,不巧身上没带钱,于是他就解下身上佩戴的小金龟,换了酒来喝。

这个金龟指的是类似于金鱼袋的一种唐代官员佩饰,"金龟换酒"成了不慕荣利的代名词。

谪仙人的美名,金龟换酒的佳话,都让李白的名声越来越大。正是因为贺知章的延誉,才使他"声名从此大,汩没一朝伸"。李白对此也十分感激,在诗中一再提起:

### 对酒忆贺监二首 其一

四明有狂客,风流贺季真。
长安一相见,呼我谪仙人。
昔好杯中物,翻为松下尘。
金龟换酒处,却忆泪沾巾。

和同伴痛饮的市井传奇相比,李白真实的政治生涯就显得不免乏善可陈了。以至于他回忆起来,只记得身为翰林的风光,诸如"承恩初入银台门,著书独在金銮殿""晨趋紫禁中,夕待金门诏",却完全描述不出具体的细节。

李白是否参与过政事？

至少在他本人以及同时代人的描述里,找不到像醉赋《清平调》那样有细节、有故事、有诗为证的例子。

根据李阳冰等人语焉不详的转述,李白在翰林院时,大概起草过《出师诏》《答蕃书》这样的文书,还模仿司马相如献过《宣唐鸿赋》,此外玄宗也曾经密召他入宫,问以国政。

这些文赋都没有流传下来,至于玄宗是否真的向他咨询过国事,那也只有他们君臣之间知道了。

于是就出现了近年来李白研究中一个争论不休的话题：李白到底是翰林待诏还是翰林学士。

这就涉及到翰林院的发展了,最初的翰林院是个"杂留并处"的小规模组织,只要你有一技之长都可以加入其中。有棋待诏、画待诏、医待诏、术士待诏、占星待诏、书法待诏、诗文待诏,等等,也就是三教九流,无所不包,李白的朋友吴筠就是以道士身份待诏翰林的。

唐玄宗在开元二十六年另设了学士院,凡入学士院者称翰林学士,专掌诰命,也就是类似于皇帝的御用秘书,可以不经外朝在皇帝的旨意下草拟机密诏书。

从这以后,翰林院逐渐往精致化、专业化、政治化的方向发展,翰林学士也因此有了内相的称呼。

唐朝的张九龄、白居易，宋朝的苏轼、欧阳修、王安石、司马光，明朝的宋濂、方孝孺、张居正，晚清的曾国藩、李鸿章等都当过翰林。

明清的翰林地位远高于唐。唐玄宗时，翰林院正处于转型时期，翰林待诏和翰林学士之间的区别其实是非常模糊的，不要说当代人，就连同时代的李阳冰、魏颢等人也分不太清楚，可能他们也觉得没什么区别。到了范传正为李白作碑文时，索性称他为"翰林学士"，当时的人也没有什么异议。

像李白这样的诗文待诏，除了文学侍游之外，偶尔也会帮皇帝起草文书，充当秘书的角色，可见两者之间确实没有那么明确的职责划分。

换而言之，就算是翰林待诏，只要你能够担当好机要秘书的重任，进而获得皇帝的充分信任，还是具有升官晋爵的可能性的，而且这个可能性相当大，相传玄宗曾经想授予李白中书舍人一职就是佐证。

与其纠结于李白究竟担任的是翰林待诏还是翰林学士，倒不如着重关注他在天宝年间的政治参与程度。

就目前的资料来看，李白对政治的参与还停留在浅尝辄止的阶段，他从未拥有过实际的官职以及实际的权力，甚至从未接近过那些真正手握实权的王公大臣，像贺知章、汝阳王等人，在政坛上其实还是清贵的边缘人物。

比起在文学侍游方面的华彩韵事来看，他在政治领域的确并无实际建树。

据傅璇琮①研究指出,唐代的翰林学士、翰林待诏,严格说来,只是一种差遣之职,并非官名。

一个翰林学士或者待诏,他必须带有其他正式的官职,这样,他才有一定的品位,才有一定的薪俸。

偏偏李白除了"翰林供奉"的空架子之外,别无实职,这说明什么?说明他没有通过玄宗的考察。

我们可以把翰林供奉(待诏)看成是翰林学士的前身,类似于实习生。很可惜,我们的翰林供奉李白,就没有熬到转正那一天。长安两年,仍然是一命不沾,就没正式当过官。

很多人将此归咎于玄宗的昏聩,其实天宝初的玄宗还没有昏聩到老眼昏花的地步,这可是开创了开元盛世的一代英主,依他对李白才华的赏识,若李白表现出非同一般的政治才能,或者是在谈论国事时能够提出有效的举措,玄宗未必不能慧眼识珠。

玄宗这个人,一旦决心重用一个人,那是全盘信赖宠信到底的,看看他对李林甫、安禄山的器重就知道了,李林甫独相多年,安禄山崛起的时候频频有人告他谋反,玄宗却总是将告发者绑到军营交给安禄山处理。

李林甫后来被视为奸相,安禄山反了,但他们一个极具吏才,一个善于打仗,都是不可多得的人才,玄宗倚重他们,正是看中了他们的才能,却因为太过信任而导致养虎为患。

---

① 傅璇琮(1933—2016):清华大学中文系教授。著有《唐代诗人丛考》等。

很显然，李白在文学的领域轻易就征服了这位艺术帝王，却在政治的领域没有取得令玄宗眼前一亮的惊艳效果。

李白对自己的政治才能异常自负，但其实他并没有具体的政治主张，我们看他的干谒书也是这种感觉，就是空有高远理想，没有具体举措。

在《明堂赋》中，他描绘了心目中理想的政治图景："下明诏，班旧章，振穷乏，散敖仓。毁玉沉珠，卑宫颓墙。使山泽无间，往来相望。帝躬乎天田，后亲于郊桑。弃末返本，人和时康。"

在《大猎赋》中，他更明确地主张："饱人以淡泊之味，醉时以淳和之觞……使天人晏安，草木繁殖。六宫斥其珠玉，百姓乐于耕织。寝郑、卫之声，却靡曼之色。天老掌图，风后侍侧。是三阶砥平，而皇猷允塞。"

看来李白有很重的复古思想，不仅在诗歌方面提出"将复古道，非我而谁"，在政治方面也是如此。他所向往的，还是老子所提倡的无为、去奢、简朴、寡欲那一套，并无多少创见。

这完全是脱离实际的书生论政，以天宝年间国力的强盛和人民的富裕，经济正蒸蒸日上，怎么可能重新回到简朴淡泊的上古时代？

他本人的生活方式就是豪纵奢侈的，这更让他描摹的图景像是一个笑话。

《大猎赋》是他奉诏进京后献给玄宗的，可以想见，玄宗见了这么一篇夸夸其谈的文章,内心很有可能一阵窃笑,笑堂堂大诗人谈起政治来居然这么迂阔过时,早就阅人无数的他可能一眼就看穿了眼前的诗人并无经邦治国的才能,不过用来写写升平曲点缀下太平盛世还是挺不错的,于是就将他安排在翰林院里待诏。

在政治上理想如此高远的李白为何连稍有可行性的政治主张都提不出来?

这可能是因为他既没有耳濡目染的家学渊源,又缺乏锻炼吏才的基层经验。他一切的经验都来自古书,这就让他谈起政治来就像纸上谈兵。

之前我们说过,论雄姿英发的气质,晚唐的杜牧和李白最像,很多人都说他的绝句可以"步伍青莲"。

但身为宰相杜佑之孙的杜牧在政治、军事领域是真有自己独到的见解的,《新唐书·杜牧传》说,"牧刚直有奇节,不为龌龊小谨,敢论列大事","慨然最喜论兵"。

杜牧在兵法上下力尤深,他花大力气写过十三篇《孙子兵法》注解。当时正是牛李党争的时候,身为李党领袖的李德裕一直不喜欢被他看作牛党成员的杜牧,但在刘稹起兵造反时,还是采用了杜牧所建议的扼险、捣虚、速擒等谋略,果真一举平定了叛乱。

杜牧论兵,多着眼于现实对策研究,体现了经邦致用的精神,这和李白的纸上论政形成了鲜明对比。

杜牧后来官终中书舍人，倒是做到了玄宗曾经许诺给李白的职位。

但李白在这方面显然没有自知之明，以他的心气之高，怎么可能安于做一个点缀太平盛世的御用文人呢？

他可是要"申管晏之谈，谋帝王之术"的。刚待诏那会儿，他还尽可能地拘束自己，一改野马脱缰般的性子，耐心地在翰林院里等候玄宗的诏令。一旦察觉到玄宗并无在政治上重用自己的意图，他就索性放浪形骸，跑到长安市上酒家眠了。如此一来，玄宗每每要召见他，还得派人去酒肆中相寻，久而久之，君臣之间难免心生嫌隙。

如此恶性循环下去没多久，就是后来的"赐金放还"了。

# 长安如梦里,何日是归期

天宝三载的春光,还是那么明媚。

"家家楼上如花人,千枝万枝红艳新"。长安春色本无主,它只属于得意的人,在失意的人眼里,满城春色都和自己无关。

沉香亭的牡丹又要绽放了,而那个写出"一枝红艳露凝香"的诗人却要离开了。

李白为何要离开翰林院?

根据他自己的说法,是因为被佞臣所谗:

青蝇易相点,白雪难同调。(《翰林读书言怀呈集贤诸学士》)

白玉栖青蝇,君臣忽行路。(《赠溧阳宋少府陟》)

谗惑英主心,恩疏佞臣计。(《答高山人兼呈权、

顾二侯》)

君王虽爱蛾眉好,无奈宫中妒杀人。(《玉壶吟》)

……

说的都是一个意思,木秀于林,风必摧之,因为他太优秀了,太招玄宗待见了,所以惹得那些青头苍蝇一样的小人们嗡嗡嗡群起而攻之。总而言之,他肯定没有错,玄宗也没有做错,错的都是那些排挤他、污蔑他的小人。

李阳冰和范传正也采信了他的说法,李阳冰就在《草堂集序》中说"丑正同列,害能成谤,格言不入,帝用疏之",所谓"丑正同列",李白自然是正,丑则是他诗中所说的青蝇、佞臣。

那么佞臣到底是谁?

这个人李白没有在诗中点名字,导致五花八门的说法满天飞,有的说是高力士,有的说是杨玉环,还有的说是李林甫,这些都属子虚乌有,留待后文细论。

作为李白的铁杆粉丝,魏颢倒是在《李翰林集序》中指名道姓说这个人就是张垍,说玄宗本来想任命李白为中书舍人,却因张垍进谗而被逐。魏颢对内幕知道得这么清楚,只有一种可能,就是出自李白本人的转述。

张垍这个人,在前文曾经出现过,他是开元名相张说的儿子,玄宗的驸马,一度也曾经做过翰林学士。说是他中伤李白的确有可能。

一是这个人人品极坏,他深受玄宗宠信,在安史之乱中为求保命却向安禄山投降了,还任了宰相的伪职。

二是这个人对李白素来不大友好,当年李白一入长安时托他求见玉真公主,他却让李白在公主废弃的别馆里久等,可见并没有诚心想帮他。

三是这个人也当了中书舍人,那么极有可能是为了争夺这个职位而向玄宗进谗言的。

当然,攻击李白的小人看来远非张垍一个,所以他在翰林院的日子看似风光无限,实则备受诽谤。

"本是疏散人,屡贻褊促诮",他本是疏懒散漫之人,却屡次遭到心胸狭窄的小人们的攻击。那种被排挤、被孤立的滋味很不好受,加上他的朋友吴筠归山了,赏识他的前辈贺知章也告老还乡了,李白在朝廷上陷入了孤立无援的境地,内心饱受煎熬的他竟然以鹦鹉自比,曾经无比向往的翰林院如今成了困住他的笼子,令他备感压抑和委屈。

李白又是个丝毫不会掩饰情绪的人,心里觉得压抑,就会找个途径发泄出来。光写成诗还不够,他还要把诗拿给翰林院的同事们看。

比如上面那句诗,就出自《翰林读书言怀呈集贤诸学士》,等于赤裸裸地抗议说,你们这些人总是在背后说我坏话,我心里有数,我非常不满!这无疑更加放大了他和同事们之间的矛盾。

在翰林院不得志,他喝酒就喝得更凶了。范传正说唐玄宗因为他"乘醉出入省中,不能不言温室树,恐掇后患,惜而遂之"。

这里用了个"温室树"的典故。

汉朝的孔光身居宰相,为人周密谨慎,他回家与兄弟、妻子坐在一起聊天,从来不谈朝廷的政事。有人忍不住好奇,问他:"温室宫栽的什么树呢?"孔光也只是发出嘿嘿之声,并不正面回答。

而以李白的个性,喝醉了就爱发牢骚,谁能保证不泄露朝廷机密呢?所以玄宗也看透了他"非廊庙器",不是可以托以国家大事的栋梁之才。

或者有人会说那贺知章不是也爱喝酒吗?

是的,但贺知章可不会像李白一样口无遮拦,他能够做几十年的官,这点分寸还是有的。

贺知章离乡时,玄宗组织了一大批王公高官为他送行,个个都赠诗送别,李白也在其中,除了应制试外,他还另外有诗相赠:

### 送贺宾客归越

镜湖流水漾清波,狂客归舟逸兴多。
山阴道士如相见,应写《黄庭》换白鹅。

老诗人回镜湖去享受他自由自在的晚年生活了,他却只能困在翰林院里继续当他的笼中鹦鹉。

贺知章走了后,李白越发觉得呆不下去了,可能又一次发牢骚说想辞职离开。玄宗这时听了众人的话,可能也察觉到李白确实是呆不下去了,于是就顺水推舟地答应了,还赐了他一大笔钱,让他继续去过山林隐逸的神仙生活,这就是"赐金还山"。

应该说玄宗对李白还是挺不错的,蒙曼在著作《唐玄宗》中就总结说:诗人辞职,辞出了风骨;天子赐金,赐出了温情。

从李白受诏进京到赐金还山,总共还不到三年,这两年多是他生命中最为浓墨重彩的章节,值得饱蘸金墨,大书特书。

我们现在很多学者谈起这段历史,总是以"李白第一次从政失败"来总结,但是客观来说,这段经历对于李白本人来说,得意的成分要远远大于失意,正面的影响也要远远多于负面。

这从他对玄宗的态度就看得出来,李白遇到过不少贵人,而玄宗正是他生命中最重要的贵人。

是玄宗,满足了他"以布衣而达九重"的梦想,让他能够一飞冲天,无需通过层层选拔和步步进阶,就能直接秉笔翰林院、待诏金马门,一步到位地靠近政治中枢。

是玄宗,给予了他生平未有的礼遇,"龙巾拭吐,御手调羹",也许有人说玄宗不过是在表演,可自古至今,也没见其他哪个帝王在文人面前如此表演过。

是玄宗，保存了他最大的体面，在他备受谗言攻击的时候，还能包容他的酒徒习性和诗人天性，给他一个最体面的收梢。

就算是离开了，玄宗对他的恩宠，也使他身价倍涨，"君王赐颜色，声价凌烟虹"。只要略做对比，就会发现李白在进京前和出京后受到的待遇完全不是一个级别，以前是见到长史都要退避三丈，后来则是到处都有太守、刺史一级的官员盛情招待。

这固然是因为李白本人的才华和诗名，也离不开玄宗对他的加持，帝王的恩遇，关键时刻能够成为诗人的护身符。

在我看来，唐玄宗和李白之间，就像刘备和诸葛亮一样，也称得上是君臣之间的千古一遇。

玄宗给予了李白一个诗人能够享受到的最高礼遇，正如刘备给予了诸葛亮一个军事家、政治家能够享受到的最高礼遇。

那些指责玄宗有眼无珠轻慢人才的人，可能都指望着玄宗能拿李白当诸葛亮，事实上玄宗远远比他们眼明心亮，他对李白的定位才是准确的。

抛去君臣身份，玄宗和李白本来就是同一类人，他们都是道教徒，也是诗人、艺术家、宴饮爱好者。他们都多才多艺、能歌善舞。公平地说，换了其他任何一个朝代、任何一个君主，可能都无法像玄宗那样能够充分地欣赏李白的狂野个性和浪漫诗歌，骨子里，他们都是浪漫主义的信徒。能够有这样的君臣际遇，对于一个诗人来说，已经是莫大的幸运了。

千百年来，李白奉诏入京的这段经历，都是被当成佳话来歌颂的。范传正就说过"布衣之遇，前所未闻"，同时唐代的诗人徐夤[①]在所作的《李翰林》诗里写道"谪下三清列八仙，获调羹鼎侍龙颜。吟开锁闼窥天近，醉卧金銮待诏闲"。

明代时画家文徵明奉旨待诏翰林，时人还将他和李白相比，可见文艺界是将李白的际遇当成奇遇来仰望的。

近世学者往往过分夸大李白的长安失意，与当时的社会舆论几乎是大相径庭，不能不说太片面了。

正如蒙曼所说，李白待诏的这段经历，虽然不是一段政坛佳话，但起码也是一段宫廷佳话、文坛佳话。

对于玄宗这样的贵人，李白自然是相当感激的。有人统计过，他的诗中"明主"这个词曾经出现过20次。数量之多，竟然超过了被称颂为"每饭皆不忘君"的杜甫（杜甫诗中"明主"只出现了5次），这个明主，自然是玄宗的代名词，如"待吾尽节报明主""拜贺明主收沉沦""遭逢二明主""功成献凯见明主""亲承明主欢"……

很少有人指出，李白对盛唐和玄宗都是充满感情的，他无比热爱自己身处的这个时代，深信这是一个"明时"即清明盛世，刚出蜀时，渴望的就是"已将书剑许明时"，他也无比感激玄宗这位开创了盛世的一代英主，时刻都想着要输心剖胆报明主。

当然由于他对本人的定位与玄宗对他的定位之间还是有很大的落差，所以他有时也会例行抱怨下没有得到重用，但总体来

---

[①] 徐夤：字昭梦，生卒年不详，唐代诗人。夤，音yín。

说，他对玄宗还是非常感恩的。

"长安宫阙九天上，此地曾经为近臣。一朝复一朝，白发心不改"，乍一看，就像是杜甫的诗乱入了李白的集子，但是不要怀疑，这就是李白写的，而且是写于他生命的垂暮之年。后面的人生越是艰难困苦，他就越是难以忘怀玄宗曾经对他的恩遇，"一朝复一朝，白发心不改"，纯粹是心迹实录，擅长夸张的他这次一点都没有夸张。

任华说他离开长安时是"高歌大笑出关去"，其实这是一种美化，当李白离开长安时是非常留恋的，称得上一步三回头。一方面是留恋此地带给他的荣光，另一方面则是心有遗憾，他一直期待着功成身退，此时想要建功立业的大功未成，却不得不身退了。

在漂泊流离的日子里，再次回忆长安那两年，每一个日子都仿佛自动加上了滤镜，在记忆里闪闪发光：

### 赠从弟南平太守之遥二首·其一

汉家天子驰驷马，赤车蜀道迎相如。
天门九重谒圣人，龙颜一解四海春。
彤庭左右呼万岁，拜贺明主收沉沦。
翰林秉笔回英盼，麟阁峥嵘谁可见？
承恩初入银台门，著书独在金銮殿。
龙驹雕镫白玉鞍，象床绮食黄金盘。
……

**流夜郎赠辛判官**

昔在长安醉花柳，五侯七贵同杯酒。

气岸遥凌豪士前，风流肯落他人后。

夫子红颜我少年，章台走马著金鞭。

文章献纳麒麟殿，歌舞淹留玳瑁筵。

……

正如任华在诗中美化了自己的偶像，李白也在诗中美化了记忆中的翰林生涯。回忆过滤掉了曾有的压抑和心酸，留下的只有荣光和风流。

长安从此成了他心心念念的一个情结，"客自长安来，还归长安去。狂风吹我心，西挂咸阳树""正西望长安，下见江水流""闻道金陵龙虎盘，还同谢朓望长安""遥望长安日，不见长安人""总为浮云能蔽日，长安不见使人愁""西忆故人不可见，东风吹梦到长安""长安如梦里，何日是归期"……

他再也没有回到过长安。

李翰林的名头倒是响了，古往今来那么多名符其实的翰林学士，加起来也不如他这个有名无实的李翰林叫得响亮。

真是奇怪，同样是大诗人，同样也在翰林院待过，比如白居易、苏轼，很少有人会称他们白翰林、苏翰林，但是提到李白，就会称一句李翰林，可能是因为这是他生平拥有过的最光彩的一个头衔了，哪怕只是个虚衔。

# 第八章 楚狂人

李白显然是个异数,他誓要将狂放进行到底,面对世人对他太过轻狂的指责,"一州笑我为狂客",他不仅照单全收,还深深引以为傲。

# 安能摧眉折腰事权贵

出长安后,李白开始了人生第二次大漫游。

这次漫游时间上从天宝三载持续到天宝十五载安史之乱爆发,为期12年。

与第一次漫游相比,李白这次漫游没什么明确的中心,尽管他说自己"十载客梁园",可能也只是因为梁园是当时的交通要塞,这次他的足迹遍布东鲁、河南、吴、越等地,还曾北上幽燕。

如果说上次漫游的目的很明确,那就是为了求仕,这次的目的则显得有些摇摆。一方面他还是在继续干谒,渴望能够回到长安去,另一方面他却处处流露出对求仙问道的浓厚兴趣,这源自个性和志向本质上的冲突。

长安两年,在李白的生命中是表面上最光鲜的时期,同时也是内心最压抑的时期。

自由自在如大鹏一样飞翔了数十年的他,在那种充满了猜忌、束缚的官场低气压里，也不得不暂时收敛起自己的羽翮，看他这个时期的诗就知道，远远不如之前那么奔放。

正因如此，一出了长安城，他的身上就呈现出一种报复式的反弹，变本加厉地开始放浪形骸，到开封遇到杜甫时，已经又像以前一样痛饮狂歌，这之后更是一发不可收拾，向着狂人的路上一路狂奔。

钱锺书说过一句话，二十不狂没志气，三十犹狂没头脑。很多人在年轻时都是狂态十足，到了中年以后却锋芒尽敛。

李白显然是个异数，他誓要将狂放进行到底，面对世人对他太过轻狂的指责，"一州笑我为狂客"，他不仅照单全收，还深深引以为傲。

我相信就算他听了钱锺书的批评，也会一笑置之，他就是要一条道走到黑的。别人笑他太癫狂，他还笑别人看不穿呢。

我们这片土地上从来不乏狂狷之士。春秋时的接舆，战国时的庄子，魏晋时的竹林七贤，明代的徐渭、唐寅、李贽，哪一个不是恣肆狂放？

但谁都没有李白狂得这么彻底，狂得这么旷古绝今，以至于人们想起他来，第一印象就是狂。

在他身上，狂人的标签比谪仙还要鲜明。"痛饮狂歌空度日，飞扬跋扈为谁雄"，这是小兄弟杜甫对大哥李白的第一印象。

"李太白，狂士也。"这是老乡苏轼对前辈先贤的盖棺定论。

"矫矫李公，雄盖一世。麟游龙骧，不可控制。粃糠万物，瓮盎乾坤。狂呼怒叱，日月为奔"，这是明代大儒方孝孺对生平第一偶像的狂热赞美。

他们对李白的评价，都离不开一个狂字。

正是这份狂气，成就了李白独一无二的面目，历史早已湮灭了他的容颜，却无法湮灭他人格上的光辉。

狂是他人生全部的象征，也是他作品全部的象征。

"狂"字在这里绝无半点罪恶的意味，是一种勇于破坏追求自由的浪漫精神的最高表现[1]。

李白的狂，在唐时已经出了名，可以参见下面两个故事：

> 相传，李白开元中曾经去宰相张说府上干谒。
>
> 他手拿一张名片，上面写着"海上钓鳌客李白"。
>
> 张说好奇地问："先生临沧海，钓巨鳌，以何物为钓线？"
>
> 李白回答说："风波逸其情，乾坤纵其志，以虹蜺为线，明月为钩。"
>
> 张说又问："何物为饵？"
>
> 白曰："以天下无义气丈夫为饵。"
>
> 张说听了也不禁竦然起敬。

---

[1] 引自刘大杰《中国文学发展史》，商务印书馆2015年版。

又传说：

> 李白出了长安，云游四方。
>
> 途径华阴县时，他醉酒骑驴，旁若无人地在街市上横穿而过，差点冲撞到了华阴县令。
>
> 被一个醉汉如此冒犯让县令大人非常生气，他当即呵斥道："你是何人，竟敢如此无礼！"
>
> 李白醉眼朦胧地看着县令说道："曾令龙巾拭吐，御手调羹，贵妃捧砚，力士脱靴。天子门前，尚容走马，华阴县里，不得骑驴？"
>
> 县令闻言大惊失色，赶紧行礼道歉说道："不知翰林至此，恕罪恕罪！"

这两个故事，可以说将李白的狂傲性格敷衍得有声有色，也突出了李白之狂最鲜明的一个特质，那就是笑傲王侯，或者还可以加一个前缀，那就是以布衣之身笑傲王侯。

这种特质，林庚先生概括为"布衣感"。布衣也就是平民，李白自述其家世五代为庶，也就是五代都是平民，包括他自己在内，也终身都是个布衣。

不管在朝在野，他都是以布衣这一身份为荣的。在野时，他宣称"白，陇西布衣"，在朝时，他也骄傲于能够"布衣侍丹墀"。

李白的布衣感是一以贯之的，也就是说他始终都坚持在权贵面前保持平等的姿态和独立的人格。

年少不得志时，他就在文章中描述过自己的志向"出则以平交王侯，遁则以俯视巢许"，这也是他不应科举的一个重要原因。当时科举已兴殿试，进士们被称为"天子门生"，门生在天子面前自然应俯首听命，哪里还敢平视？

李白内心是想做帝王师的，否则就不会处处以在渭水垂钓的姜太公吕尚自比，他可不想做任何人的门生，何况走科举之路，也是要从底层做起，一步步往上熬，那样会磨损他的锐气，他就是要一飞冲天，成则卿相，败则草泽。

在等级森严的封建社会里，以一个平民或者说寒士的身份却想要笑傲王侯，那是很难做到的，很多人都是流于空谈，因为他们连与王侯相交的机会都没有，还有一些人则是嘴上说的是一套，做的又是另一套。

权力是人品的试金石，多少自诩清高的人，一到了权贵面前就自动弯下了膝盖，从身体到灵魂都低到了尘埃里。那么李白是不是这样呢？

待诏翰林可以看作是对他人品的一次考验，从他的表现来看，我们很欣慰地看到，他以自己的行动，践行了"平交王侯"的狂言，顺利地通过了这次考验。

在那些王公大臣面前，他照样保持着自己的傲岸，"一醉累月轻王侯"。对那些靠斗鸡走狗而权势熏天的所谓权贵，他表示不屑一顾，讽刺他们"鼻息干虹霓，行人皆怵惕"，即使是在天子面前，他也能够谑浪笑敖，不改本性，"揄扬九重万乘主，谑浪赤墀青琐贤"。

酣饮，就是他试图保持本色的一种手段。我们看到翰林时期和他有关的记载，无不都是带着酒意，尽管他是如此渴望能被玄宗重用，却一点也不愿意改变自己的酒徒本色。

帝王的气场之强大，有时令壮士也为之战栗，李白却能在天子面前挥洒自如，下笔立就。清朝的叶燮[①]对此赞叹不已，说在天子的威势面前，连秦舞阳这样的壮士都不禁惊恐色变，而李白却能挥洒于万乘之前，其潇洒自如，无异于长安市上醉眠时。这种气势，真称得上气盖天下，盖一世之雄也。

李白的这种气势，檀作文用"诞而无畏"来形容，之所以无所畏惧、谁也不怕，是因为他从未觉得自己低人一等。

"德之休明，不在位之高下"，一个人的品德是否出众，和他的地位高低没关系，在一千多年前的唐朝，能有这样的见识，李白称得上是人人平等这种现代意识的先驱了。

因为性喜夸张，李白口吐的狂言总会被人质疑要不要打个折扣，但至少从目前的资料来看，从未有任何记载显示过，他在长安时有过奴颜媚骨、卑躬屈膝的行为，相反，关于他傲视权贵的记载倒是有不少，其中最突出的一个案例就是力士脱靴。

---

[①] 叶燮（1627—1702）：字星期，号已畦。精研诗学理论，所作以险怪为工。有著作《原诗》《已畦诗文集》。

关于这个故事,有好几个版本。

第一个版本出自于唐代段成式的《酉阳杂俎》①:

> 李白名播海内。玄宗于便殿召见。神气高朗,轩轩然若霞举。上不觉忘万乘之尊。因命纳履。白遂展足与高力士曰:"去靴。"力士失势,遽为脱之。及出,上指白谓力士曰:"此人固穷相。"

另一个版本则来自于唐代李肇的《唐国史补》②:

> 李白在翰林多沉饮,玄宗令撰乐词,醉不可待,以水沃之,白稍能动,索笔一挥十数章,文不加点。后对御,引足令高力士脱靴,上命小阉排出之。

而在《松窗杂录》里,这个故事被进一步敷衍为,高力士因脱靴之事对李白心怀怨恨,于是有天在杨玉环面前诬陷说,李白以赵飞燕来比喻你,这是在轻贱你呢。杨玉环深以为然,后来玄

---

① 《酉阳杂俎》:唐代笔记小说集,作者段成式。所记有仙佛鬼怪、人事以至动物、植物、酒食、寺庙等,分类编录,一部分内容属志怪传奇类,另一些记载各地与异域珍异之物。段成式(?—863):字柯古,唐代志怪小说家。
② 《唐国史补》:记载了自唐玄宗开元至穆宗长庆年间的人物轶事和史事,也涉及典章制度、风俗物产等。李肇:生卒年不详,唐代大臣、史学家,著作存世有《唐国史补》《翰林志》。

宗三次想重用李白，都被杨玉环劝阻了。

以上三则笔记，都来自唐人，而且情境迥异。

如果真像笔记中展现的那样，高力士压根就没得罪谁，李白毫无来由地就让唐朝第一权宦给自己脱靴，而且还是当着唐玄宗的面，那不叫狂傲，那叫找死。

李白是个狂人，但不是妄人，不至于故意作死。

但唐人就是对这个故事津津乐道，他们根本不在乎李白这样做合不合理，符不符合逻辑，他们只在乎一件事，那就是必须让高力士为我们的大诗人脱靴。

对"力士脱靴"的真实性，早有不少人质疑，一个最有力的证据是李白从未提及过这一点。

要知道，他最喜欢展现的就是自己藐视权贵的一面，如果真有这么现成的英勇事迹，他就算不写在诗里，也会在杜甫、魏颢这帮粉丝面前吹嘘一番的。

但他居然绝口不提，那就说明，压根没这种事。

倒是范传正碑文中描述的较为接近真相：

> 他日，泛白莲池，公不在宴。皇欢既洽，召公作序。时公已被酒于翰苑中，仍命高将军扶以登舟，优宠如是。

在这个版本里，玄宗有爱才之心，高力士有配合之意，李白则保持了酒徒本色，还是比较合乎逻辑的。

高力士当时权倾朝野，太子称呼他为"兄"，王公大臣称呼他为"翁"，驸马们全都称呼他为"爷"，皇帝则称呼他为将军。

能够令高力士扶着登船的，李白可以说是荣耀之极了，可围观的唐代笔记小说家们觉得远远还不够，于是将之夸张为力士脱靴。与此同时，又添油加醋地编造出了国忠磨墨、贵妃捧砚的相关传说，还说李白之所以不被重用，是出于他们的进谗。

高力士真是冤死了，杨玉环也冤死了，只要稍微读点正史都知道，这两个人还真不是那种传说中的恶太监、坏妃子。

高力士堪称一代忠仆，最大的优点就是为人忠厚，考虑问题从无私心，而是处处以玄宗为先，玄宗常常夸赞他"有力士在，朕当安寝"，历史上也从来没有记载他有任何乱政的行为。

杨玉环也差不多，虽然宠冠六宫，但对政治压根没兴趣，唯一干政的一次可能是阻止玄宗让当时的太子李亨监国。那是在远房堂哥杨国忠的教唆下，她口含泥土，含泪劝阻玄宗，这也为她埋下了杀身之祸。

总之，以他们两人的地位和性格，都压根犯不着也没必要去故意针对李白。相反，他们受玄宗的影响，对李白还是有些爱屋及乌的。

但是没办法，为了衬托大诗人的傲岸形象，高力士这个靴子是非脱不可了，这说明什么？

说明人们在皇权的压迫下屏息凝气得太久了，他们迫切地需要一个精神出口，力士脱靴的故事正好戳中了他们的兴奋点，他们是借李白的故事，来一吐胸中的郁勃之气。

甚至连新旧《唐书》，都把这个情节原封不动地移植进了《李白传》。故事可能是捏造的，塑造出来的李白形象却是真实的，至少符合时人对他的印象，同时代的任华就说他"平生傲岸不可测"。

古往今来的诗人中，从来没有一个人像李白这样，在当世就塑造了如此鲜明突出的狂傲形象，唐人对他的这一形象是如此认可，以至于说他腰间有一块傲骨，因此不能屈腰。

离开翰林院这个牢笼之后，酷爱发牢骚的李白发出了史上最有力的一句牢骚："安能摧眉折腰事权贵，使我不得开心颜！"

从来没有人发出过如此高亢、如此激越的呼声，这是来自大唐的先驱者，在一千多年以前发出的平等宣言，直到一千多年以后，依旧振聋发聩。

摧眉折腰的滋味不好受，感谢李白，说出了千百年以来广大受压迫、受束缚的人们的心声。

## 一生傲岸苦不谐

天宝年间李白的闯入,对于长安诗坛和政坛来说,是一个石破天惊般的存在。

从贺知章到殷璠,无不用"奇之又奇"来形容他,李白其人其诗,给人的第一印象就是这种惊奇之感,仿佛芸芸众生中闯入了一个天外来客,"言出天地外,思出鬼神表",令人忍不住像北宋徐积①一样惊叹,自有诗人以来,从未见过如此之诗、如此之人。

宇文所安说过,在李白进入长安之前,长安的诗坛实际上是被一种清新文雅的京城诗主宰,王维就是京城诗派的掌门人。

随着李白这个野小子的到来,诗坛上刮起了一股李白旋风,引领着当时的诗风、士风走向狂野和恣肆。

政坛的情况与此相似,如果说王维们是涓涓清流,李白就是

---

① 徐积(1028—1103):字仲车,自号南郭翁,北宋诗人。

一股强劲的泥石流,他的横空出世,令凡夫俗子们一个个瞠目结舌,既惊艳了世人,也刺痛了庸众。

所谓奇,用现在通行的网络用语来说,也就是非主流。

这就可以想象为何李白在翰林院里不容于众了,并不是简单的木秀于林、风必摧之,而是他整个的思想、行为与同僚们压根就格格不入,与主流人群相比,他根本就是个异端。

身为异端最明显的表现,就是他对所谓主流思想的挑战和不屑。

他瞧不起那些皓首穷经、思想空洞的迂腐儒生,写诗嘲讽他们说:"鲁叟谈五经,白发死章句。问以经济策,茫如坠烟雾。足著远游履,首戴方山巾。缓步从直道,未行先起尘。秦家丞相府,不重褒衣人。君非叔孙通,与我本殊伦。时事且未达,归耕汶水滨。"

从服饰到言行对他们进行全方位的讽刺,喷得这群儒生们体无完肤。

又说"儒生不及游侠人,白首下帷复何益",在李白心目中,大多数儒生迂腐、固执,对世事茫然无知,对国计民生一窍不通。

李白认为儒生"与我本殊伦", 他不屑于与儒生为伍,宁愿去和游侠儿为伴。

对儒家祖师孔子,他也从不会奉为圣人,很多时候他喜欢以孔子自比,这是在平视孔子,"君看我才能,何似鲁仲尼"。

有的时候，他甚至表现出对孔子的不敬，"我本楚狂人，凤歌笑孔丘"。楚狂人指的是楚国一个狂人叫接舆，因看到楚昭王政治混乱，佯装狂人避免做官。

孔子游说楚王，接舆对其唱《凤歌》："凤兮凤兮，何德之衰？往者不可谏，来者犹可追！已而！已而！今之从政者殆而！"以之嘲笑孔子迷于做官。李白在这里以接舆自比，尽显狂放之态。

对儒家最为推崇的远古圣贤尧和舜，李白表示蔑视："尧舜之事不足惊，自余嚣嚣直可轻。"

历史上传闻尧曾经将帝位禅让给舜，被儒家奉为美德。李白却在诗里质疑说："或云：尧幽囚，舜野死。九疑联绵皆相似，重瞳孤坟竟何是。"意思是说尧因德衰，曾被舜关押，父子不得相见，舜巡视时死在苍梧，疑似被禹驱逐，一支笔毫不留情地揭开了粉饰的面纱，直指血淋淋的真相。

唐朝虽说不是独尊儒术，但儒家思想还是占主流，对儒家的攻击，在很多人看来是大逆不道的，李白可不管这些。

岂止是古代的圣贤，他连当朝的天子也敢抨击，被迫离开长安时，他的愤怒达到了峰值，写诗吐槽说"彼希客星隐，弱植不足援"，这是以严子陵自比，谴责玄宗还不如汉光武帝爱才，不值得他这样的客星来扶助。

李白的这种叛逆性并不仅仅是针对儒家而言，在他看来，没有什么权威不可挑战，也没有什么真理不可质疑。

李白对道家推崇的隐士许由、伯夷、叔齐，也频频在诗中予以否定，说他们"洗耳何独清""洗耳徒买名""巢由洗耳有何益，夷齐饿死终无成""莫学夷齐事高洁"……

　　从来没有一个人像李白这样，一方面对古之贤人表示推崇，另一方面又频频加以非难的。

　　这里要重申李白式的"拿来主义"，他对先贤的态度也同样是为我所用。对于儒家比如孔子，他只取其积极入世的一面，却不屑于安贫乐道、奉儒忠君那一套。对于道家，他只取其高蹈出尘的一面，却不愿意遗世独立、徒留虚名。

　　李白就是李白，绝不会服膺于任何权威，更不会依附于任何一家思想流派。他就是要站立在古代先贤的肩膀上，贯穿今古，唯我独尊。他不仅是一身傲骨，更是一身反骨。他的这种叛逆性，裴斐先生概括为"反中庸"，确是的论。

　　李白绝不是儒家推崇的那种谦谦君子，什么温柔敦厚，什么克己复礼，他完全不理那一套，他就是要事事都追求极致，极致地活，极致地寻欢作乐，极致地追求自由。

　　他就像那误入凡间的天马，要冲破一切束缚，冲破一切桎梏，什么规则，什么礼法，都被他一路横冲直撞踏得粉碎。人生短短几十年，他就是要活一个痛快淋漓。

　　在一个君子之风盛行的国度里，自然是容不下李白这样的狂人。儒家是强调群体性的，李白却差不多是一个彻头彻尾的个人主义者，这让他无法融入群体。

我们读他的诗就会发现，尽管朋友遍天下，他却是如此孤独。这种孤独来自不被理解，李白的身上，因此往往呈现出一种不为世容的状态：

  君平既弃世，世亦弃君平。（《古风·其十三》）
  我本不弃世，世人自弃我。（《送蔡山人》）
  苦笑我夸诞，知音安在哉？（《赠王判官时余归隐居庐山屏风叠》）
  一州笑我为狂客，少年往往来相讥。（《醉后答丁十八以诗讥予捶碎黄鹤楼》）
  世人见我恒殊调，见余大言皆冷笑。（《上李邕》）
  ……

不仅是他自己，连杜甫都说他"世人皆欲杀"。尽管有点夸张，但他还是敏锐地捕捉到了李白不为主流社会所容的这种状态。

但李白是何等骄傲，这种骄傲让他不仅不屑于妥协，而且敢于与全世界对抗。他就像个皮球，别人越是按压，他越是要高高跳起。

李白和苏轼，年轻时都是狂傲不可一世的大才子。但苏轼经过乌台诗案之后，慢慢积累了处世的智慧，必要的时候，他懂得低头,不再像以前那样恃才傲物、放言论政。

李白同样也经历过被排挤出朝、被流放入狱,但是他从未与世界和解,也从未改变过自己的个性。很奇怪,世人的排挤嘲笑,不仅没有让他收敛锋芒,反而让他的棱角愈发分明,这个人的内心实在是太强大了。

苏轼是成熟的,李白是幼稚的;苏轼是圆融的,李白是尖锐的;苏轼是属于中年的,李白则永远都有一种少年精神,只有少年人,才会拥有站在全世界对立面的勇气。

李白总让我想到孙悟空,那个天不怕地不怕的齐天大圣,那只从石头里蹦出来的野猴子,凭着一己之力,居然就敢对抗天庭。

孙悟空的故事,华彩全在取经之前,自从他随唐僧去取经之后,就失去了那种叛逆意识与反抗精神。

李白比孙悟空走得更远,他一辈子都在大闹天宫,将"与天斗,其乐无穷;与人斗,其乐无穷"的精神发挥到了极致。

海纳百川、有容乃大的盛唐还是有肚量包容这样一个狂人,到了理学盛行的宋代,以正统自居的儒士们对李白就很不客气了。

王安石、苏辙都很不喜欢李白。王安石批评他只知道歌颂酒和妇人,苏辙攻击他"华而不实,好事喜名,不知义理之所在也。语用兵,则先登陷阵不以为难;语游侠,则白昼杀人不以为非。此岂其诚能也哉"。抑李扬杜的风气,以宋朝为最盛,正是经过宋儒们的一番抑扬，让杜甫后来居上，反压了李白一头。

苏辙等人不喜欢李白，本质上是因为李白的异端思想超出了他们的理解范围。杜甫是儒家的忠实信徒，而李白的思想之驳杂笼括了诸子百家，他们只能从杜甫的忧国忧民那里找到共鸣，却无法理解李白的不同流俗和特立独行。

再狂妄的人，也不敢随意贬低李白的天才，他们只敢在道德方面做文章，抨击他"不知义理之所在"。

在如今看来，宋人指摘的短处，恰恰是李白的长处。李白诗歌的旷古绝今，不仅在于天才的创造性，更在于思想的独特性。这种藐视权威、反对礼法、向往自由的思想，才是李诗之所以光照千古的本质原因。

这里必须引述裴斐先生的一段话来彰显李白的文化价值：

> 从整个古代文化背景上来看，李白亦无愧为先觉者。我指的是人的自我和个体人格的觉醒……长期以来我们都是一个个体人格意识十分淡薄的民族。正是在这个文化背景上，李白的出现犹如漫漫长夜升起的一盏明灯、一颗巨星，他是那样高傲狂放、目空一切，深知不为世所容，却又全不把世人放在眼里。①

矛盾的是，像李白这样非主流的异端，渴望的还是主流的认

---

① 引自裴斐《李白十论》，四川人民出版社1981年版。

可、主流的成功。

这种渴望还远比一般人强烈,他虽然说过穷则独善其身、达则兼济天下,实则他是没法像陶渊明一样独善其身的,"苟无济代心,独善亦何益",这才是他的真实想法。

李白是有英雄情结的,最期待的就是拯救苍生,然后飘然而去,另外他虚荣心也非常强,离开长安之后,满心渴望的就是重新回到金銮殿上,成为众星捧月的焦点。这让他没法甘于沉沦、甘于寂寞,他是永远都需要鲜花和掌声的。

他渴望入世,又不愿意屈于世,渴望出世,又不愿意遗世,可以说他的一生从未自洽,而是终生都在矛盾和挣扎之中。他的诗中,也充满了这种挣扎的痕迹:

上一秒钟,他还在念叨着"人生达命岂暇愁,且饮美酒登高楼",你以为他要摒弃功名了吧,可下一秒钟,他就高吟出"东山高卧时起来,欲济苍生未应晚"。

他情绪高涨的时候,觉得功名利禄唾手可得,简直要"欲上青天揽明月",低落下来,又想着人生在世还是不称意,不如"明朝散发弄扁舟"。

他一边看不起权贵,骂他们是蹇驴,是群鸡,"董龙更是何鸡狗",说自己是凤凰,是骅骝,不屑于和他们为伍,一边又渴望着权贵们的肯定,"奈何青云士,弃我如尘埃",他还是太在乎那些青云士们的态度了。

这种追求如同戴建业所说的,无异于南辕北辙,是一种悖论式的追求，是注定要落空的。在长安放还十年后，他在给朋友的诗里感叹说：

> 仙宫两无从，人间久摧藏。①

在另一首诗里，有过同样的喟叹：

> 富贵与神仙，蹉跎成两失。②

双重的幻灭，双重的失落，这造成了他诗中那种异常强大的张力，为他豪放的诗风中注入了一股深沉的愤懑。

以李白的诗名之盛，加上玄宗对他的优待，若他稍微肯在那些权贵面前假以颜色，稍事妥协，何至于到老仍然是一命不沾、毫无禄位呢？

"一生傲岸苦不谐，恩疏媒劳志多乖"，这算是李白回首大半生的总结陈辞，正是傲岸造就了他的不合群，而他宁愿不被世人接受，还是要保持傲岸。

这是他身上社会性和自然性的冲突，最终到底，还是自然性的一面胜出了，他无论如何都是不肯牺牲掉自己的个性的。

李白在仕途上无疑是失败的，但这种失败反而造就了他人格

---

① 引自李白诗《留别曹南群官之江南》。
② 引自李白诗《长歌行》。

和诗歌的伟大。

我们设想一下,如果他真的一直待在官场,长期处于那种尔虞我诈、互相倾轧的环境中,久而久之的话,难免会挫伤他的傲气。

看看苏轼和王维就知道了,他们在年轻的时候,何尝不意气风发,所以苏轼非常羡慕李白的"戏万乘若僚友,视俦列如草芥",这种不可一世的气魄,在官场中饱受折磨的苏轼已自知做不到了,在李白的身上,他寄托了自己已然失落的理想。

李白这一生究竟是成功还是失败?

这要看如何定义成功了。安·兰德[1]在《源泉》中提出,成功与功名成就没什么关系,成功就是一个人捍卫自己的完整性。按照这个标准的话,李白这辈子无疑是成功的——他成功地捍卫了自己的完整性。

---

[1] 安·兰德(Ayn Rand,1905—1982):原名艾丽莎·济诺维耶芙娜·罗森鲍姆,俄裔美国哲学家、小说家,代表作有小说《源泉》《阿特拉斯耸耸肩》等。

## 人生得意须尽欢

李白之狂,表现在人格上是傲岸不屈,体现在思想上是桀骜不驯,展现在行为上则是放浪不羁。

如果要用李白的一句诗来概括他的生活方式,那就是"人生得意须尽欢,莫使金樽空对月",他的终生,都在追求一种非比寻常而又纵情享乐的生活①。

因为追求非比寻常,他修道、炼丹、学剑、游侠、漫游,总而言之,什么特别就热衷什么。

李白虽说向往孟浩然那种"红颜弃轩冕,白首卧松云"的隐士风范,但他其实是绝对不可能归隐田园的,田园生活太平淡了,容不下一颗躁动的心,也无法满足他对非同凡响的热望。李白这辈子,最害怕的就是泯然众人,他总是要与众不同的。

他同样也做不了庄子那样的逸人,面对富贵的诱惑,庄子骄

---

① 参见罗宗强《李杜论略》,中华书局 2019 年版。

傲地表示"宁曳尾于涂中",李白可不想曳尾于泥中,他是要尽情享受人世的欢愉的,既然人生苦短,那就更加要及时行乐。

> 夫天地者,万物之逆旅也;光阴者,百代之过客也。而浮生若梦,为欢几何?古人秉烛夜游,良有以也。况阳春召我以烟景,大块假我以文章。会桃花之芳园,序天伦之乐事。群季俊秀,皆为惠连;吾人咏歌,独惭康乐。幽赏未已,高谈转清。开琼筵以坐花,飞羽觞而醉月。不有佳咏,何伸雅怀?如诗不成,罚依金谷酒数。

这是开元年间的一个春夜,李白在从弟的桃李园里和一群兄弟好友们饮酒赋诗,留下了这篇著名的《春夜宴从弟桃李园序》。

清人过珙盛赞"只起首二句便是天仙化人语"[①],开笔就是李白特有的天风海雨般的气势,一句话横立苍茫,足以俯仰古今。有了这样的开场白,后面那句质疑就显得特别有力,"浮生若梦,为欢几何?"

在这篇短文的后半段,李白给出了自己的答案:愈是人生如梦,愈要尽情欢乐。于是在花月交辉之下,他们纵情狂饮,光狂

---

① 引自过珙《详订古文评注全集》卷六:"只起首二句便是天仙化人语,胸中有此旷达,何日不堪?宴春夜桃李,特其寄焉耳。"

饮还不够，还得赋诗为乐，这样才能尽兴。

李白的这篇序文，可以看到王羲之《兰亭集序》的影子，李白对魏晋名士尤其是东晋名士如谢安、王羲之等极为推崇，他曾写诗赞美王羲之"右军本清真，潇洒出风尘"。

在他的身上，也可以看到这种魏晋风度的流风余韵，李白可能是盛唐诗人中最具名士范的一位了，他的很多行为，都可以看成是对前辈名士们的效仿和致敬：

比如他的"傲然携妓出风尘"，就是出于对谢安携妓东山的效仿；而他的纵酒沉酣，则可以看成和阮籍、刘伶们的一脉相承。

此外，他还特别喜欢清谈，自称"清酌连晓，玄谈入微"①，崔宗之也说他"清论既抵掌，玄谈又绝倒"；他还擅长弹琴，喜欢歌舞，"手舞石上月，膝横花间琴"，而我们熟悉的东晋名士谢尚就以会跳鸲鹆舞闻名，李白也曾在诗中以谢尚自比。

通过这种模仿和致敬，李白初步塑造了一位"清谈浩歌、雄笔丽藻、笑饮醁酒、醉挥素琴"的自我形象（《暮春江夏送张祖监丞之东都序》），若是生在魏晋，他是完全可以入《世说新语》中的人物。

论任诞，他可以和刘伶、阮籍媲美；论简傲，他完全不输嵇康、刘惔；论容止，他的气质"轩轩然若霞举"，俨然就是简文

---

① 引自《早夏于将军叔宅与诸昆季送傅八之江南序》。

帝一类的气质型帅哥；至于雅量、言语，就算比不过谢安，比其他人也不差多少。

如果仅仅停留在亦步亦趋的模仿阶段，那李白就无法成其为李白了。李白的独特之处，在于他实现了魏晋风度的盛唐化。

时代毕竟大不一样了，同样是饮酒，竹林七贤身处曹魏向西晋转折的时期，喝的是乱世之酒，大多是借酒遁世、纵酒避祸，盛唐的饮中八仙则不一样，他们喝的是盛世之酒，以饮酒为乐，借饮酒助兴。

开元、天宝开创了一个醉态时代，其中"饮中八仙"就是醉态时代的典型代表[1]。魏晋人饮酒，很淡然，陶渊明终日饮酒，没有喝得飘飘然，诗中看不到一点醉态。

到了盛唐，草圣张旭一喝醉酒，就不管有什么达官贵人在座，酒酣之下脱帽露顶，借着酒意当众表演狂草，呼叫狂走而后落笔，有时甚至用头发蘸墨当笔使，清醒后还认为是神来之笔，于是有其"挥毫落纸如云烟"的《古诗四帖》。时人称他的狂草为"醉墨"。

画圣吴道子也酷爱饮酒，每欲挥毫，必先酣饮，乘酒后昂奋之际，始振其灵笔，他的大部分作品是在此种情况下完成的。唐玄宗命吴道子画嘉陵江三百里山水的风景，能一日而就，只因酒兴大发，落笔恰到好处。

酒之于魏晋名士，还只融之于生命。到了盛唐狂士们，则

---

[1] 参见杨义《李杜诗学》，北京出版社2001年版。

已融之于艺术。醉，已经融入到他们的艺术创作之中，酒成了通往艺术的手段，非醉不能作诗、成书、绘画，后世推崇的盛唐气象，背后正是一片酒气淋漓。

李白就是"醉态盛唐"中最突出的一个典型，关于他的"斗酒诗百篇"已经成为后世最熟悉的盛唐神话之一。

李白就是李白，普普通通的饮酒，他却喝出了非同一般的豪情："烹羊宰牛且为乐，会须一饮三百杯"（《将进酒》）、"百年三万六千日，一日须倾三百杯"（《襄阳歌》）、"穷愁千万端，美酒三百杯"（《月下独酌·其四》）。"三百杯"成了李白饮酒的标志，喝出了非同一般的诗意。

李白斗酒诗百篇，一喝酒就能够作出一百篇诗来，搁别人可能是自夸，放在李白身上不过是真实写照。以他的捷才，"飘零酒一杯"就能换来"敏捷诗千首"，诗和酒在李白的身上得到了高度的统一，后世对于他和盛唐的想象不过就是八个字——诗酒风流，快意人生。

李白饮酒，饮出了新的高度，也饮出了新的境界，可以说没有一个诗人像他这样将饮酒置于如此高的地位。他平时功名心那么炽热，但只要一喝酒，就什么都忘了，"且乐生前一杯酒，何须身后千载名"，什么功名利禄、什么永垂不朽，都比不上眼前这一杯酒。"天若不爱酒，酒星不在天。地若不爱酒，地应无酒泉"，这是一个酒徒为自己纵酒找到的合法宣言。

他是那么向往自由，而酒正是通往自由最好的媒介。"三杯通大道，一斗合自然"，通过饮酒，他的精神得到了彻底的释放与扩张。

人生总是有起有伏，李白却渴望人生总是高光，总在巅峰，这样的愿望在现实中如何能够实现？

幸好还有眼前这一杯酒，只要借助于酒，他就能一次又一次达到小型的巅峰体验，酒后作诗，则让他抵达了巅峰中的巅峰，"兴酣笔落摇五岳，诗成笑傲凌沧洲"。

李白饮酒，正是为了追求这种醉后的极致体验。诗和酒的结合，让他区别于那些只知滥饮的市井酒徒，成了高标脱俗的酒中仙。

李白众多与酒有关的名篇中，我最喜欢这一首：

> 兰陵美酒郁金香，玉碗盛来琥珀光。
> 但使主人能醉客，不知何处是他乡。

这首诗题为《客中作》，却一扫同题诗歌喜欢以此吟咏乡愁的忧伤之风。对于大唐第一酒徒来说，哪里有美酒可饮，哪里有朋友作伴，哪里就是他的故乡所在。这正是李白不同凡响的地方，人们都留恋故乡，只有他宁愿将醉乡当故乡。

写醉酒，这首诗与王翰那首"醉卧沙场君莫笑"堪称双璧，都洋溢着一种不知愁滋味的乐观气息，或者说即使有愁，也被醉酒的欢乐冲淡了。只要美酒当前，不管是漂在他乡，抑或是身在战场,均须痛饮为先,其他一切都顾不上了。

李白这种及时行乐的生活方式贯穿了一生,即使是在从军李璘失败后被流放的路上,他仍然一路和朋友们宴饮为乐。

由于李白这种纵酒狂欢的生活作风,历史上对他的评价往往呈两个极端。

一是去政治化,宋人罗大经就曾批判说:"李太白当王室多难、海宇横溃之日,作为歌诗,不过豪侠使气、狂醉于花月之间耳!社稷苍生,曾不系其脊;其视杜少陵之忧国忧民,岂可同年语哉!"

一是泛政治化,也就是过度政治化,比如有些学者就将李白的饮酒诗都看成政治抒情诗,认为别有寓意,寄托深远,这和很多人认为李商隐的那些婉转含蓄的爱情诗都是为令狐绹所写的一样,未免太过深文罗织。

两种评价都趋于极端,前者容易将李白浅薄化,后者则容易将李白悲情化。

在如今这个时代,可能后者的问题还严重些。有些人甚至因此将李白看成悲剧人物,说他的一生就是个悲剧,这点我是绝不同意的。

李白虽热心功名,但他并不是个纯粹的政治人物。除了求仕者这一身份,他还有很多身份,比如酒徒、隐士、道教徒、修仙者、游侠儿、诗人,每种身份互为补充,构成了一个丰富多彩的李白。求仕者的身份占比可能略微重一点,但也不至于占压倒性优势。他在仕途上固然是失败的,但我们也不要过分夸大他的失意。

李白本质上是个乐观主义者,他只是爱发牢骚,但牢骚发过,照样昂扬向上,李白心如明月,政治上的失意只是时不时飘过来的一块乌云,不至于掩盖住明月皎洁的本色。

> 李青莲是快活人,当其得意,斗酒百篇,无一语一字不是高华气象。①

"快活人"是李白性格的核心,他是快乐主义在古代中国的极少数践行者之一,中国人自古至今活得太过苦难,读李白的诗,可以让人如饮醇酒、如坐春风,暂时忘却生活中遭受的苦痛。

比如这首《将进酒》:

> 君不见,黄河之水天上来,奔流到海不复回。
> 君不见,高堂明镜悲白发,朝如青丝暮成雪。
> 人生得意须尽欢,莫使金樽空对月。
> 天生我材必有用,千金散尽还复来。
> 烹羊宰牛且为乐,会须一饮三百杯。

---

① 引自明代江盈科《雪涛诗评》。

> 岑夫子，丹丘生，将进酒，杯莫停。
> 与君歌一曲，请君为我倾耳听。
> 钟鼓馔玉不足贵，但愿长醉不复醒。
> 古来圣贤皆寂寞，惟有饮者留其名。
> 陈王昔时宴平乐，斗酒十千恣欢谑。
> 主人何为言少钱，径须沽取对君酌。
> 五花马，千金裘，
> 呼儿将出换美酒，与尔同销万古愁。

你说它的主题到底是及时行乐还是挥斥幽愤？

两者交织在一起很难分得清楚，但读过之后，无人不会感到一种空前的释放，一种空前的宣泄。

李白诗中也有愁，但那是一种"万古愁"，与其说是愁，不如说是愤怒，一种不甘理想落空的强烈不平，你看他写愁，不会感到烦闷，反而趋于解脱，这就是太白诗的神奇力量。

在另一首诗里，李白描绘了相似的人生理想，那就是"唯愿当歌对酒时，月光长照金樽里"，这是李白式的生活美学，他希望人生就是一场永不结束的欢宴。

李白的这种追求，也是盛唐的流行风尚，作为唐宋诗人的代表，李白高歌着"人生得意须尽欢"，苏轼则低吟着"人间有味是清欢"。如果说宋人追求的生活趣味是一种清欢，那么盛唐人追求的则是一种极致的狂欢，相当于唐三彩和青花瓷的区别。

《开元天宝遗事》中提及：

> 长安侠少，每至春时，结朋联党，各置矮马，饰以锦鞯金络，并辔于花树下往来，使仆从执酒皿而随之，遇好圈则驻马而饮。

长安牡丹开时，满城若狂。杨国忠为相时，在庭院中建四香阁，并用百宝栏精心呵护，极尽奢华之能事。每当暮春牡丹花开时，便聚集众宾客在四香阁上赏花，其场面之盛大，世所罕见。

《明皇杂录》记载：

> 每正月望夜，又御勤政楼，观作乐。贵臣戚里，官设看楼。夜阑，即遣宫女于楼前歌舞以娱之。

数百位宫女打扮得花枝招展，边歌边舞，太常寺乐工演奏破阵乐、太平乐、上元乐，大象、犀牛也纷纷入场，伴随着音乐鼓点起舞，府县组织的龙灯旱船、马戏斗鸡也来助兴，彻夜灯火辉煌，歌舞升平。

盛唐人爱牡丹、爱饮酒、爱宴乐、爱歌舞、爱享受，而且每一种热爱都散发着纸醉金迷、如痴似狂的迷醉气息。

胡适说，盛唐的"人生观是一种放纵的、爱自由的、求自然的人生观",唯有这样的时代,才能孕育出李白这样的诗人。

中国古代没有浪漫这个词,所以人们很难描述李白这样一个人。直到"浪漫"一词被引进来后,人们才发现,我们唐朝早就有了一个如此出色的浪漫主义诗人,浪漫这个词简直就像为他量身定制的。

所谓浪漫,不正是非同凡响、任性纵情的另一种说法吗?

正是李白,将盛唐的浪漫美学推到了极端。

桃李春夜,和兰亭雅集、西园聚会一样,也成为了后世画家钟情的题材,明代画家仇英就画了一幅《春夜宴桃李园图》。

不同于其他雅集题材的画,这幅画画得极为热闹,有一种俗世的热烈气氛,画中庭院里桃花缤纷盛开,僮仆们提着红烛纱灯在穿梭忙碌,桌上陈设着杯盘佳肴,主客们有的在喝酒,有的在吟诗,画里那些谈笑风生的诗人们,看上去正深深地沉醉于春风与酒香之中。

讽刺过李白只喜欢酒和美人的王安石写过一首诗:

愿为五陵轻薄儿,生在贞观开元时。
斗鸡走犬过一生,天地安危两不知。①

老实说,他恰好写出了我的人生理想,如果可以选择,谁不愿意生于太平盛世,一辈子都狂醉于花月之间呢?

---

① 引自王安石诗《凤凰山》。

# 第九章
# 纵横家

李白曾经幻想的"能以一箭书,终取聊城功"的军功奇迹,最终并没有在他本人身上重演,反而由曾经和他同游梁园的旧日朋友高适复制成功了。

# 东山梦碎

安史之乱爆发的时候,李白正在宣城,一双儿女滞留在东鲁,宗夫人则在睢阳。

他连忙托门人武谔去东鲁接孩子们,自己则赶往睢阳接宗夫人,他们前脚刚离开,睢阳后脚就沦为了一座孤城,后面还将在张巡守城时发生人食人的惨剧。

这十年间,是他变本加厉、狂醉于花月之间的十年,也是国家形势急转直下的十年。

李林甫去世之后,由杨国忠独相,此人是杨玉环的远房亲戚,除了会聚敛之外别无所能。

杨国忠可谓恶行累累,是他,发动了对南诏的战争,搞得民不聊生,也是他,想出种种昏招来和安禄山争宠。安禄山对玄宗本有感恩之心,却因杨国忠一再相逼,于是打出"清君侧、弑国忠"的名头提前谋反,其时为天宝十四载十一月初九(公元755

年12月16日）。

玄宗本人的责任当然更大，做了四十年太平天子，他已失去了当年励精图治的进取心，一心只想纵欲享乐，而他因为在边防政策上的好大喜功，不得不倚重于边疆节度使。像安禄山一人就独掌范阳三镇，兵力达到十五万人，差不多达到了全国总兵数的三分之一，早已经尾大不掉。

安史之乱爆发时，玄宗正带着杨玉环在泡温泉，天下承平日久，他和封常清等名将认为，不过旬日之内就可以平叛。

谁知道天下承平日久，唐军早就丧失了战斗力，据说兵器都朽化了，唐军只能拿木棒上阵。这样的中央军，岂是由胡人为主体的虎狼之军的敌手？

安禄山在范阳起兵后，河北一带的州县大多望风而降，叛军很快就攻占了洛阳。

玄宗在总指挥的过程中又因急于求成而昏招迭出，先是冤杀了称雄西域多年的两位名将高仙芝和封常清，又在杨国忠的怂恿下，逼大将哥舒翰出潼关迎战。

潼关易守难攻，本来利于唐军据守，玄宗却频频下发诏令催哥舒翰出关。中风的哥舒翰只好挥泪出潼关，结果被叛军杀得人仰马翻，浮尸数里，哥舒翰本人也被迫投降。

潼关失守，长安门户大开，玄宗再也坐不住了，他决定弃长安而去，在杨国忠的建议下，率玉环姐妹及王室将相们逃往蜀地。

天宝十五载（公元756年）六月十三日出逃，十五日经过马嵬驿时就发生了兵变,杨国忠被禁军射杀后肢解,杨玉环也被迫自缢,"宛转蛾眉马前死""君王掩面救不得",昔日的恩爱富贵,都化成了一场云烟。

此次兵变,有人认为背后的主谋是太子李亨,他是用这种方式来向父皇逼宫。

不管事实如何,兵变之后,玄宗与太子确实从此分道扬镳,前者继续逃往蜀地,太子则向北收拾残兵败将,并于七月十二日在灵武称帝,是为唐肃宗。

玄宗和肃宗之间的矛盾由来已久。由于他本人就是以太子之身让父皇唐睿宗禅让,所以他特别提防太子,培植李林甫、杨国忠以及安禄山,很大原因是为了制衡太子,太子在李林甫等人的构陷下,甚至被迫两次离婚。

父子亲情与至高权威相比不值一提,玄宗曾在一天之内杀掉三个皇子,李亨未即位前可以说是最弱势的太子,他对这位父皇有多少感情还真不好说。

马嵬兵变等于将往日潜藏已久的父子矛盾明面化了,逃到蜀地的玄宗为了力挽狂澜,于是在普安郡(剑州)发布了《幸普安郡制》,史称《命三王制》。

以太子李亨为天下兵马大元帅,都统朔方、河东、河北、平卢等节度采访都大使;以永王李璘为山南东路及黔中、江南西路等节度采访都大使;以盛王李琦为广陵郡大都督,领江南东路及淮南、河南等节度采访都大使;以丰王李珙为武威郡大都督,领河西、陇西、安西、北庭等节度采访都大使。

这是一个"四分天下"之局,标志着玄宗开始以皇子来代替边将领兵。

对于玄宗来说,下这道诏令,一来是为了恢复李唐王室对天下的控制力,二来还是为了制衡太子。

可早有眼光敏锐的将领看出,这种分封天下的诏令一不小心就会带来分裂天下的风险,比如诗人高适当时就表示反对,可惜反对无效。他还被玄宗派往江陵,辅佐永王李璘。但高适后来还是离开了永王,并投入了唐肃宗李亨的帐下。

因盛王、丰王还年幼,所以实际上奉诏赴任的只有永王李璘一人。这位皇子头一次担此重任,兴奋得不得了,他在江陵兴高采烈地招兵买马,逐渐形成了一个初具规模的军事集团,为了壮大声势,还开始招纳天下名士。

永王在招兵买马之际,李白带着妻子穿越大半个中国的战火,跑到了庐山躲避战乱。

上文就说过,李白对他身处的时代是很有感情的,在目睹了"白骨相撑如乱麻"的战祸之后,进一步激发了他的爱国热情。

隐居在庐山的他,说自己"吾非济代人,且隐屏风叠",这是典型的正话反说,其实他比谁都渴望着能够兼济天下,救黎民于水火之间。

没想到机会真的来了!

永王派幕僚韦子春三次上山来诚邀他出山,这一幕,多么像天宝元年玄宗三次下诏令他入宫待诏。

只是上一次接到诏书时,他还只有四十二岁,正是年富力强的时候,这一次却已经五十五岁,已经是"白发三千丈"的暮年了。这很可能是他人生中最后一次可以建功立业、报效祖国的机会了!

李白的师父赵蕤最喜欢强调时势,对于李白这样的纵横家来说,战乱之时也是大有可为之机,处处以谢安谢东山为榜样的他,终于等到了这个机会,可以一展身手,去实现他拯救苍生的东山梦了。

于是他再一次仰天大笑出门去,临行时还不忘得意扬扬地对妻子炫耀:归时倘佩黄金印,莫学苏秦不下机。他就是这样,一得意总是会忘形的。

初入永王幕府的李白一扫十数年来的颓唐和消沉,重振年轻时那种指点江山、激扬文字的雄风。他和幕僚同事们一起在楼船中观伎乐、赏歌舞,见识到永王军队雷鼓喧喧、云旗猎猎,信心大为高涨,高兴得简直要忘乎所以了。

至德二载(公元757年),永王集合兵力后,顺长江而下东巡,李白写下了一组《永王东巡歌》,这组诗共十一首,写得豪气干云、雄奇奔放:

### 其一

永王正月东出师,天子遥分龙虎旗。

楼船一举风波静,江汉翻为燕鹜池。

"天子遥分龙虎旗",第一首,首先论证永王东巡的合法性,这是出自玄宗的授令,自然是正当的、合理的。

### 其二

三川北虏乱如麻,四海南奔似永嘉。
但用东山谢安石,为君谈笑静胡沙。

前面两句是当时的战况实录,北虏侵华,四海南奔的场景估计让李白想到了当年的永嘉南渡,后面两句则以谢安自比,说要在谈笑之间就可以一扫胡沙。

### 其三

雷鼓嘈嘈喧武昌,云旗猎猎过寻阳。
秋毫不犯三吴悦,春日遥看五色光。

这是在表扬永王军队的军纪森严、军威赫赫,军队所到之处,秋毫不犯。

其五和其十一可以结合起来看:

### 其五

二帝巡游俱未回,五陵松柏使人哀。
诸侯不救河南地,更喜贤王远道来。

### 其十一

试借君王玉马鞭,指麾戎虏坐琼筵。

南风一扫胡尘静,西入长安到日边。

二帝是指玄宗、肃宗父子,他们一个远在四川,一个困于灵武,河南早已沦入敌手,无人施救,百姓们将希望都寄托在永王李璘一人身上,盼望着他能来一扫胡尘、光复长安,这是在说明永王的得民心。

从这些诗来看,李白确实是一个非常优秀的宣传人才,太会造势,也太能鼓舞人心了,有了这样的文化旗手为之鼓与呼,相信永王军队的士气也会为之一振。

比较有争议的是第九首:

### 其九

祖龙浮海不成桥,汉武寻阳空射蛟。

我王楼舰轻秦汉,却似文皇欲渡辽。

文皇即唐太宗,这里将永王与唐太宗相比,相当于暴露了他的不臣之心。

郭沫若就认为这组诗本来只有十首,这首是伪作,混入其中是为了抹黑李白。

那么永王李璘到底有没有反心呢?

根据史书上的记载,长于深宫之中的他到了江淮一带,一夜之间坐拥了江淮的富庶及多地军政大权,确实有些被冲昏了头脑,比如拥兵自重、骄傲自大等。

但那只是公子哥儿一时膨胀的轻狂习气,真要说他有多少不臣之心可能也不见得,李璘率兵南下金陵打出的口号还是"总江淮锐兵,长驱雍洛",也就是要集合兵力,直上河南,这种平叛战略还是颇得老百姓支持的,李白诗中所说的"更喜贤王远道来"没有过分夸张。

但问题是肃宗根本不会坐视李璘壮大。换而言之,不管李璘有没有反心,他都要将这种可能性扼杀于萌芽之初,要是等到李璘真的光复河南,那么天子的宝座由谁来坐还真不好说,太宗李世民不就因为军功太盛而抢了李建成的天下吗?

永王背后的支持者是玄宗,事实上当时已经形成了两个权力集团的对峙,贺兰进明在向肃宗进言时就用南朝、北朝来形容他们父子俩,玄宗不愿意全盘放权,被压制了多年的肃宗这次则选择了强硬反击。

当李璘集团还做着"长驱雍洛"的美梦时,高适等人在肃宗面前立陈李璘必败,促使肃宗决定尽早动手。

肃宗于是任命高适为淮南节度使,来瑱为淮南西道节度使,韦陟为江东节度使,三人联合围剿李璘的势力。其实所谓平璘刚刚开始就很快结束了,由于麾下大将季广琛等人的反水,李璘组建的"草台班子"一下全盘崩溃了,李璘父子也在混乱中被杀。

高适尽管未和永王正式交锋，但也起到了关键的作用。

开战前，高适写下《未过淮先与将校书》，晓谕敌军认清形势、归顺朝廷。这一攻心计立竿见影，永王军队未战而士气低落，季广琛等人的临阵反水，可能就是受此影响。

李白曾经幻想的"能以一箭书，终取聊城功"的军功奇迹，最终并没有在他本人身上重演，反而由曾经和他同游梁园的旧日朋友高适复制成功了。

李璘被杀后，肃宗派人将他的妻小送到蜀地，玄宗见后伤悼良久，这个伤悼，不仅是痛失爱子，也是痛失权力的永久丧失。这场父子、兄弟之间的权力斗争，以肃宗的全面取胜而告终。

据说肃宗和李璘本来感情挺好的，李璘自幼丧母，他就经常抱着这个弟弟睡觉，但兄弟亲情在权力斗争前被碾得粉碎，连玄宗也没想到肃宗会对昔日感情深厚的弟弟痛下杀手，他本来只想着将李璘废为庶人的。

李璘战败后，李白也赶紧开始逃亡，这段顶多两三个月的入幕生涯，带给他的屈辱远多于风光，很多人将之视为"从逆"，看成他人生中的一个污点。

按我们现在的价值标准来看，肃宗和永王之争，本质上不过是统治阶级的内斗，不存在谁正谁逆。

肃宗的儿子唐代宗即位后，立刻为叔叔永王平反昭雪。既然连代宗都认为永王并非是叛逆，那么李白自然也不存在什么从不从逆的问题了。

后来李昇建立南唐时，也打出是永王李璘后人的幌子，说明李璘在江南一带确实还是挺得民心的。

所以我们在讨论这个问题时，需要绕开道德上的评判，来探讨从政的眼光。

李白的从璘，是政治眼光不够敏锐的问题，当时天下纷纷，如何站队至关重要。高适、季广琛等人都站在了肃宗一边，李白则出于自身的南北朝情结，以及对玄宗的深厚感情，选择了站在玄宗支持的永王一边。

对于李白来说，永王东巡背后有玄宗支持，是合法合理的。他没有看到，天下的形势早就已经变了，随着玄宗的逃奔西蜀，他已经失尽人心。

与此同时，肃宗则通过即位灵武等一系列操作，树立了光复长安、重整河山的新君人设，包括郭子仪、李光弼等在内的唐军将领早已将重造大唐的期待放到了肃宗身上。

玄宗和他一手缔造的盛世，已经彻底成了过去时。李璘之败，不在于兵力强弱，而在于人心所向。

李白真的迟钝到从来没有察觉到依附李璘的巨大风险吗？

当时的名士如萧颖士、孔巢父都拒绝了李璘的征召，唯有他欣然下山。

从他那组诗来看，他并不是完全没有察觉到李璘集团的微妙处境，但作为一个被朝廷弃置了十数年的"逐臣"，对于立不世之奇功的强烈向往一下就压倒了那点潜在的风险。

李白和他追随的李璘，都是抱着侥幸的心理卷入了这场内斗：万一肃宗没那么快动手呢？万一真的可以进则光复河南，退则割据东南呢？

政治投机就是一场豪赌，在这场豪赌中，高适赌赢了，他在仕途上将一路高升，成为诗人中大器晚成的代表，最后被封为渤海县侯。"诗人之达者，唯适而已"，李白则输得一败涂地，提前画上了仕途终结的句号。

这年是唐肃宗至德二载（公元757年）。这一年，李白五十六岁，高适五十三岁，许多年以前，当他们同游梁宋，"醉舞梁园夜，行歌泗水春"的时候，怎么也预想不到，若干年后一场变乱，将会把他们的人生，推向截然不同的两种结局。

## 一朝沦为阶下囚

安史之乱改变的不仅是李白和高适的命运,盛唐其他诗人也难以避免地被卷入了进来。

其中,王维和储光羲不幸"陷伪"。

尤其是王维,这位洁身自好了一辈子的诗人,在长安失陷后没来得及出逃,为了不任伪职,他服药称痾,伪称自己有哑疾(也有说是痢疾即腹泻)。但因诗名太盛,还是被安禄山派人接到了洛阳,硬让他担任给事中一职。

安禄山在洛阳凝碧池举行宴会,叫抓来的梨园弟子们为他演奏。一位叫雷海清的乐工誓死不从,怒摔琵琶,安禄山大怒,让人把他肢解了。

被软禁在菩提寺的王维闻讯十分伤心,写了一首诗:

> 万户伤心生野烟，百官何日再朝天？
> 秋槐叶落空宫里，凝碧池头奏管弦。①

就是这首诗救了他的命。

后来，两京收复后，唐肃宗对附逆的臣子们秋后算帐，但因为王维写了这首诗，肃宗认为他对唐朝还是很有感情的，再加上他的弟弟王缙很受重用，宁肯削去自己的官职为哥哥赎罪。

因为这样，唐肃宗只是象征性地将王维贬职为太子中允，让他依旧在朝中做官。

同样担任过伪职的储光羲就没那么幸运了，他被贬出京城，最后死在贬所。

更不幸的是王昌龄。安史之乱爆发时，他正在龙标任县尉，家人却都在长安，他很担心家人的安全，于是擅自离开龙标去长安看望家人。经过安徽亳州时，亳州刺史闾丘晓②不知道是嫉妒他的才华还是看不惯他的作派，竟然把他给杀了。

与李白七绝齐名的一代诗家天子，就这么莫名其妙地死于小人之手了，这比死于战火还要窝囊。

杜甫也曾身陷伪军之手，但他名气太小，不像王维那样引人注目，于是他找了个机会偷偷逃出长安，一路历经艰险，终于在

---

① 引自王维诗《菩提寺禁裴迪相看说逆贼等凝碧池上作音乐供奉人等举声便一时泪下私成口号诵示裴迪》。

② 闾丘晓（？—757）：唐代大臣。756年，杀害诗人王昌龄。757年，被张镐杖杀。闾，音 lǘ。

灵武追上了肃宗一行。

当时,杜甫身上值钱的东西已经被叛军搜刮一空,穿着双破草鞋奔波了八百里,肃宗怜他忠心,授予他左拾遗一职,这就是"麻鞋见天子""涕泪授拾遗"。

杜甫和李白一样,对玄宗感情都很深,和玄宗系的大臣们关系也很好。在属于玄宗系的宰相房琯战败后,他上书为房琯[①]求情,惹怒了肃宗,被罢免了官职,后来虽然官复原职,却再也没有受到重用。

李白呢,当盛唐的诗人们死的死,逃的逃,降的降。

李白在哪里呢?

李白正身陷囹圄之中。

永王军队一触即溃时,李白奔逃至彭泽,没过多久就被唐军抓住,投进了江西浔阳的大牢之中。

这可能是李白人生中的最低谷了,这位昔日大唐天子的座上宾,怎么也没想到,有朝一日居然会沦为阶下囚,罪名正是"附逆"。

身处逆境,有人逆来顺受,有人百折不挠。

牢里的李白,表现得比他那些诗人朋友们要顽强得多,他可不会坐以待毙,而是勇敢地展开了自救。

他的自救方式,一是鸣冤,二是求助,两者往往是紧密结合在一起的。

---

① 房琯(697—763):字次律,唐朝宰相。琯,音 guǎn。

对于"附逆"的罪名，李白是绝不承认的，因为他压根就觉得永王李璘不是叛逆，而是正义之师。

就在逃亡的路上，他还写诗说什么"尺布之谣，塞耳不能听"，这是在用汉文帝容不下兄弟淮南王，逼得淮南王绝食而死的典故，暗搓搓地讽刺唐肃宗不能包容自己的兄弟。

另一首《南奔书怀》中，他干脆赤裸裸地称肃宗之军为"北寇"，而将永王的军队称之为"王师"。

你可以说李白昧于形势、执迷不悟，在政治上太过天真，但是反过来说，这种天真在关键时刻又保护了他。

你想想看，在那种大多数人都认为他是逆臣贼子的舆论氛围中，如果他也认可了这种评价，那他还有勇气活下去吗？

王维在被迫任了伪职之后，尽管被朝廷宽宥了，他本人却总是羞愧得几乎要自绝于人民，可以说他最后是被过于沉重的负罪感折磨而死的。

可李白就是这么强横，他才不管别人怎么说，他坚持认为自己从军是出于爱国。

"过江誓流水，志在清中原"，明明是一片报国的赤心忠胆，最后却落得锒铛入狱，他才没有负罪感，岂止无罪，还冤枉极了，那时候还没有关汉卿塑造的窦娥，不然他肯定觉得自己比窦娥还要冤。

看看他在狱中写的那些诗，又是《万愤词》，又是《百忧章》，光看诗名就知道，诗人的心情有多么悲愤。

李白到底冤不冤？

这和永王到底有没有反是同一个话题，要看站在谁的角度来思考。

在狱中，一贯天不怕地不怕的李白也呈现出了脆弱和柔软的一面。平生绝无思亲之句的他，居然写出了"恋高堂而掩泣，泪血地而成泥"的泣血之句。凡人惨痛之时，都会自然而然地呼唤母亲，李白也不例外。

这番跌落谷底，让他空前地重视起亲情来，他牵挂的是尚在东鲁的爱子伯禽和爱女平阳，还有在豫章和他咫尺天涯的妻子。在另外一首诗中，他最痛心的就是当初"星离一门，草掷二孩"。

这大概是常常以仙人自诩的李白，生平最有人性光辉的一刻了。好在他的孩子后来都顺利地接到了身边，而他的妻子宗夫人对他不抛弃、不放弃，正在为营救他而四处奔波、涕泣求援。

李白求助过的人不少，其中就有高适。

当时他在狱中正读《留侯传》，恰好有个叫张梦熊的秀才来探望他，他听说张秀才将要去扬州拜访高适，于是写诗以送之，诗中将高适比成张良，并夸他"高公镇淮海，谈笑却妖氛"，赫然又是说高适有谢安的风采了。

诗写了之后，如同石沉大海，完全没有一丝回音。

高适这时已贵为淮南节度使、御史中丞，在肃宗面前很有话语权，要不要对落难的李白伸出援助之手？

高适的答案显然是,可以,但是没有必要,他和李白并无特殊交情,更不愿意为了搭救这个政治犯冒一丝风险。

高适和其他诗人不同的是,他首先是个政治家,其次才是个诗人。

对李白见死不救这一行为,让他更加被排除在"诗人共同体"这一联盟之外。如果当时他能够稍稍施以援手,肯定会成为诗人互助的一段佳话,当然他也不在乎,因为这并不会有助于他平步青云。

落难的时候,才看得清谁是真正的朋友。面对李白的求助,有人袖手旁观,有人落井下石,也有人极力营救。

正如李白向魏郎中求助的诗中所说的那样,"好我者恤我,不好我者何忍临危而相挤"。

这些对他相恤的施救者中就包括崔涣[①]和宋若思[②]。事后,李白在代宋若思写的自荐表中写道:"属逆胡暴乱,避地庐山,遇永王东巡胁行,中道奔走,却至彭泽。具已陈首。前后经宣慰大使崔涣及臣推复清雪,寻经奏闻。"

意思是,安史之乱中自己避祸庐山,被永王胁迫加入幕府,到了彭泽就自首了,前后经宣慰大使崔涣和自己(宋若思)调

---

[①] 崔涣(707—769):唐朝大臣,曾任宰相。
[②] 宋若思:唐虢州弘农人,宋之悌子。史载,玄宗天宝末,官监察御史,擢御史中丞充置顿使。肃宗至德二载,为宣城郡太守、江南西道采访使,以吴兵三千赴河南。时李白因坐永王璘谋反系狱,乃脱白囚,令参谋幕府。

查,给李白沉冤昭雪,向陛下汇报。

崔涣是战乱中唐玄宗任命的宰相,玄宗派他与韦见素、房琯一同奉玺册拜唐肃宗为皇帝,当时正巡抚江南,任宣慰大使。

李白作《狱中上崔相涣》《上崔相百忧章》等诗作给崔涣,诗中说"能回造化笔,或冀一人生"。

这个时候,他还是不忘强调自己笔夺造化,看来尽管在狱中,他还是一如既往地保持着他的自负人设。

真正把李白从牢里救出来的是宋若思。宋若思这时官居江南西道采访史,掌管检查南昌、九江一带的刑狱和监察官员,正是他的本职工作,他有这个权力。

那么他为什么要释放李白呢?

因为宋若思的父亲与李白交好,宋若思的父亲叫宋之悌。

23年前,曾经身居要职的宋之悌因罪被贬交趾(今越南),李白在江夏送别这位朋友的时候,写下了一首有名的诗——《江夏别宋之悌》:

> 楚水清若空,遥将碧海通。
> 人分千里外,兴在一杯中。
> 谷鸟吟晴日,江猿啸晚风。
> 平生不下泪,于此泣无穷。

人生就是这样吊诡,当李白为朋友的贬谪撒下一掬同情之泪时,如何会料想到,多年之后要托赖故人之子,才能免于牢狱之灾。

多说一句,这位宋之悌也是大诗人宋之问的亲弟弟,就是那个写出"近乡情更怯,不敢问来人"的宋之问。

诗人和诗人之间的关系,就这样串联起来了。

宋若思的确认为李白是无辜的,所以不仅将他从牢里放了出来,还把他收入自己的幕府中。

在宋若思幕中,李白追随他从军武昌,《陪宋中丞武昌夜饮怀古》应该就是写于此时:

清景南楼夜,风流在武昌。
庾公爱秋月,乘兴坐胡床。
龙笛吟寒水,天河落晓霜。
我心还不浅,怀古醉余觞。

这里将宋若思比成东晋时的大臣庾亮,单就诗风来看,和李白以往的宴饮诗没什么区别。

刚刚出狱不久的李白,已经恢复了他平常的酒兴和雅趣,他和幕僚同事们相聚在武昌南楼,新月如钩,银辉洒地,大家兴致都很高。作为幕主的宋若思不拘形迹,乘兴坐在了胡床之上,看来宾主之间颇为相得。

在宋若思幕中,李白写过两篇著名的文章,即《为宋中丞自荐表》和《为宋中丞请都金陵表》。

在自荐表中,他以宋若思的口吻夸自己"怀经济之才,抗巢、由之节,文可以变风俗,学可以究天人,一命不沾,四海称屈",希望肃宗能够"收其希世之英,以为清朝之宝",不要"使此人名扬宇宙而枯槁当年",这样才能够"举逸人而天下归心,让四海豪俊",皆来依归。

这篇自荐表和当年的《上韩荆州书》是一个路数,如果说有什么变化的话,那就是口气更大了,也更狂了。

要知道,李白虽口口声声说自己实在无辜,但在肃宗眼里,他就是个"附逆之臣"。

那一组《永王东巡歌》就是确凿无疑的罪证,刚从牢里出来,李白就急吼吼地想要肃宗的朝廷重用他,可见他在政治上是多么没有眼力见儿,从政的欲望又是多么急切。

当时天下纷纷攘攘,肃宗朝廷的重心都放在平定安史之乱上,如果李白不那么急于在肃宗面前刷存在感的话,也许肃宗都暂时忘了他那档子事,可他这么一跳出来,就等于在拱肃宗的火。

《请都金陵表》更是火上浇了一把油,在这篇文章里,李白先是分析了天下形势,说当今之乱,都是由于"贼臣杨国忠,蔽塞天聪,屠割黎庶;女弟席宠,倾国弄权。九土泉货,尽归其室。怨气上激,水旱荐臻;重罹暴乱,百姓力屈",又说"今自河以北,为胡所凌;自河之南,孤城四垒。大盗蚕食,割为洪沟"，这里分析得还挺头头是道。

然后他把金陵也就是南京大大地夸赞了一番，"臣伏见金陵旧都，地称天险。龙盘虎踞，开扃自然。六代皇居，五福斯在。雄图霸迹，隐轸由存。咽喉控带，萦错如绣。天下衣冠士庶，避地东吴，永嘉南迁，未盛于此"。

总而言之，北方已经大乱，金陵却是天险福地，建议肃宗可以效仿东晋南渡，迁都金陵。

请都金陵，背后应该也有宋若思的授意，说明当时自玄宗而下的一派君臣们可能都认为，北方很难收复了，为了保住大唐王室，必要时不惜退守东南。

从这个表来看，宋若思和李白这对主宾在政治上都是一样的迟钝，根本揣摩不了肃宗的心意，肃宗当时打出的口号就是"光复两京"，加上对玄宗残余势力的忌惮和对永王之死的愧疚，不到万不得已，他怎么愿意退守东南，那不是自己打自己脸吗？

在那种形势下，迁都金陵的提议就等于触了他的逆鳞。

至德二载（公元757年）九月，唐军向回纥借兵，在郭子仪、李光弼的率领下收复长安，不久又收复洛阳，这时离《请都金陵表》的上书至多不超过两个月，如果宋若思和李白能够稍微沉得住气一点，他们就不会提出迁都金陵这样不合时宜的建议了。

安史之乱取得了阶段性胜利后，缓过了气的肃宗终于有空腾出手来，对那些他觉得有动摇他皇权风险的"逆臣贼子"们——清算。

作为永王团队最有名的诗人，李白不仅不认罪，还一再保持高调，他的所作所为，就像他写的那组诗一样，伤害性不大，侮辱性极强。

枪打出头鸟，不打他打谁！

# 轻舟已过万重山

李白在上书后就迫切地等待着朝廷的回音,没过多久,回音来了,不是擢拔重用,而是流放夜郎。

这在唐时,是仅次于死罪的惩罚。

据说他本来难逃一死,但关键时刻郭子仪挺身而出,愿意用自己的官职为他赎罪,于是改判为流放。

郭子仪为什么要救李白呢?

当年李白游太原时郭子仪还是个无名小卒,不幸犯了罪。李白见他姿貌奇伟,认为此人是个壮士,于是开口求情救下了他。

多年后,郭子仪已成为再造大唐的一代名将,他心念李白的施救之恩,所以才甘愿辞去自己的高官厚禄,希望朝廷免去恩人的死罪。

这段互救的故事甚至写进了史书,《新唐书·李白传》记载:

> 璘败,当诛。初,白游并州,见郭子仪,奇之。子仪尝犯法,白为救免。至是,子仪请解官以赎,有诏长流夜郎。

说得和高力士脱靴一样有鼻子有眼,但细究起来,也是经不起推敲的。

且不说郭子仪中武举后就稳步晋升,在太原根基深厚,就算他犯了事,也不是布衣终身的李白可以搭救得了的。

此外的佐证也等同于力士脱靴,那就是李白从未在诗中提及过,以他高调的个性,有这样的奇遇,能不炫耀一番吗?

尽管如此,唐人还是衷心地相信郭子仪和李白之间曾经互相施以援手,就像他们衷心地相信高力士给李白脱了靴子一样,都是出于对这位大诗人的偏爱,人们总是希望命运能够对我们的诗人厚待一点、温柔一点。

可惜天地不仁,上天从不会因为你身具才华而优待于你,相反,有才华的人反而总是命运多舛,令人不禁感叹是不是真的"古来才命两相妨"。

事到如今,素来坚信"天生我材必有用"的李白也产生了这样的怀疑,他说自己"误学书剑,薄游人间,紫微九重,碧山万里,有才无命,甘于后时"。

尽管满腹冤屈,李白这次是在劫难逃了。

他应该被判的是加役流，役三年。

李白在《江上赠窦长史》中写道："万里南迁夜郎国，三年归及长风沙。"此处的三年应为确指，非虚数。

多年以前，他的朋友王昌龄贬谪夜郎时，他曾经写过一首很深情的诗相赠，诗中说"我寄愁心与明月，随君直到夜郎西"，他在伤悼朋友的远谪时，想不到命运已在此时埋下了不幸的伏笔。

如今，他作为流徒也要去夜郎服刑，命运还不及王昌龄遭贬。

不过两位诗人要去的夜郎并不是同一个地方，王昌龄被贬的夜郎相当于今天的湖南省洪江市黔城镇，而李白流放的夜郎则处于贵州省黔东南苗族侗族自治州锦屏县西南边，也就是"夜郎自大"的那个夜郎。那真是更加天高皇帝远的地方。

准备流放夜郎的李白，再次被投入浔阳狱中，年后才押他上路。

流放的起点是浔阳码头，曾经有李白研究专家描述过这个场面，说那天赶到浔阳为李白送行的，不但有宋若思、魏万、汪伦等老友，也有未曾谋面的秘书省校书郎任华，甚至连宣城善酿的纪叟也出现在送行的人群中。

这当然又是一种善意的想象，但确实有很多贤达名流为他送行，"朝别凌烟楼，暝投永华寺。贤豪满行舟，宾散予独醉"。（《流夜郎永华寺寄浔阳群官》）

宗夫人和弟弟宗璟也赶来送他，李白有感于夫人和小舅子的千里远从，一贯骄傲的他在诗中自我评价算不上宗家的好女婿，对妻子举案齐眉的情义深感受之有愧。

浔阳送别奠定了李白此次远行的基调，他的流放之旅，自始至终都是伴随着善意和温暖的。

远在成都的杜甫想象着他昔日的偶像已经沦落到"世人皆欲杀"的悲惨境地，可从李白的真实遭遇来看，远远没有那么悲惨。

同情和欣赏他的人还是很多的，至于杜甫为何持此论调，可能是因为信息差，他只是听到肃宗朝廷的主流意见是"欲杀"，就推而广之以为"世人皆欲杀"了。

李白这次去夜郎是溯长江而上，他从浔阳出发，经过武昌、江陵、巫山等方进入三峡，这段水路不足千里，可他足足走了一年零三个月左右。而中唐的韩愈被贬到潮州时，从长安到潮州有两千多公里，那么远的路程，也仅仅只花了两个多月就到了。

对比起来，只能说李白太任性了。

押送他和接待他的官吏们对他也太友善了，他才可以随意地游山玩水、觥筹交错，想走就走，想逗留就逗留。

本应该是一路悲歌的戴罪流放，却因为沿途官员的盛情接待和他本人的乐观天性，变成了推杯交盏的诗酒钱行。

沿途接待他的，有的是昔日故交，有的是慕名粉丝，正是他们，在浔阳至三峡的水路上"接力"设宴，让诗人的流放之路成了一席永不落幕的千里盛宴。

根据《唐律疏议》①规定：

> 流贬之人皆负谴罪，如闻在路多作逗留，郡县阿容，许其停滞……所由官当别有处分。

但显然，李白和沿途的官员们都没把这条律令当回事，光是在江汉一带，他就盘桓了好几个月。

在江夏，太守韦良宰与李白是故交，留他客居数十日，他曾由太守亲自陪伴三登黄鹤楼，长史及县宰设宴款待，远在荆州的前宰相张镐亦亲自寄赠锦绣罗衣，更还有外地太守"五马入市门，金鞍照城郭"，不远千里前来寻访。

在汉阳，则由沔州刺史及汉阳县令等多人陪同游宴，他与故人尚书郎张谓等人借着月色泛舟南湖，其时月圆光清，湖色波影，浑然一体，故友重逢，感慨万千。

张谓出于对南湖佳景的赞美和"寂寥无闻"的慨叹，邀请李白为此湖题名。

李白借用北魏孝文帝将郑州圃田水池赐给仆射李冲而称"仆射陂"之典故，以张谓官名命此湖为"郎官湖"，并当场赋诗一首：

---

① 《唐律疏议》：又名《故唐律疏议》，是我国传世的第一部完整的法典，也是研究唐代历史以及东亚古代法制的必读书。

> 张公多逸兴,共泛沔城隅。
> 当时秋月好,不减武昌都。
> 四坐醉清光,为欢古来无。
> 郎官爱此水,因号郎官湖。
> 风流若未减,名与此山俱。①

诗前还有小序,说:

> 乾元岁秋八月,白迁于夜郎,遇故人尚书郎张谓出使夏口。沔州牧杜公、汉阳宰王公觞于江城之南湖,乐天下之再平也……

"乐"是诗和序的核心,李白就是如此,给点阳光就灿烂,只要有酒、有朋友,就不妨碍他享受此刻的快乐,很多时候他都是活在当下的。

这样的及时行乐,一路都"有诗为证",他好像完全忘记了自己是戴罪之身。

以前的研究者都以李白流放途中的几篇诗歌为例,比如《赠别郑判官》:

---

① 引自李白诗《泛沔州城南郎官湖》。

> 远别泪空尽,长愁心已摧。
> 
> 二年吟泽畔,憔悴几时回。

再如"我愁远谪夜郎去,何日金鸡放赦回",以此来代表他流放夜郎的心情。

但实际上,除了悲愤、忧愁的一面,诗人以重罪之身,还是保持了自信、乐观的一面,甚至可以说,这一面才是李白的主要面目。

一路上就这么走走停停,磨磨蹭蹭,"江行几千里,海月十五圆",李白在水路上生活了十五个月,抵达巫峡,终于盼来了好消息。

乾元二年(公元759年)三月,因关内大旱,肃宗大赦天下,"天下现禁囚徒,死罪从流,流罪以下一切放免"。

流刑以下的罪犯全部赦免,李白自然包括在内。

突闻喜讯,李白连忙买舟东下,船到江陵,他写下了号称唐人七绝之冠的《早发白帝城》:

> 朝辞白帝彩云间,千里江陵一日还。
> 两岸猿声啼不住,轻舟已过万重山。

那是乾元二年(公元759年)的春天,离开白帝城(奉节)的那天清晨,天空上端的朝霞绚烂。"朝辞白帝彩云间",和

"烟花三月下扬州"一样,都是千古丽句。

李白天生具有这种朝阳气质,只有他能够将旭日初升那种灿烂景象写得如此光明洞彻,最普通不过的字眼,到了他的笔下就会幻化出了不一样的气象。

第二句写的是舟行之迅速,请注意他用的是一个"还"字,奉节唐时属于蜀地,他却视江陵为家,获赦之后,迫不及待地想沿江东下。

这里脱胎于盛弘之①《荆州记》巫峡江水之迅云:

> 朝发白帝,暮到江陵,其间千二百里,虽乘奔御风,不以疾也。②

杜甫有诗云:

> 朝发白帝暮江陵,顷来目击信有征。③

---

① 盛弘之:南朝宋文学家、史学家,生卒年不详,著有《荆州记》。
② 此段引自《三峡》,出自郦道元《水经注》第三十四卷《江水二》。但学界普遍认为,《三峡》并不是郦道元本人所写,而是出自早他几十年的南朝宋时期的盛弘之所写的地理著作《荆州记》,郦道元只是对盛弘之写三峡的文字做了几处改动。
③ 引自杜甫诗《最能行》。

明代杨慎①对比了李杜之诗评价说，他们虽同用盛弘之语，但诗写得还是有差距的。他还很不满地表示，今人都说李、杜之间不可以比较出谁优谁劣，这话实在是太昏聩无知了，对比二诗，优劣不是很明显？

这个杨慎，就是写出了"青山依旧在，几度夕阳红"的大才子，作为李白的忠实粉丝，他对宋以来那种抑李扬杜的风气很不满，所以评价时不免有些偏激。但李白的这首诗确实当得起他的揄扬。

前面两句已经是绝妙好辞了，后面两句竟然愈来愈妙，将全诗推向了一个更高的境界。

三峡两边常有高猿长啸，空谷传响，哀啭久绝。故有民谚说："巴东三峡巫峡长，猿鸣三声泪沾裳。"

此刻，听在李白的耳里，连猿猴似乎都在为他获赦而高兴，那叫声听起来竟如此欢快。

最后一句，是全诗的精华所在。

同样是三峡这段水路，数日前诗人溯流而上时，心情和舟行一样沉重，"三朝上黄牛，三暮行太迟。三朝又三暮，不觉鬓成丝"（《上三峡》）。如今顺流而下，心情和舟行一样轻快，竟比那两岸的猿啼声还要迅疾，不知不觉间就已经驶过了重重山峦。

---

① 杨慎（1488—1559）：字用修，初号月溪、升庵，明代文学家，明代三才子之首。

"轻舟已过万重山"，可以看作李白一生的写照。

他的起点远较一般人还要低，这就注定了他的面前横亘着重重关山，身世的低微是一重山，仕途的失意是又一重山，世人的误解、帝王的疏远是另一重山，遇到这么多艰难困阻，一般人早就放弃了，可他是李白啊，偏偏要迎难而上，偏偏要翻山越岭。再回首时，轻舟已过万重山。

只有他，才有资格说这句话，因为他就是那一叶轻舟。

经历了那么多坎坷，却始终那么潇洒。

潇洒是根植于李白性格的最本质的特色，愈加考验便愈显其真。

不管是处庙堂之高，还是居江湖之远，他都保持着他的潇洒本性。"遭逢二明主，前后两迁逐"，他也像屈原一样，被排挤、被谗逐、被误解，"从过逆"、坐过牢、又被流放到化外之地，遭遇了常人难以想象的挫折，他居然并没有像屈原一样去投水自尽，更没有发疯，反而照样寻欢作乐，活得兴兴头头，就像从来没有受过任何伤害一样。这得具有多么粗壮的神经、多么强大的复原力！

诗人都是敏感的，尤其是大诗人的敏感更是超出常人远矣，敏感的人往往太过脆弱，李白却敏感而强大，李长之在对比"二李"时就说，李商隐是针眼大的事情看得比天还大，李白却是天大的事也可以看得轻如鸿毛。

他是怎么做到的呢？

用现代心理学的观点来看,李白能够如此潇洒豪迈,大概得益于三个"不"。

不内耗。诗人可能是精神内耗最严重的一个群体,像晚年的王维就是如此,总是频频地自我质疑、自我贬抑。李白从来不内耗,他的自信已经满溢到了自恋的地步。哪怕是沦落到去坐牢了,他还自信满满地在那读《留侯传》,骨子里还是认为自己是经邦济世的天纵奇才,压根就不会自我怀疑。

不纠结。古人总是在仕和隐中纠结,一个个进退失据。李白呢,本质上是个爽快人,想当官就拼尽全力去争取,不以求之为嫌,当不下去就抽身离开,也不过分悲戚。

不在乎。这是最重要的一点,有部武侠剧主题曲里唱道"人在江湖却潇洒自如,因为我不在乎"。李白就是如此,他天生就有种满不在乎的派头,世人的诽谤、世间的得失就如雁渡寒潭,雁过而潭不留影,不会在他明净的心湖上投下任何阴影。

正因如此,他才能够逢山过山、逢水过水,遇神杀神、佛挡杀佛,他才能够历经沧桑,却依然心如赤子。

乾元二年,白帝城的春光和开元十四年成都散花楼的春光一样明媚,而我们的诗人出走半生,归来仍是少年(我知道这句话很土,但是用在这里真的特别贴切)。

再来看"轻舟已过万重山"这句诗,是不是别有一番滋味?

世人都感受到了李白的轻盈,却很少有人去了解他背后的沉重;世人都看到了李白的潇洒,却很少有人看到他"虽千万人吾往矣"的勇气。

只有了解了李白轻盈背后的沉重、潇洒背后的勇气,我们才会更加热爱这份潇洒和轻盈,它是如此来之不易,如此可贵,正如有了万重山的衬托,那叶轻舟才显得如此迅捷有力。

中国人经历了太多苦难,人人都习惯了负重前行,唯有李白,一直在坚持轻装出发。在我们遥望的年代里,替我们活出了人生的另一种可能性,他让我们知道,沉重并不是我们活着的唯一备选项,尽管人生苦难重重,我们还是可以活得稍微松驰一点、轻盈一点。

至少,在李白的诗里,我们可以暂且忘却现实的沉重,随他一起飞扬。

获赦归来的李白,一路歌来一路写,从江陵到巴陵、江夏、武昌、金陵,沿着长江之路抛洒诗意,迎来了人生中最后一个创作高峰期。

> 去岁左迁夜郎道,琉璃砚水长枯槁。
> 今年敕放巫山阳,蛟龙笔翰生辉光。[1]

他果真是个快活人,只要一快活起来,诗情就随之勃发,比如和贾至等同游洞庭时就佳作频出:

---

[1] 引自李白诗《自汉阳病酒归寄王明府》。

南湖秋水夜无烟,耐可乘流直上天。
且就洞庭赊月色,将船买酒白云边。①

洞庭湖西秋月辉,潇湘江北早鸿飞。
醉客满船歌白苎,不知霜露入秋衣。②

帝子潇湘去不还,空余秋草洞庭间。
淡扫明湖开玉镜,丹青画出是君山。③

划却君山好,平铺湘水流。
巴陵无限酒,醉杀洞庭秋。④

  李白这时的绝句,已经达到了炉火纯青的地步,没有一个生僻的典故,没有一个拗口的字眼,无须作任何解释,即能让人感受到无限的美感。
  之后他上庐山,见妻子,访故人,更是写下了《庐山谣寄卢侍御虚舟》这样的长篇杰作:

---

① 引自李白诗《陪族叔刑部侍郎晔及中书贾舍人至游洞庭五首·其二》。
② 引自李白诗《陪族叔刑部侍郎晔及中书贾舍人至游洞庭五首·其四》。
③ 引自李白诗《陪族叔刑部侍郎晔及中书贾舍人至游洞庭五首·其五》。
④ 引自李白诗《陪侍郎叔游洞庭醉后三首·其三》。

> 我本楚狂人，凤歌笑孔丘。
>
> 手持绿玉杖，朝别黄鹤楼。
>
> 五岳寻仙不辞远，一生好入名山游。
>
> 庐山秀出南斗傍，屏风九叠云锦张，
>
> 影落明湖青黛光。
>
> 金阙前开二峰长，银河倒挂三石梁。
>
> 香炉瀑布遥相望，回崖沓嶂凌苍苍。
>
> 翠影红霞映朝日，鸟飞不到吴天长。
>
> 登高壮观天地间，大江茫茫去不还。
>
> 黄云万里动风色，白波九道流雪山。
>
> 好为庐山谣，兴因庐山发。
>
> 闲窥石镜清我心，谢公行处苍苔没。
>
> 早服还丹无世情，琴心三叠道初成。
>
> 遥见仙人彩云里，手把芙蓉朝玉京。
>
> 先期汗漫九垓上，愿接卢敖游太清。

之所以引用全诗，是因为唯有如此，才能展现出李白晚年这种老当益壮的气势。

唐人以六十为老，这时的李白也已经六十，但哪里像个花甲老人，豪情逸兴，不减当年。

自古至今写庐山的，没有一个写得有他这么气势惊人，"黄云万里动风色，白波九道流雪山"，这哪里是写庐山，这分明是李白的心象投影。

"黄河落天走东海，万里写入胸怀间"，这份属于李白的气魄，至老不衰。

## 第十章 明月魂

六十一岁的诗人,血仍未冷。但他的一腔热血,注定无处可以抛洒。他的生命已经进入倒计时,只剩下最后一年了。

# 大鹏飞兮振八裔，中天摧兮力不济

又是一年春将尽。

在安徽宣城，漫山遍野的杜鹃花都开了，花开时节漫山红遍，所以又叫"映山红"。那种夺目的红，看在游子的眼里，格外触目惊心。

杜鹃本是蜀地的名花，相传古蜀帝杜宇死后化为杜鹃鸟（又名子规鸟），日夜哀鸣啼血，染红了遍山的花朵，此花因而得名杜鹃。

想不到，在这遥远的异乡，居然又见到了家乡的名花，眼前的杜鹃花是那么红，红得就像鸟儿口里啼下的血。他的耳畔似乎又响起了家乡子规鸟凄恻的鸣叫声，它在声声啼叫着：不如归去，不如归去……

子规鸟的啼声一直在记忆里盘旋着，可是对于他来说，故乡早已是个回不去的地方了。

他是个向前看的人,自从他仗剑去国、辞亲远游之后,便从来没有回过头。只是在这暮春时节,看着漫山花开,听着声声鸟鸣,仿佛把他又带回到了童年。

那时候,天地间没有半点伤心的事,花开得那么艳,鸟儿叫得那么婉转,他还是一个无忧无虑的少年,从未历经任何沧桑。

在这鸟鸣花开的时节,从不回头的游子想起了他的故乡:

### 宣城见杜鹃花

蜀国曾闻子规鸟,宣城还见杜鹃花。
一叫一回肠一断,三春三月忆三巴。

杜鹃花开在暮春,当它尽情燃烧的时候,就意味着,春天已经要接近尾声了。看花的人在杜鹃声里送春归时还不知道,他的生命也已经燃烧殆尽,即将接近尾声了。

这是远离家乡的游子,在告别这个世界之前,投向家乡最后的深情一瞥。

李白人生的最后三年,是在宣城、历阳一带度过的。他依然保持着年轻时的那种漫游,只是这次的漫游没那么远,由于精力和身体的原因,他基本上是以宣城为中心进行短途游。

这种短途游,也依然保持着年轻时奠定下的冶游、欢游基调。他喜欢去当地的名胜游览,比如谢朓经常去的谢氏山亭,"花枝拂人来,山鸟向我鸣。田家有美酒,落日与之倾。醉罢弄归月,遥欣稚子迎"。这时他身体已经不那么好了,但即使在病中,他还是闲不住,照样外出散心,照样喝得大醉,诗里的"稚子",可能指的是伯禽,他终于把孩子接到了身边,这是他暮年生活的最大慰藉。

南方不仅有清丽明媚的山水,还有热情淳朴的人民。

其间,李白交往的人三教九流都有。在历阳时,他和王太守雪中共饮,一起观赏歌姬们表演,一起通宵畅饮,喝得兴致来了,他还兴致勃勃地当众跳了一曲鸲鹆舞。

更多的时候,他喜欢去当地一家小酒馆喝酒,酿酒的老人叫纪叟,手艺很好,酿得一手好老春。这个老人家过世后,李白还很伤心地写诗悼念他说:"夜台无李白,沽酒与何人?"老纪啊老纪,黄泉之下没有我李白,你酿的酒再醇再香又有何人欣赏呢?

就在他纵情于江南的山水之间时,唐玄宗已回到了长安,被奉为太上皇。唐肃宗宠信张皇后,重用宦官李辅国,在李辅国的挑拨下,皇帝和太上皇之间的隔阂越来越大。

玄宗爱热闹,喜欢在宫墙之上接受百姓们的朝拜,肃宗便对他更加猜忌,将他身边的高力士、陈玄礼、玉真公主等人通通赶出宫。

一手开创了盛世的玄宗,实际上被软禁到了太极宫。晚年的李隆基,身边没有一个亲信,整天念着一首名叫《傀儡吟》的诗:

> 刻木牵丝作老翁,鸡皮鹤发与真同。
> 须臾弄罢寂无事,还似人生一梦中。

繁华靡丽,过眼皆空,五十余年,如同一梦。据说这首诗是李白写的,这对君臣,倒是确实做到了同荣共枯。

比较起来,李白的晚年生活虽说落魄点,至少自由自在。南方的美景美酒,充分地抚慰了劫后余生的诗人,但你要是觉得他会终老于温山软水之间,从此忘了他的雄心壮志,那就大错特错了。

> 烈士击玉壶,壮心惜暮年。
> 三杯拂剑舞秋月,忽然高咏涕泗涟。①

烈士暮年,壮心未已,李白这匹天马,纵然到了老骥伏枥的年龄,也是要嘶青云、腾昆仑的。

就在上元二年(公元761年),史思明被儿子史朝义所杀,天下兵马大元帅李光弼奉命出镇临淮,阻止叛军继续南下。

消息传来,李白非常激动,只想马上赶到徐州彭城帐营下去请缨杀敌。

李光弼当时军功赫赫,说到决战沙场的能力,尤在郭子仪之

---

① 引自李白诗《玉壶吟》。

上，治军尤其严明，天下服其威名，李白对这次从军是抱以很大的希望的。

他在诗中写道：

> 太尉杖旄钺，云旗绕彭城。
> 三军受号令，千里肃雷霆。①

称赞李光弼的军队军纪严明，势如雷霆，他渴望着能到李光弼帐下效力，好一雪之前从军永王后被千夫所指的耻辱，"愿雪会稽耻，将期报恩荣"。

可惜事与愿违，才走到半路上，他就生了重病，不得不含恨从金陵返回，这真是"天夺壮士心"啊！怪不得他要"长吁别吴京"，连千年之后的我们也忍不住为之长叹。

上天好像就是跟李白过不去，每次他都以为报国济世的机会到了，可每次都是功亏一篑，差了那么一点点。人生就是这样，差之毫厘，失之千里，他和他的理想，终究是失之交臂了。

六十一岁的诗人，血仍未冷。但他的一腔热血，注定无处可以抛洒。他的生命已经进入倒计时，只剩下最后一年了。

离开金陵后，李白已经病得很重了，朋友们对他有所资助，但只不过是杯水车薪，他幽默地形容为"赠微所费广，斗水浇长

---

① 引自李白诗《闻李太尉大举秦兵百万，出征东南，懦夫请缨，冀申一割之用，半道病还，留别金陵崔侍御十九韵》。

鲸"，怪只怪这头长鲸太挥霍了。

老病相催，李白决定去投靠他的一个族叔，也就是时任当涂县令的李阳冰。

如前文所述，李白姓不姓李，都并不一定，所以李阳冰是不是他的族叔也要打个问号。

但是不要紧，凭着李白的诗名，这个名义上的族叔对他还是挺礼待的，不然也不会夸这位族侄"千载独步，唯公一人"。

李阳冰善词章，工书法，所写的小篆被称为李斯之后第一人。

这样一个文艺型官员，还是能够欣赏李白的才华的。托赖于他的照顾，李白才能够相对体面地走完人生的最后一程。

时间来到宝应元年（公元762年）。这一年，玄宗、肃宗相继病逝。肃宗的长子李豫即位，是为唐代宗。历时八年的安史之乱终于迎来了胜利的曙光（彻底平定是第二年的二月）。

喜讯传来，连远在当涂的李白也为之欢欣鼓舞，"沧老卧江海，再欢天地清"。

安史之乱是唐朝由盛转衰的转折点。叛乱虽然平定了，但埋下了藩镇割据和宦官专权的祸根，唐朝的国势大不如前，一个时代从此落幕了。

生于盛世、长于盛世的李白仿佛要跟这个时代相始终，就在这一年的十一月，他一病不起。

在病榻上将自己的诗文草稿交给李阳冰后，李白对他讲述了自己平生的经历和遭遇。

　　李阳冰没有辜负他的嘱托，为他编定了十卷诗文集，又写成了《草堂集序》，这是我们了解李白生平的最原始的资料。

　　该交待的都交待了，李白的生命也走到了尽头。

　　病榻之上的他，写下了一首绝笔诗，即《临路歌》（应是《临终歌》，路是终字之误）：

> 大鹏飞兮振八裔，中天摧兮力不济。
> 余风激兮万世，游扶桑兮挂石袂。
> 后人得之传此，仲尼亡兮谁为出涕？

　　大鹏是李白一生的图腾。

　　少年时，他是《上李邕》中的那只大鹏，翼若垂天之云，可以抟扶摇直上九万里，就算不被人欣赏，仍然保持着高度的自信。"假令风歇时下来，犹能簸却沧溟水"，这是属于少年李白的大鹏，是积极进取、永不言弃的大鹏。

　　壮年的时候，他是《大鹏赋》中的那只大鹏。"喷气则六合生云，洒毛则千里飞雪"，能令"斗转而天动，山摇而海倾"。彼时，他这只大鹏，终于一飞冲天、一鸣惊人，奉玄宗诏令进京。《大鹏赋》，京师家家收藏，人人争读，这是属于壮年李白的大鹏，是直上青云、搏击九天的大鹏。

　　一生都以大鹏自居的李白，永远都在漂荡、漂荡、漂荡，从来都不屑于和那些卑琐的斥鹦之类为伍,而是要奋尽全力、展翅高飞,独与天地精神来往。如今,飞了一辈子的他飞不动了。英雄迟暮,只能承认自己气力不济了。"大鹏飞兮振八裔,中天摧兮力不济",这是属于暮年李白的大鹏,是壮志未酬身先死的大鹏。

但他深信所余之风,还是可以激励万世,这只大鹏还是要奋尽最后一丝力气,在幻想中,飞往东边的扶桑树,那是太阳升起的地方,是他毕生所追求的光明所在、应许之地。

就算是死亡,他也要给自己的离开,涂抹上一层亮丽的色调,在那里留下一片衣袂,留下他那"虽九死其犹未悔"的精神。

世上已经没有为麒麟而痛哭的孔子了。

那么他去世后,谁还将为他落泪呢?

尽管李白生前也像嵇康一样,屡屡"非汤武而薄周孔",但他终于还是承认,只有孔子有资格为他一哭。

李白这辈子都在奋飞,等到不能再飞的时候,还是要长歌当哭,像当年的西楚霸王项羽一样发出悲壮的感叹——"力拔山兮气盖世,时不利兮骓不逝"。

不甘心啊,满满的都是不甘心啊。"时来天地皆同力,运去英雄不自由。"

读这首诗,能感觉到一种巨大的落空,巨大的无力,同时又交织着不灭的希望,不朽的期待。

都说"死去元知万事空",他却在离开的时候,依然对身处的这个世界满怀执着。

无论人间值得还是不值得，他都深深眷恋着这独一无二的人间。

在离开世界的那一瞬间，他想起了什么？

是峨眉的月亮，还是宣城的杜鹃花？

是一双小儿女无邪的笑容，还是朋友们觥筹交错的欢会？

是"长安市上酒家眠"的惬意，还是玄宗降辇相迎的风光？

一辈子都厌恶平庸的他，结果却以最平庸不过的方式病逝于当涂，终年六十二岁。

他患了什么病，李阳冰语焉不详。

倒是晚唐的皮日休，在诗里言之凿凿地说他："竟遭腐胁疾，醉魄归八极"。

腐胁疾据说是脓胸症，病因可能是慢性酒精中毒，这种死法太过于现实主义了，也太不李白了。

我们宁愿相信，这位谪仙人是在历尽了人间的劫数后，奉玉帝之令回到了天庭。在那里，他将和明月清风永相随。

大鹏虽然最后中天摧折了，但是不要紧。在这个并不完美的人世间，他已经完成了他的逍遥游。

他的一生，都在乘风破浪。

# 谢家青山

唐代宗爱好诗文,即位后,曾下令广求俊才。

他应该早就听闻过李白的诗名,所以以左拾遗的官职征召他,可惜这时,李白已经去世了。

李白生前苦苦等待的机会,却等到死后才降临。

范传正后来为他写碑文时不禁叹息道:"生不及禄,没而称官,呜呼命与!"

有生之年未能享受俸禄,死后却得到官职,造化弄人,何其如此!

左拾遗,杜甫也当过。属于谏官之一,唐武则天垂拱元年(公元685年)置,分属门下、中书两省,职掌与左右补阙相同,同掌供奉讽谏、荐举人才,位从八品上,稍低于补阙。

这实在是个微不足道的小官,离李白生前欲为帝王师的理想还差得太远。

不过，唐代宗和玄宗祖孙情深，倒都是懂得赏识诗人的。代宗还为永王平反，等于间接宣布李白无罪。光凭这一点，九泉之下的李白应该会挺感激他的。

李白的身后事，不单单是寂寞，简直称得上凄凉。

平阳已在他去世前就病故了，两个儿子，颇黎不知所终，伯禽到了当涂，也不过是一介平民。

所以，李白去世后，只是草草安葬在当涂龙山之麓。

时间来到元和十二年，也就是公元817年，离李白去世已经过去半个世纪了。

一个叫范传正的人，任宣、歙、池观察使。和救过李白的宋若思一样，范传正也是李白的故人之子，他的父亲叫范伦，也有人说就是李白和杜甫曾经一同去寻访过的那个隐士范十。

范传正从小就在父亲的诗中，见过父亲和李白在浔阳夜宴上的酬和之作，得知两人有故交，加上他又很喜欢李白的诗，因此对李白在仰慕之外，又多了一份亲近之心。

也是机缘巧合，恰好他来到李白病逝的地方做官，便专程去李白的坟墓祭扫。于是，他下令李白墓地周围禁止砍伐树木和采摘果蔬，并对墓地进行了清理、洒扫。

他还特意派人去寻访李白的后人。

这个过程十分漫长，找了三四年，才找到李白的两个孙女，一个嫁给了陈云，一个嫁给了刘劝，都是当地的农民。

范传正让人将她们带到郡庭来相见，见这两个孙女衣着朴素，外表平平，看上去就是最普通不过的乡野农妇，但却举止娴雅，落落大方，应对得体，给人"祖德犹在，儒风宛然"的感觉，这让范传正稍感欣慰。

姐妹俩自述家世，说父亲伯禽没有当过官，早在贞元八年去世了，留下一子二女。她们的兄长可能是继承了祖父喜欢漫游的性格，已出游十二年，不知道人在何处。

父亲过世了，兄长又外出长游，姐妹俩失去了依靠。她俩虽然会织布，但却没有桑树来养蚕，会耕种，却没有半亩薄田。

无可奈何之下，她俩嫁给了当地的农夫，只不过是为了活命而已。她们不敢让县官知道自己的身世，就是怕辱没了祖父的声名。

此次，因被乡邻逼问得紧，无奈之下才被迫相告。姐妹俩说完就默默饮泣。范传正见状，心头一阵酸楚，也不禁潸然泪下。

若李白听到孙女们的自白，可能又会泪下如泉。他一辈子都在竭尽全力提高自己的阶层，可阶层的提升是如此之难，阶层的滑落却如此迅速。

不过是在两代之后，已经跌落到了这种地步，比他当初的商人出身还远远不如了。

出身寒微的大诗人很多都无力庇护自己的后人。

像李商隐，也有两个儿子。大儿子叫白老，因为白居易生前开玩笑说要投胎做他儿子，所以这个儿子小名叫白老。

白老比较蠢钝，温庭筠曾嘲笑他说："拿你当成白居易的后身，实在是有些惭愧啊。"

后来，李商隐又生了一个儿子，叫衮师。

衮师非常伶俐，李商隐视若珍宝。但不管天资如何，这两个儿子后来都淹没无闻了，很有可能也是像李白的儿子一样终身都没当过官。

倒是高门大族的后代，到底根基深厚得多了，还是容易出人才些。

像李白入赘过的许圉师家，后来就出了个著名诗人叫许浑，就是写出"山雨欲来风满楼"的那个许浑。

杜甫的曾孙中，也有个叫杜策的，曾于唐朝永贞初年中举，后官迁南康府君，也就是现在的江西星子县。成为江西杜氏起源，也还算可以了。

李白呢，于史可考的后人就是这两个孙女。

范传正见她们实在可怜，主动提出将她们改嫁给士族，也就是读书人家，却被姐妹俩婉言谢绝了。

她们说："结为夫妻是上天的安排，也是缘分使然。因为穷困而下嫁农夫，仗着权势却改嫁他人，纵然在有生之年苟且偷安，死后有何颜面去见九泉之下的祖父呢？"

多么自尊、自爱的姐妹俩啊！

真不愧是李白的孙女，继承了祖父的骄傲和风骨。

范传正听了也肃然起敬，决定不再勉强她们，只是免除了她们的徭役。

姐妹俩尽管没沾到祖父半点光，但对祖父还是很崇敬的。

她们对改善自己的生活没半点要求，只是请求范传正为李白迁墓，实现祖父埋骨青山的遗愿。

李白生前就"志在青山"。这个青山是谢家青山，也就是谢朓葬身的那个青山。

谢朓，字玄晖，南齐人，和谢灵运出于同一家族，也就是"旧时王谢堂前燕"的那个陈郡谢氏，二人并称为大小谢。

在王维、孟浩然出现之前，大小谢才是山水诗国中的王者。

谢氏家族虽然到了南朝已经日渐衰微，但仍然有较大的文化和政治影响力。加上谢朓，早有文名，才华出众，很快就被南齐的竟陵王萧子良延揽入幕府，与沈约等人成为好友，每天切磋诗赋，酬唱论文，并称为"竟陵八友"。

谢朓三十岁左右任宣城太守，最出色的诗大多作于此地，最后也葬于此处。因此，此地又叫"谢宣城"。

谢朓很喜欢青山的风景，称之为"山水都"，曾筑室山南。

李白向来是目空一切的，这就让他对谢朓的推崇变得格外引人注目。

素来被别人当成偶像的李白，也有自己的诗人偶像，那就是谢朓。

他在诗中一次次向谢朓致敬：

"蓬莱文章建安骨，中间小谢又清发。"这个小谢，指的就是谢朓。

"解道澄江净如练,令人长忆谢玄晖。"这个谢玄晖,又是谢朓。

"我家敬亭下,辄继谢公作。"这个谢公,还是谢朓。

诗中直接提到谢朓的,更有好几处:

"我吟谢朓诗上语,朔风飒飒吹飞雨。"

"明发新林浦,空吟谢朓诗。"……

他漫游时面对名山胜水,或者路遇风雨时,常常会想起谢朓。

如登上华山落雁峰时,他曾仰天叹道:

> 此山最高,呼吸之气,想通天帝座矣。
> 恨不携谢朓惊人诗来,搔首问青天耳![1]

李白一生中曾七游宣城,并选择终老于宣城一带。其中一个很大的原因就是:

这里留下了谢朓的很多足迹。他一再去谢朓常到的地方游玩,以期待能够借此与偶像"今古一相接"。

### 秋登宣城谢朓北楼

江城如画里,山晚望晴空。

---

[1] 引自后唐冯贽《云仙散录》(又名《云仙杂记》),是一本主要记载有关唐五代时一些名士、隐者和乡绅、显贵之流的逸闻轶事的书。

两水夹明镜,双桥落彩虹。
人烟寒橘柚,秋色老梧桐。
谁念北楼上,临风怀谢公?


### 谢公亭

谢公离别处,风景每生愁。
客散青天月,山空碧水流。
池花春映日,窗竹夜鸣秋。
今古一相接,长歌怀旧游。


在宣城时,谢朓常在敬亭山上游览、作诗。李白也爱独坐敬亭,在那里怀念他的异代知己。这首著名的《敬亭山》就可以看作是致敬之作:

众鸟高飞尽,孤云独去闲。
相看两不厌,只有敬亭山。

当然,最有名的还是那首《宣州谢朓楼饯别校书叔云》:

> 弃我去者，昨日之日不可留；
> 乱我心者，今日之日多烦忧。
> 长风万里送秋雁，对此可以酣高楼。
> 蓬莱文章建安骨，中间小谢又清发。
> 俱怀逸兴壮思飞，欲上青天揽明月。
> 抽刀断水水更流，举杯消愁愁更愁。
> 人生在世不称意，明朝散发弄扁舟。

李白从未如此频繁地提起另外任何一个诗人，以至于后来有人说他"一生低首谢宣城"。

他为何如此喜爱谢朓，可以用他的一句诗来解答，那就是"诗传谢朓清"。

谢朓诗风清丽，如初发芙蓉，他曾说过好诗要"圆美流转如弹丸"，他本人的一些佳作确实也达到了这样的水平，已开启了盛音前奏，这正符合李白"清水出芙蓉，天然去雕饰"的美学追求。

不过，李白在谢朓的诗风之中注入了一股豪逸之气，变清丽为清壮，大大拓宽了谢朓诗歌原有的境界。

> 我们读李白山水诗，对照读谢朓的山水诗，感觉谢诗如山水大画幅，李诗则如山水画长卷；谢诗如逸人七弦琴，李诗则如英雄交响乐；谢诗如南飞的鸿雁，李诗

则如海运的大鹏。①

李白提及谢朓,偏重于诗,很少提及其人。

可能是因为谢朓在政治上的表现,实在是无法和他那位同族先辈谢安相比。李白对谢朓的所谓功绩是不大以为然的。

李白曾说:

> 过客沉吟以称叹,邦人聚舞以相贺,佥曰:"我赵公之亭也。"
> 
> 群寮献议,请因谣颂以名之,则必与谢公北亭同不朽矣!
> 
> 白以为谢公德不及后世,亭不留要冲,无勿拜之言,鲜登高之赋。
> 
> 方之今日,我则过矣。②

看来他只是服气小谢的诗,认为其他的不过尔尔。

谢朓本身不擅长政治,却又妄想着在乱世间左右逢源,最终却还是稀里糊涂卷入了皇族之间的政治斗争,遭构陷而死于狱中,年仅三十六岁。

---

① 引自茆家培、李子龙主编《谢朓与李白研究》:李戎《从李白尚友谢朓说开去》,人民文学出版社1995年版。
② 引自李白散文《赵公西候新亭颂》。

晚年的李白，也被卷入了皇子之间的内部斗争，有过蒙冤入狱的经历，不知道是否更因此加深了对谢朓命运的共鸣。

不管是老于宣城，还是葬于青山，都体现了李白与众不同的选择。他好像不像大多数人那样，对出生地无比眷恋，对于他来说，宣城才是他精神上的故乡。

众所周知，李白是有长安情结的，但他一生中盘桓最多的还是长江一带，他可以说是长江流域养育出的"长江之子"。

江南才是他的精神原乡，文艺情结最终还是战胜了政治情结，所以他自动自主地选择了终焉于斯，相当于开启了苏轼"此心安处是吾乡"的先声。

范传正遵从李白的遗愿，和同样喜爱李白诗歌的当涂县令诸葛纵在"青山之阳"为李白营建了新的坟墓。

李白去世55年后的元和十二年（公元817年）正月二十三日迁葬于此，了却了李白的遗愿，他终于得以与谢朓结为异代芳邻。

随后，范传正给李白重新整修了墓碑，撰写了《唐左拾遗翰林学士李公新墓碑并序》。

这篇碑序颇为详细地记载了李白的家世、生平事迹和后裔情况，阐释了李白思想、个性形成的原因，记叙了迁墓缘由及李白诗文辑集的经过。

序文娓娓道来，饱蘸浓情，以"骐骥""大鹏"的比喻，以及"晋有七贤，唐称八仙。应彼星象，唯公一焉"等语，给予李白高度评价。

碑文中记载说:

> 北倚谢公山,即青山也,天宝十二载敕改名焉。

天宝十二载(公元753年),朝廷敕命谢公山改名青山。青山之名一直延续到了21世纪的今天。

范传正还精心搜集李白的诗文,编为二十卷,体量是李阳冰所编《草堂集》的两倍。

这真是一位对偶像不遗余力的粉丝,正因为有一群这样的粉丝,自发自动地为李白"打CALL",我们的大诗人才得以不朽。

诗人选择何处作为埋骨之地,是一个很值得探讨的话题。

古人乡土观念很重,素来强调落叶归根。

像杜甫虽然死于湖湘,却一直心怀故土,在去世四十二年后,他的孙子终于把他的灵柩迁回了河南。

苏轼比较通达,选择葬在河南郏县的小峨眉山。

两座峨眉山虽然长相迥异,却因着相同的名字使远隔千余公里的蜀地和中原产生了一丝联系,而这一丝缥缈的联系也许就是苏轼选择埋骨于此的原因。

李白则更加通达,他完全跳出了落叶归根的传统观念,真正做到了埋骨何须桑梓地,人生何处不青山。

李白这辈子完美地体现了"人之所以为人,是因为具有自由意志",他不能选择生于何处,长于何家,但却自主地选择了老于何地,葬于何处。

青山,又名青林山,在当涂县东南三十里,左带丹阳湖,右隔青山河与龙山相望,峰峦叠翠,林木葱郁。青山的李白墓背山面水,处于林壑幽美之地,离谢朓的故宅很近。

如果真的有另一个世界,李白一定已经与谢朓相聚,月明风清之夜,两位诗人就可以临风把酒、月下赋诗,继续他们生前的诗酒风流。

李白选择与谢朓结伴,后人也希望与他为邻。

晚唐诗人贾嵩为永伴李白,也选择青山作为埋骨之地,贾墓距离李墓仅十余里。

当代书法家、诗人林散之先生曾有"归宿之期与李白为邻"之遗愿,马鞍山人民遂于1996年将其墓迁至采石矶,永与李白为邻。

而采石矶那里,也有一座李白的坟,这是一座衣冠冢,来源于李白"骑鲸捉月而去"的传说。

白居易曾到此凭吊,他写的《李白墓》是此类诗作中首屈一指的佳作:

采石江边李白坟,绕田无限草连云。
可怜荒垄穷泉骨,曾有惊天动地文。
但是诗人多薄命,就中沦落不过君。

可见，那时的李白衣冠冢已经埋没在一片荒烟蔓草之中。其实不管坟墓是简陋荒凉还是华丽壮观，千百年后，墓中人都已化为一抔黄土。秦始皇陵修得如此壮丽，始皇幻想的千秋万代的基业不过二世就亡了。倒是李白的诗文，一直流传了下来。凭着这些光辉灿烂的诗篇，他得以永生，活在了千千万万的读者心里。

# 明月前身

关于李白的去世,还有一个诗意的传说,说他是因醉酒后捕捉水中月影而逝。

五代时期有一本《唐摭言》①,其中写道:

> 李白著宫锦袍,游采石江中,傲然自得,旁若无人,因醉入水中捉月而死。②

到了南宋时期,洪迈在《容斋随笔》中也说:

---

① 《唐摭言》:五代王定保撰,全书详细记载了唐代科举制度及与此相关的逸闻琐事、文士风气,是后人研究唐代科举与文学的重要参考书。
② 引自[五代]王定保《唐摭言》,上海古籍出版社2012年版。

> 世俗多言李太白在当涂采石,因醉泛舟于江,见月影俯而取之,遂溺死,故其地有捉月台。[1]

后世又在此基础上加以夸张,说李白醉酒入江捉月时,有一头大鲸鱼游了过来。于是他醉骑鲸背,在皓月清光中乘流飞上天去了。

李白之生,是其母梦太白星入怀,李白之死,是醉酒捉月骑鲸去,真是生也浪漫,死也浪漫。

捉月传说发生在李白身上一点都不违和,因为他和月亮的缘分实在是太深了。

明月是李白最喜欢的意象,在他现存的1166首诗里,有523处提到了月字,大概是酒的两倍。

不仅如此,他还给孩子取小名叫明月奴,意思是那个叫明月的小家伙。

传说中,李白有一个妹妹叫月圆,至今在青莲镇还有一座月圆墓,这一家子,都和月亮脱不了干系。

明月是李白的乡愁。

这个乡愁,有两层含义,一是地理上的原乡,一是精神上的故乡。

身为蜀人,李白创造了一个和月亮有关的独特意象,那就是峨眉月。

---

[1] 引自[宋]洪迈《容斋随笔》,上海古籍出版社2015年版。

峨眉山月，天下闻名。赏月最佳地是洗象池。"象池夜月"是著名的峨眉十景之一。

当他二十出头仗剑去国、辞亲远游时，是这轮峨眉月送他远去：

> 峨眉山月半轮秋，影入平羌江水流。
> 夜发清溪向三峡，思君不见下渝州。[①]

诗中的"君"是谁？

我倾向于认为就是那轮峨眉山月，当他一路舟行时，可能和我们现在的人一样，会坐在小船的露天处，去眺望头顶的那轮山月。

小船越走越远，唯有月亮一路相随，偶尔路过峰峦叠嶂的地方，那半个月亮忽然不见了，一种淡淡的惆怅顿时弥漫开来。

离蜀时的李白是相当踌躇满志的，只有在念及故乡的山月时，才会和常人一样也充满了依恋和不舍，之后他无论走到何处，最思念的，还是峨眉山顶洒下满天清辉的皓月。

在李白之前，也有无数人吟咏过月亮，但好像是从他开始，望月才和思乡密不可分。

自从他写出那首《静夜思》之后，每个异乡人在"举头望明月"时，总是会无意识地就"低头思故乡"。这首诗写于他在扬

---

[①] 引自李白诗《峨眉山月歌》。

州重病初愈时,人在脆弱的时候总是格外想家,这首诗还有一个版本写作"举头望山月"。虽然只是一字之差,其中况味却相差不少,明月更具普适性,山月则独属于李白,从山上冉冉升起的月亮,总是能触发他的乡愁。

李白这一生,见识过很多地方的月色,有"明月出天山"的雄浑,有"长安一片月"的气象,有"苍苍金陵月"的凝重,有"渌水净素月"的明净,也有"长留一片月,挂在东溪松"的清逸。

但这些,都不如峨眉月那样令他眷恋,哪怕他到了晚年,遭遇了入狱流放的不幸,在黄鹤楼前遇到来自蜀地的僧人时,念念不忘的还是当年的月亮:

> 我在巴东三峡时,西看明月忆峨眉。
> 月出峨眉照沧海,与人万里长相随。
> 黄鹤楼前月华白,此中忽见峨眉客。
> 峨眉山月还送君,风吹西到长安陌。
> 长安大道横九天,峨眉山月照秦川。①

最后两句,李白引吭高歌:"一振高名满帝都,归时还弄峨眉月。"

峨眉、月这些意象在诗中反复出现,那是诗人最初的记忆、

---

① 引自李白诗《峨眉山月歌送蜀僧晏入中京》。

最深的牵挂。

月亮对于李白来说不仅意味着和蜀地的联结,更代表着他精神上的故乡。

李白这一生都在漂泊,常常给人以无根的感觉,在这充满了不确定性的人生中,唯有头顶那轮月亮是恒常不变的。

他走到哪,月亮就跟到哪,换而言之,只要月光照耀之地,就是他的故乡。或许我们可以理解为,身为天上下凡的谪仙人,李白真正的故乡不在凡间,而是在月亮之上。

文人们都爱吟咏月亮,但谁都没有像李白那样,通过反复多次的描绘,精心构筑出一个澄澈皎洁、光明洞彻的月光世界来。他那支挟风雷之势的诗笔,只要一遇到月光,仿佛就沾染了几分仙气,变得片尘不染:

镜湖水如月,耶溪女如雪。新妆荡新波,光景两奇绝。(《越女词·其五》)

渌水净素月,月明白鹭飞。郎听采菱女,一道夜歌归。(《秋浦歌·其十三》)

玉阶生白露,夜久侵罗袜。却下水晶帘,玲珑望秋月。(《玉阶怨》)

沧江溯流归,白璧见秋月。秋月照白壁,皓如山阴雪。(《自金陵溯流过白壁山玩月达天门寄句容王主簿》)

李白笔下的月光世界是如此美好，月光过滤掉了世间一切喧嚣和污浊，将这个白日里红尘滚滚的世界洗涤一新，变得如此幽静、纯美。白鹭、白璧、素月、镜湖、越女，在月光的笼罩下洗尽尘埃，美得不像凡俗间具有的事物。

当皓月升空时，月光下的天堂之门也随之徐徐打开，沉醉在月色中的李白，无须再往他处寻觅天堂。

月光已经为他创造了一个理想的世界，这个世界在他的一首诗中得到了完美呈现：

### 金陵城西楼月下吟

金陵夜寂凉风发，独上高楼望吴越。
白云映水摇空城，白露垂珠滴秋月。
月下沉吟久不归，古来相接眼中稀。
解道澄江净如练，令人长忆谢玄晖。

白云和城楼的影子倒映在江水上，微波摇晃，空水澄鲜，恍若城垣的幻影也在跟着轻轻摇动，桂叶间滚动的露珠看上去像是从月亮上一滴滴坠落下来的，在每一颗露珠的滴落里，都能折射出秋月明莹的光亮。

全诗美得像一个童话，不，像一个秋夜的梦。白云映水、白露垂珠，空灵得近乎透明，这回我们是真的不敢高声语了，只恐惊醒了月下人的好梦。

明月是李白的知己。

这个世界上没有人配做李白的朋友，特立独行的路上，注定找不到同伴。

电影《刺客聂隐娘》的主题曲，叫《一个人没有同类》。

我总觉得它是为李白而唱的，里面确实引用了《侠客行》的诗句，如"银鞍照白马，飒沓如流星。十步杀一人，千里不留行"。

在一个推崇中庸的国度里，李白因为太过高调、尖锐，生前身后都没有同类。

越是特别的人，就越容易孤独。李白的那种孤独，堪称"前不见古人，后不见来者"，那是酒宴歌席、呼朋引伴也无法抚平的孤独。

但是不要紧，上天仿佛深知一个天才的孤独，于是就派了月亮去和他做伴。

月亮是他最忠实的朋友。

"暮从碧山下，山月随人归"（《下终南山》），当他从终南山下来时，山月仿佛也有了灵性，跟着他一同夜归。这轮山月，就好像是李白自己的家人一样，他走到哪里，月亮就跟到哪里。

当他历尽劫难，登上岳阳楼时，看到的景象是"雁引愁心去，山衔好月来"，月亮是多么善解人意，知道在适当的时候给他以慰籍。

他喜欢的月下活动是乘着小船去赏月,这叫作"泛月"。

> 日落沙明天倒开,波摇石动水萦回。
> 轻舟泛月寻溪转,疑是山阴雪后来。①

他也喜欢酒后在月光下漫步,这叫作"醉月"。

> 对酒不觉暝,落花盈我衣。
> 醉起步溪月,鸟还人亦稀。②

兴致一来的时候,他幻想着要上天揽月。

> 俱怀逸兴壮思飞,欲上青天揽明月。

他甚至希望可以乘月遨游。

> 耐可乘明月,看花上酒船。③

最有趣的发明还是"赊月"。

---

① 引自李白诗《东鲁门泛舟·其一》。
② 引自李白诗《自遣》。
③ 引自李白诗《秋浦歌·其十二》。

> 且就洞庭赊月色,将船买酒白云边。①

月可以揽、可以乘、可以赊,这些都不算什么。在李白的心中,明月居然还是可以与之共饮的。

在他所有和月亮有关的诗中,我最喜欢的就是这首《月下独酌四首·其一》:

> 花间一壶酒,独酌无相亲。
> 举杯邀明月,对影成三人。
> 月既不解饮,影徒随我身。
> 暂伴月将影,行乐须及春。
> 我歌月徘徊,我舞影零乱。
> 醒时同交欢,醉后各分散。
> 永结无情游,相期邈云汉。

这大概是天宝初的一个春天。

李白身居长安,备受排挤,于是借独酌来排遣郁闷。

不过是一场浇愁,你看他写得多美。

"花间一壶酒",在春夜的花间,摆上一壶美酒,当此际,酒不醉人,人也会醉倒在春夜的花香之中,这就是李白的风格。

就算是寂寞,就算是孤独,他也会让你感受到,寂寞是如此

---

① 引自李白诗《陪族叔刑部侍郎晔及中书贾舍人至游洞庭·其二》。

美好，孤独是如此丰盈，他是绝对不会显得伶仃无助的。

一人独酌有点无聊？

于是，他"举杯邀明月，对影成三人"。这世上真是没有可以难倒李白的事，他居然想到去邀请天边的明月和月光下他的影子，连他自己在内，化成了三个人举杯共饮。

为什么说李白是天仙化人呢？

因为他就是有这个本事，可以把一个人的孤独，变成一世界的热闹。

乘着酒兴，李白边歌边舞，刚刚还有些冷清的场面顿时变得热闹非凡。

明月、诗人、影子，醒时共同欢欣；等到酩酊大醉后，才各自分散。既然人世间无人理解，不如和那明月、影子永远结成好友，相约在那邈远的上天仙境再见。

有人说这首诗在自得其乐的背后，有无限的凄凉。那还是小瞧了李白，我倒是觉得其中有无限的骄傲。

尘世间的误解、排斥算得了什么，一个能和明月相交相亲的人，当然不屑去俯就那些庸俗的世人，只有天上那顶明月，才配做他李白的朋友。

明月是李白的化身。

有两个李白，白天的李白灼灼如太阳，夜晚的李白则如月光一般清澄。

日光之下的李白，未免有些过分虚荣、浮躁，如日光般灿烂却灼人，可一到了夜晚，整个人都沉静柔和了下来。

月光下的李白，就像一个赤子，完全褪去了功利色彩，属于白天的那种尖锐的对抗性荡然无存，一举一动都显得那样悠闲自在、纯真自然。

李白天性中有一种对于明亮光辉事物的强烈憧憬和追求（松浦友久语）。

人如其名，在所有颜色里，他最喜欢白色，在所有物象里，他最喜欢月亮。

月亮在他眼里，是一种光明纯真的象征物，是他在天空上的投影。这种喜欢是与生俱来的，他打小就对月亮充满了好奇：

> 小时不识月，呼作白玉盘。
> 又疑瑶台镜，飞在青云端。
> 仙人垂两足，桂树何团团。
> 白兔捣药成，问言与谁餐？

这首《古朗月行》充满了童趣，广大中国家长都应该将这首诗当作孩子认识月亮的启蒙之作。

透过一双充满童真的眼睛来看，天上的月亮不再是一个冷冰冰的客体，而是和人间如此接近，仿佛是孩子最心爱的玩具。

长大之后，因为厌恶日常世界的庸俗与混浊，他在皎皎明月上寄予了更多的深情，用了无数的笔墨去构建了一个庞大的明月意象群。

裴斐如此描摹这个意象群：

> 他笔下的月如玉盘、如飞镜、如玉钩，月色似霜、似雪、似水……总是那样柔和，那样透明！山、水、花、木，还有白猿、白鹭、白鸥……景物都是逼真的，沐浴在月光中却又如梦似幻，显得那样静谧而皎洁！[1]

因为喜爱月亮，他总是拿月亮来比拟最喜欢的人。

比如，形容偶像鲁仲连是"明月出海底，一朝开光曜"。形容他所欣赏的江南女子是"眉目艳新月"。

当听闻日本朋友晁衡[2]遭遇海难的噩耗（其实是谣传），所用的形容也是"明月不归沉碧海"。

他很看重王昌龄。当他听闻王昌龄被贬至夜郎时，立刻动情地写下了"我寄愁心与明月，随君直到夜郎西"。

这里，可能不仅仅是托明月寄相思，而是下意识地将明月当成了自己的化身，愁心与明月已融为一体，去陪伴千里之外的朋友。

---

[1] 引自中国李白研究编辑部编《中国李白研究》：裴斐《李白个性论》，江苏古籍出版社1990年版。

[2] 晁衡：阿倍仲麻吕（698—770），朝臣姓，安倍氏，汉名朝衡（又作晁衡），字巨卿。日本奈良时代的遣唐留学生之一。

这种人月一体的感觉在《独漉篇》中尤为突出：

> 独漉水中泥，水浊不见月。
> 不见月尚可，水深行人没。
> ……
> 罗帷舒卷，似有人开。
> 明月直入，无心可猜。

《独漉篇》应该是因从永王之后、众口铄金时，李白为辩诬而写的。

当他想到要自证清白时，首先想到的就是以明月自比。这里只引用了和月亮有关的两个片段。

前面几句的月是"浊月"，后面几句的月则是"清月"。众人的谣诼，就像泥水一样浑浊，连水中月的影子也看不见了。

到了下文，忽然云破天开，罗帷乍舒乍卷，似乎有人进来，抬头一看，原来是一束明亮的月光照入了室内。

"明月直入，无心可猜"，真是天壤间生成好句，被李白无意间拾得。

当人月相照时，月亦皎洁，人也皎洁，此心光明磊落，真真是无疑可猜。

那么多描写过月亮的诗人，唯有李白和月亮彻底融为了一体。

人即是月，月即是人，他甚至开创了一种独特的人格，那就是明月人格，具体来说就是追求极致的皎洁、纯真，不能容许一丝一毫的虚伪和庸俗。

可能是晒多了"月光浴"，月亮的光明皎洁，早已内化为李白的精神底色，也提高了他诗歌的光明度。

明月光，不仅仅照射在床前，更流淌在他的心上，将他洗涤得里外俱新，肝胆皆冰雪，表里俱澄澈。

可能是有了月光的净化作用，才让李白永葆赤子之心，即便在最复杂的环境里，仍然保持着最单纯的心性，干净得就像一束未受污染的月光。

就像他的那句诗，"了见水中月，青莲出尘埃"，青莲即代表着清净无染。李白对佛学本无多大兴趣，自号为青莲居士，多半是喜欢这层含义。

水中月，比天上的月亮多了一层如梦似幻之感。人生就如镜花水月一般虚幻，但即使到头来万境皆空，也要保持这颗本心，让它不染尘埃，洁净如水中之月，如出尘青莲。

司空图的《二十四诗品》[①]中的"洗炼"有一句是"流水今日，明月前身"。

有时候读李白的诗，想见其人。总觉得天上那轮纯净皎洁的

---

[①] 司空图（837—908）：晚唐诗人、诗论家。字表圣，自号知非子，又号耐辱居士。其诗论《二十四诗品》以二十四首小诗对唐诗的各种风格和流派进行了汇集、整理和分类，为不朽之作。

明月，就是他的前身吧。不仅如此，如果真的有轮回，他的三生三世，都应该是明月所化。

我也愿意和古人一样，相信他是回到月亮上面去了，明月是他最好的归宿。

如今，对于每个中国人来说，李白的诗句早已和月光交织在一起，密不可分。

自李白之后，明月播撒下来的就不仅是清光，更是诗意。

这个月亮，由于李白的描绘，已经从一个客观的天体变成了一轮诗意的月亮，只有我们中国人才能体会到它独特的美好。

李白到底是病死、醉死还是捉月而死？

都不重要了，他的诗魂早已化成了天上的月光，永远和我们同在。

## 外一章 朋友圈

我们以为朋友遍天下的李白,其实是盛唐诗坛的独孤求败。

# 与杜甫：何以李杜

天宝三载（公元744年），李白离开长安一路东行，途中经过洛阳城，与杜甫在洛阳相遇。

关于李白和杜甫的会面，要属诗人闻一多描绘得最动人：

> 因为我们四千年的历史里，除了孔子见老子（假如他们是见过面的）没有比这两人的会面，更重大，更神圣，更可纪念的。我们再逼紧我们的想象，譬如说，青天里太阳和月亮走碰了头，那么，尘世上不知要焚起多少香案，不知有多少人要望天遥拜，说是皇天的祥瑞。如今李白和杜甫——诗中的两曜，劈面走来了，我们看去，不比那天空的异瑞一样的神奇，一样的有重大的意义吗？

他激动地表示,这是青天里太阳和月亮碰了头。

李杜之间的友谊,由此也被推崇得无以复加。

那么,事实的真相果真如此吗?

我们一起来看看。这一年,杜甫三十三岁,还是个Nobody①,他的那些壮丽沉郁的诗篇,大部分还要等到安史之乱之后再问世,李白比他大十一岁,已经在诗坛名声大振。

那个秋天,他们一同游历梁、宋。

梁,今河南开封;宋,今河南商丘。两地相距不远,是当时非常繁华的通都大邑。

到了商丘时,高适也加入了这个队伍。

那时李白刚被放还,杜甫屡试不第,高适求仕无门,三个人都是失意者,在业已废弃的梁园度过了一个放荡而浪漫的秋天。

他们在一起高谈阔论、放怀痛饮。宋州以北有一片大泽叫孟诸,就是高适诗中"我本渔樵孟诸野"所写的地方,这里"鹰豪鲁草白,狐兔多肥鲜"(李白《秋猎孟诸夜归置酒单父东楼观妓》),特别适合游猎。

三个诗人暂且忘记了仕途的失意,暮秋时分一同登高台远眺,初冬一同纵马狩猎,饮酒赋诗,好不痛快,"气酣登吹台,怀古视平芜"(杜甫《遣怀》),为文坛留下了一段佳话。

不久,三人离开了宋州。

高适南游楚地,李杜二人则去了齐州(今山东济南),还去

---

① Nobody:此处意指小人物、无足轻重的人。

拜访了李邕。没错,就是"丈夫未可轻年少"的那个李邕。不过这时随着李白诗名大振,李邕对他已态度大变。

后来,李邕被妒贤嫉能的李林甫所杀,李白是少有的在诗中公开为其鸣不平的诗人:

> 君不见李北海,英风豪气今何在!
> 君不见裴尚书,土坟三尺蒿棘居!①

中间李杜两人短暂分别。天宝四载的秋天,两位诗人在兖州重逢。

这次同游,两人的关系更加紧密了,杜甫曾饱含感情地回忆当时的情景:

> 醉眠秋共被,携手日同行。②

这次同游的时间没多长。

到了冬天,杜甫要去长安求取功名,李白也决定到江东游历。

在东石门设宴饯别时,李白写下了《鲁郡东石门送杜二甫》,诗歌结尾处说:

---

① 引自李白诗《答王十二寒夜独酌有怀》。
② 引自杜甫诗《与李十二白同寻范十隐居》。

> 飞蓬各自远,且尽手中杯。

石门一别,两人从此分别千里,再未相见。

两人相遇时李白已经有了谪仙人的美名,他们之间短暂的交往,对于杜甫来说就是一次神奇的"遇仙记",他完全被李白的仙人风采给迷住了。

和李白相比,杜甫就是那种循规蹈矩的儒生,也就是传统意义上的好孩子,对于这种一直规规矩矩的好孩子来说,李白这种从来不按常理出牌的坏孩子有种无法抵抗的吸引力。

杜甫一见李白,就成了他忠实的拥趸,他跟着李白去痛饮狂歌,去呼鹰逐兔,去寻仙问道,去结交名士、高人,体验到了一种从未经历过的浪漫和新奇。

在他们的交往中,李白是主导者,杜甫是追随者。他们在一起,过的完全是一种李白式的浪漫生活,在杜甫眼里,这非常态,也非常美。在此之前,杜甫从未展现过对游侠和修仙的兴趣,但结识李白之后,却处处都在步武这位诗国太阳的作风。

李白那种浪荡任侠的游侠儿作风,深深感染了杜甫。他们的梁宋之游,就是典型的游侠式生活。再重申一遍,这个"侠"不是指行侠仗义,而是指放浪豪纵。

杜甫的诗里,甚至出现了"杀人红尘里,报答在斯须"的句子。看来老实孩子生平第一次体验到了放纵的快感,连诗风也变得李白化了。

李白对求仙问道的爱好，更是深深影响了杜甫。

他幻想着能跟着这位谪仙人一起去拾取瑶草，还曾跟随李白一起去王屋山"寻仙"。

王屋山是道教圣地之一，李白带着杜甫登上了小有清虚洞天[①]。

到达山上的阳台观，李杜两人去参拜道士华盖君[②]，没想到华盖君已经仙去，只留下弟子几人。

当然这趟也没有白来，杜甫留下了一首《昔游》的诗。

李白呢，在阳台观看到一幅巨幅的山水壁画，笔意酣畅，元气淋漓。

他于是提笔，写下了四行字："山高水长，物象千万，非有老笔，清壮何穷。"

这就是著名的《上阳台帖》。

寻常的一次王屋之行，居然成就了书法史上的名作。

跟李白在一起的日子，就是如此奇幻。他就像一道光，照亮了青年杜甫日渐庸常的生活。新世界的大门由此打开，那是杜甫从未见识过的另一个世界，那里山高水长、物象万千。

李白和杜甫的同游，一共有三次，时间也都不长，却改变了

---

① 小有清虚洞天：小有清虚之天。王屋山道家府名。
② 华盖君：最早指周代仙人王子乔，因其在华盖山修道，后世便将"华盖君"作为有道之人的尊称。此指司马承祯。

杜甫的一生。

杜甫一生一共写了十一首诗，赠给李白。

按时间顺序，分别为《赠李白》（"二年客东都"）、《赠李白》（"秋来相顾尚飘蓬"）、《与李十二白同寻范十隐居》《冬日有怀李白》《送孔巢父谢病归游江东兼呈李白》《春日忆李白》《寄李十二白二十韵》《天末怀李白》《梦李白二首》《不见》。

提及李白的诗作则更多，很显然，杜甫是相当看重李白的。

李白呢，写给杜甫的诗通共只有三首。

其中有一首《戏赠杜甫》，还饱受争议：

饭颗山头逢杜甫，顶戴笠子日卓午。
借问别来太瘦生，总为从前作诗苦。

有人觉得这首诗拿老杜打趣，显得颇为轻佻，由此判定为伪作。

我倒觉得如果这首诗真是李白写的，倒是可以证明他和杜甫之间交情确实非同一般，至少已经到了可以互开玩笑的地步。

这首诗和杜甫那首《赠李白》不妨对照来读：

秋来相顾尚飘蓬，未就丹砂愧葛洪。
痛饮狂歌空度日，飞扬跋扈为谁雄？

两个好朋友互相用文字为对方画了一幅像，这幅画像可能都没那么完美，却尽显对方的个性和风采，还带着一点戏谑的幽默感。

不管专家们认为李白写给杜甫的诗有多么感情深厚，他们之间的友谊显然还是严重不对等的。

我们如果不把他们之间的友谊解读为太阳和月亮碰了头，而是解读为当偶像遇上粉丝，才能够充分理解这种不对等。

这种不对等，和地位有关，也和个性有关。

冯至[①]用"一往情深的杜甫和海阔天空的李白"来形容他俩，非常贴切。

李白的世界海阔天空，前方总是有新的朋友、新的奇遇，杜甫的名字再也不在他的诗里出现；杜甫却一往情深，对李白的怀念持续了终身，当他旅食京华或者漂泊西南时，总会写出思念李白的诗来，尤其是得知李白从璘之后，他更是甘冒天下之大不韪为李白抱不平，"世人皆欲杀，吾意独怜才"，这就是杜甫的伟大之处。

杜甫从来不会因为自身的苦难，而对别人遭受的苦难无动于衷，反而更多了一层理解之同情，不管对李白的所谓"附逆"，还是王维的"降伪"都是如此，安史之乱后，他同样有诗赠王维，诗中称其为"高人"。

---

[①] 冯至（1905—1993）：原名冯承植，诗人、作家、学者、翻译家，著有《杜甫传》等。

杜甫对朋友素来一往情深，比如对郑虔①、高适等都是如此，但李白对他来说不仅仅是一位好朋友，更是诗坛偶像般的存在。

在分别之后，他一次次地怀念李白，也一次次地加深对这位偶像的理解，在他的想象和梦境里，李白活出了他心向往之却又无法抵达的活法。

杜甫骨子里也有狂放、浪漫的一面，所以他才对李白那么顶礼膜拜。

梁宋三人行中，作为实用主义者的高适对李白就没那么感冒，但和杜甫之间的交情还不错，这也得归功于杜甫的一往情深。

对于李白来说，杜甫或许只是他众多朋友中并不重要的一位，但从诗歌史的角度来说，这层关系的存在却并非无足轻重，而是至关重要。

可以说，没有杜甫这位"迷弟"的存在，大唐诗仙的光采也许就没有那么直抵人心了。

杜甫是同时代中为李白"画像"用力最多、也最传神的诗人。我们对李白的最初印象，大多是来自他的诗句。比如：

想到李白的诗才，就是"笔落惊风雨，诗成泣鬼神"。

想到李白的风采，就是"痛饮狂歌空度日，飞扬跋扈为

---

① 郑虔（691—759）：字趋庭，又字若齐，唐文学家、诗人、书画家，精通天文、地理、博物、兵法、医药，杜甫称赞他"荥阳冠众儒""文传天下口"。

谁雄"。

想到李白的傲岸，就是"天子呼来不上船，自称臣是酒中仙"。

想到李白的落寞，就是"冠盖满京华，斯人独憔悴"。

想到李白一生的境遇，就是"千秋万岁名，寂寞身后事"。

杜甫对李白的称赞，总是将他的人和诗联系在一起，可见李白的人格魅力之大。后世对李白的印象，实际上并没有超出杜甫诗中的范畴，只是在此基础上进一步加以丰富。

可以说，在塑造李白传奇的过程中，杜甫起到了功不可没的首唱之力。历代歌咏李白诗作之多，不仅大大超过歌咏杜甫，也超过歌咏任何一位历史人物，而历史上第一个以大量诗作歌咏李白的人正是杜甫，后人继承了这个传统。

因为对李白的仰慕，杜甫还以他为中心，塑造出了"饮中八仙"这一群体。

这是一个处于由盛转衰没落期的诗人，对那个全盛时期的向往与塑造。

### 饮中八仙歌

知章骑马似乘船，眼花落井水底眠。

汝阳三斗始朝天，道逢麴车口流涎，恨不移封向酒泉。

左相日兴费万钱，饮如长鲸吸百川，衔杯乐圣称避贤。

宗之潇洒美少年，举觞白眼望青天，皎如玉树临风前。

苏晋长斋绣佛前，醉中往往爱逃禅。

李白一斗诗百篇，长安市上酒家眠，

天子呼来不上船，自称臣是酒中仙。

张旭三杯草圣传，脱帽露顶王公前，挥毫落纸如云烟。

焦遂五斗方卓然，高谈雄辩惊四筵。

正如杨义所说，杜甫在这些品位不等、年代略有参差的人物身上，描绘了一个未能躬逢其盛、而心向往之的精神自由雄放而清雅脱俗的"理想国"，一个富有魅力的"醉态盛唐"。

我们熟悉的醉态盛唐，是由李白为引领，而由杜甫加以重塑的，是以后世才将他们当成盛唐诗人的代表。但要论整体来说，杜甫的个性、诗风还是偏于中唐。

谈到李杜，最热门的话题就是优劣论。这就跟《红楼梦》的读者最爱争论薛宝钗和林黛玉谁优谁劣一样。一旦一言不合，文弱书生们为之都差点挥拳动粗。

李白生前的名气远远大过杜甫。

但从中唐元稹开始，开始夸杜甫："尽得古今之体势，而兼人人之所独专矣。"

元稹同时也不忘贬低李白，说什么："至若铺陈终始，排比声韵，大或千言，次犹数百，词气豪迈而风调清深，属对律切而脱弃凡近，则李尚不能历其藩翰，况堂奥乎！"

就是说，写长篇巨制的排律，李白与杜甫相比都还没入门呢!

元稹开了一个很不好的头,就是捧杜甫必踩李白,这说明了什么?

说明李白已经是当时公认的天才和宗师,谁要想成为诗坛第一人,就必须向他发起挑战。就好比武林中谁要想夺取兵器谱排行第一名,就非得打败天下闻名的小李飞刀不可。所以为了树立杜甫诗圣的地位,不得不踩李白一脚。

到了宋代,这种抑李扬杜的风气就更盛了。

宋人比之元稹更过分的是,总是将对李白的攻击上升到人品,而且攻击起来简直无下限,可能他们也觉得光是拼才华的话,杜甫不足以和李白争雄,只能在道德方面作文章。

推崇杜甫从宋代开始变成了一种政治正确,就算是不那么喜欢他的人,也只敢暗自腹诽几句,不敢公开发言。

而喜欢李白的人,往往对杜甫这种老实好人至少还是保持着基本的尊重和同情,不至于踩上一脚。

如此一来,拥李派就完全被拥杜派给碾压了,杜甫研究最盛时"千家注杜",李白却只有王琦一人作注,门庭冷落到让人落泪。

关于李杜优劣,我同意杨慎的看法,那些说二者不可以分出优劣的人,都是人云亦云的犬儒主义者,他们不敢对宋人的判断提出任何质疑。

幸好进入现代以后,李白其人其诗的文化价值,得到了相对公正的重估，解除了道德至上的束缚后，人们没办法不被他的天才所震撼。

在这本书里，我可能也展现了一种矫枉过正的偏爱。考虑到千百年来抑李扬杜的风气之盛，请大家原谅我的这种矫枉过正。

关于李杜谁优谁劣，每个人都有不同的评判标准，每个人都有不同的答案。我更关注的是，李白和杜甫，对于当时的诗坛来说一个是域外来客，一个是"无名之辈"，却何以成了盛唐诗坛最后胜出的双雄？

盛唐诗坛可以说是藏龙卧虎，既有王昌龄这样的七绝圣手，也有王维那样的早慧天才，可高手比拼，往往胜负就在毫厘之间。巅峰对决，最终拼的是格局，比的是气象。

李杜个性悬殊，面目迥异，但还是异中有同，论诗歌的感染力之深，王维、王昌龄都比不上他们。

李杜是整个唐朝诗坛感情最热烈、最真挚的两个诗人，有人说，李白是举着酒杯跳舞，杜甫是戴着镣铐跳舞。不说形式的区别，他们的诗歌都是一曲生命的舞蹈，充满了激情和力度。

论诗歌的气象，更是鲜少有人能够和他们相提并论，有人说大字是杜工部的家畜，其实也是李太白的必杀技。

在他们的笔下，天地、乾坤、长风、大江等触眼可见，他们的胸怀，足以吞吐万象，即使再落魄，那也是"天地一沙鸥"。

李杜成其为李杜，主要取决于他们始终面对现实、热爱现实的积极态度，这种热爱至死未休。

这两个诗国巨人,思想性格很不相同,但在对现实人生的执着上却如孪生兄弟一样相似!①

杜甫对李白的深情证明了,文人之间并非一定相轻,也可以相亲。被称为"地才"的杜甫,最终凭着自身不懈的努力,也达到了"天才"的高度,和当年的偶像相逢在更高处。

诗国里的月亮在对太阳的思念中,逐渐散发出属于自己的光芒,和偶像一起成了唐诗天空中的双子星,并列发出不灭的光辉。

---

① 引自裴斐《李杜厄言》。——作者注

# 与王维：王不见王

李白一生交游广阔，苏轼说的"上可陪玉皇大帝，下可陪卑田院乞儿"也可以用到他身上。

光是在当时的诗人中，他和孟浩然、贺知章、王昌龄、杜甫、高适、岑参、贾至等人的交往都是有诗可证的。

这份名单，几乎将盛唐山水田园诗派和边塞诗派一网打尽，但是却漏掉了一个重要的人物，那就是王维。

李白与王维，他们之间有不少共同的朋友，像孟浩然、杜甫、岑参等都和两人交往过，但他们之间居然从来没有过一丝交往的痕迹，这是为什么呢？

大概率是互相瞧不上。

现在说起王维来，总是将他和孟浩然相提并论，并称为王孟，当作盛唐山水田园诗派的双雄。

但实际上，王维当时的地位远高于此。

后世以李杜作为盛唐诗最高成就的代表，可在开元、天宝年间，官方认证的诗坛第一把交椅是王维。

唐代宗李豫称王维为"天下文宗""名高希代"。

《旧唐书》记载王维"天宝中诗名冠代"。

大历初高仲武所作的《中兴间气集》[①]以王维为盛唐文坛领袖，视钱起[②]为王维的继承人：

文宗右丞，许以高格，右丞没后，员外为雄。

盛唐之后大历诗坛，多数诗人受王维影响深远。

殷璠的《河岳英灵集》被公认是盛唐时期最优秀的诗歌选本，共收入诗人24人，几乎囊括了盛唐时期诗坛所有精英。

集中自序说：

粤若王维、王昌龄、储光羲等二十四人，皆河岳英灵也，此集便以《河岳英灵》为号。

看这排名，王维俨然就是"河岳英灵"之首了。集中收录王维的诗15首，李白的诗有13首。

---

① 《中兴间气集》：唐代高仲武编选的唐诗选集，选录756年到779年间诗人作品，计26人，诗130多首。

② 钱起（722？—780）：字仲文，唐代诗人。被誉为"大历十才子之冠"，又与郎士元齐名，称"钱郎"。

杜甫呢？

抱歉。安史之乱前，他还是个无名小卒，在殷璠眼里还算不得"河岳英灵"，所以一首都没有入选。

再来看看殷璠对李王二人的评价。

王维是：

> 词秀调雅，意新理惬；在泉为珠，着壁成绘；一字一句，皆出常境。

李白则是：

> 白性嗜酒，志不拘检，常林栖十数载。故其为文章，率皆纵逸。

这有点像对华山派气宗和剑宗的不同评价。剑宗不拘常格，固然出色，可难免有粗率之处，所以在殷璠的评价体系里，终究还是比不上气宗修为深厚，尽善尽美。这大概能代表天宝年间诗坛的主流意见。

说起来，王维和李白还挺有缘。他们都诞生于公元701年，寿命也差不多，都是六十来岁，他们的一生，都是和玄宗一朝相始终的。

王维，字摩诘，名和字结合起来就是维摩诘居士。

李白,字太白,让人想到太白金星。

他们的名字一个富有禅宗风味,一个富有道家气质,后来一个成了诗佛,一个成了诗仙,倒像是名字已经预言了一生的命运。

某种程度上,王维活出了李白曾经向往的人生,拥有李白梦寐以求的起点。

他身世好,出身于河东王氏,属于太原王氏的一支。

王维的母亲出身就更加高贵了,乃是五姓贵族之首博陵崔氏。中宗时宰相崔湜,睿宗时宰相崔日用,皆出自这一世家。

王维少孤,父亲去世得早,家境算不得太好,算是没落的贵族之后,贵族还落魄,这更给他增添了一层惹人怜惜的光环。

王维成名也早。

他15岁就开始到长安游宦,那时的进士科考试依旧是考试与举荐相结合选举人才,也就是考试成绩和平时的诗文名声,在这方面王维非常占优势。

论长相,他"妙年洁白",年轻俊雅,风度翩翩。论写诗,他十七岁就写出了"独在异乡为异客,每逢佳节倍思亲"的名作。论绘画,他被称为南宗画的开创者,苏轼盛赞"味摩诘之诗,诗中有画;观摩诘之画,画中有诗"。论音律,他精通各种乐器,相传他能从一幅奏乐图中,推断出乐师们在演奏《霓裳羽衣曲》的第三叠第一拍。

这简直就是达·芬奇式的文艺全才,考虑到王维这时还不足二十岁,又可以把他看成盛唐时风行的神童。

是以王维游京师后,很快就成为了京城皇族的座上宾,据《新唐书·王维传》记载:

> 维工草隶,善画,名盛于开元、天宝间,豪英贵人,虚左以迎,宁薛诸王,待若师友。

这个宁王,就是将太子之位让给玄宗的李宪,在玄宗一朝地位极为尊崇。唐朝的笔记小说中还有他抢占饼师妻子,王维写《息夫人》一诗劝谏的故事。虽然不能辨别真假,却也能从中看出,宁王确实待王维不薄。

对王维帮助最大的还是玉真公主。

相传,王维考取功名前,踌躇满志。意欲摘取桂冠之时,忽闻有个诗人张九皋已经走通公主的门路,得到了殿试第一的许诺。

王维不甘心,便向岐王李范[①]求助,岐王灵机一动,将他扮成伶人带入玉真公主府中。

在当日的宴会中,正值年少的王维,风姿清雅,在众多伶人中如鹤立鸡群般引人注目。

他又现场弹奏了一曲琵琶《郁轮袍》。精湛的演奏,技惊四

---

① 李范(686—726):本名李隆范,唐睿宗李旦第四子,母为崔孺人,唐朝宗室大臣。

座，满座宾客都为之动容，玉真公主也大为赞叹。

岐王趁机推荐说："此人不只精通音律，写诗也是天下无双。"

王维随即献上生平得意之作十首，公主读毕大惊道："这些都是我平时最喜欢诵读的诗歌，我还以为是古人所作，没想到竟是先生所著！"

到了这个份上，先前的许诺都算不得数了。公主得知王维也是来京赴考的举子时，立刻说："此等才华横溢之士不登榜首，更待何人？"有公主亲自发话，主考官当然心领神会。殿试之上，王维终于"大魁天下"。

这段故事也是一样不知真假，但王维确实有诗献给玉真公主，也确实二十岁就进士及第了（也有说是状元及第）。

他人生的起点，已经是很多人为之奋斗半生的终点，这其中就包括李白。

有人因此脑洞大开，将王维和李白设想成是因玉真公主争风吃醋的情敌，这未免意淫过度了。但王维和李白之间，估计的确存在着一些微妙的较量和敌意。

王维起点高、出身好，二十来岁就成名了，这就意味着，他没有经历过什么挫折，相应的就没什么抗击打能力。

王维出仕不久后，因属下伶人舞黄狮子而被贬为济州司仓参军，后来又返京任职。与布衣终身的孟浩然、李白等相比，以及长期沉沦下僚的王昌龄、常建等人相比，王维的仕途整体来说还算平顺，可他好像稍微遇到一点不顺就丧失了进取心。

他曾受遇于张九龄，当李林甫取而代之时，他自觉在官场上得不到人庇护，于是一步一步往后退。

温吞的个性让他没法像陶渊明一样挂冠而去，只能寄情于山水之间，走半仕半隐的路数。

天宝元年，当李白奉诏入京时，王维就已经处于半隐退状态了。

在官场上，一个正在高歌猛进，一个已经灰心丧气，自然是没什么共同语言。

而在诗坛上，站在王维的角度是不屑。他当时已经隐然是当代的诗坛盟主，形成了一个以他为中心的京城诗派，对李白这种外来者、野小子估计瞧不太上。

京城诗讲究的是清致秀雅，是在法度之内的圆熟优美，写诗已经有了固有的规矩，谁知道天上掉下个李白来，写诗根本不讲规矩的，这难免令被京城诗派奉为掌门人的王维看不惯。

站在李白的角度则是不服，说到写诗他是自诩为天下第一的，其他人他还可能去热情结交，偏偏在王维面前他要保持自己的傲气。

这可以看成唐诗在朝党和在野党之争。

道不同不相为谋，归根究底，还是两个人的个性气质太不一样了。王维的个性气质，可以说和李白完全相反。

一个消极、一个积极，一个遇到问题就往后退，一个越是不顺越斗志昂扬。

王维整个人是向内收敛的，而李白整个人则是向外扩张的，王维总是躲在诗的背后，李白却时时简直要破纸而出。

王维是谦谦君子、温润如玉，李白是风流狂士、锋锐如剑。

如果要以两人的诗句相拟：

同样是风，王维是"松风吹解带"，"李白是长风几万里"。

同样是月，王维是"明月松间照"，李白是"明月出天山"。

同样是水，王维是"清泉石上流"，李白则是"飞流直下三千尺"。

如果单论天才之高，王维是盛唐诗人中唯一可以与李白相颉颃的人物。从现存的诗作来看，他甚至要比李白早慧得多。

李白出蜀之前的作品乏善可陈，王维"九岁知属辞"，十七岁就写出了《九月九日忆山东兄弟》，十九岁就写出了《桃源行》，二十岁干谒玉真公主时，诗名已经震动长安。

正如林庚先生指出的那样，王维早年的作品，和李白盛年时的作品一样最能代表盛唐气象，也最能体现少年精神。

我们来看一组诗：

> 新丰美酒斗十千，咸阳游侠多少年。
> 相逢意气为君饮，系马高楼垂柳边。①

---

① 引自王维诗《少年行四首·其一》。

出身仕汉羽林郎，初随骠骑战渔阳。
孰知不向边庭苦，纵死犹闻侠骨香。①

五陵年少金市东，银鞍白马度春风。
落花踏尽游何处，笑入胡姬酒肆中。②

当时只记入山深，青溪几度到云林。
春来遍是桃花水，不辨仙源何处寻。③

如果不说作者的话，你能分得清哪首是王维所写，哪首又是李白所作吗？

都是一样的意气风发，一样的朝气蓬勃。

吴经熊在写《唐诗四季》④时就将王维和李白都划为春季诗人之列，可能就是因为他们都散发着一种融融泄泄的春日气息。

同样是天才，却因为不一样的个性，走向了完全不一样的结局。

王维晚年的人生，一退再退，直至无路可退。

---

① 引自王维诗《少年行四首·其二》。
② 引自李白诗《少年行二首·其二》。
③ 引自王维诗《桃源行》。
④ 《唐诗四季》(*Four Seasons of Tang Poetry*)是法学家吴经熊用英文撰写，从1938年4月至1939年8月分六批刊登在英文《天下》月刊，后由徐诚斌翻译，1940年3月起在《宇宙风》上连载。

维摩诘的意译是"无垢",他的道德洁癖在盛唐诗人中可以说是首屈一指。安史之乱后,当所有人都原谅了他时,唯独他没法原谅自己。

> 他晚年的文章中翻来覆去反省自己为何不能自杀殉国,其自我贬责、自我作践的程度,让人不忍卒读。①

晚年的他,过着苦行僧一般的日子。

王维丧妻之后不再另娶,断绝了一切荤腥,终日只和几个僧人来往,"斋中无所有,唯茶铛、药臼、经案、绳床而已"。

王维追求的,是一种绝对的高雅和纯粹。这种生活可能只存在于辋川,不存在于我们这个红尘浊世,他被当世之人目为"高人""雅士"。

这份高雅最终困住了他,让他晚年的生活越来越封闭。与此相应,晚期的诗作也不复少年意气,这是生命力萎缩的缘故。

天宝初年被排除在高人雅士圈外的野孩子李白,却把那份狂野和激情维持到了他生命的终点。

就在夜郎被赦之后,还迎来了创作的高峰。

李白不像王维,多年来的历练与挫折已经将他打磨得十分皮实,他由衷地热爱着这个泥沙俱下的世界,因为他自身就是这个

---

① 引自黄晓丹:《诗人十四个》,北京联合出版公司2019年版。

世界的一部分。

人世的经验好比一团火，王维一直在隔岸观火，不敢投身到轰轰烈烈的火焰里去。李白却是个"吻火者"，以生命吻着这团生龙活虎般的烈火，火光一照，化腐臭为神奇，遍地开满了春花。

他们去世之后不过数十年，到了韩愈生活的时代，李杜已经后来居上，力压王维。"李杜文章在，光焰万丈长"。

将天宝年间的较量拉长来看，王维还是输了，不是输在才气上，而是输在个性和生命力上。

温润如玉还是敌不过棱角分明，中规中矩最终输给了剑走偏锋。就像华山的气宗高手一个个淹没无闻，世人记住的只有剑宗的风清扬。

李白在天宝年间的诗坛地位，也类似于风清扬。

后人总觉得李白朋友很多，王维相对孤僻。

但如果细读他们的酬赠之作就会发现，当时以王维为中心，已经形成了一个关系紧密的小集团。他和孟浩然、储光羲等知名诗人互相之间的赠诗数量及亲密度都远在李白之上。

李白却是个游离于主流之外的外来者。他可能被某些前辈诗人如贺知章、孟浩然等赏识，也拥有一些后起之秀如杜甫、独孤及等的仰慕，但他在主流诗坛并未获得像王维那样的地位和认可度。

这和他们的生活方式也有关。

王维一生大部分时间都定居在京城，李白则四处漂泊。

与定居者相比，漂泊者总是更难获取那种深层的亲密关系。

王维和裴迪①之间感情深厚，李白则缺少像裴迪这样的诗友兼密友，他的友情往往只存在于此时此刻。

"醒时同交欢，醉后各分散"，喝了这杯酒后，我们就各分东西，这种关系很难长久维系。

我们以为朋友遍天下的李白，其实是盛唐诗坛的独孤求败。

这种广泛而不亲密的朋友圈也不无好处。像关键时刻救了他一命的宋若思，帮他迁坟立碑的范传正，都是他广义上的"故人"之子。

这些故人，很可能跟他只有数面之缘甚至一面之缘。这说明朋友多了，哪怕只是泛泛之交，路果然还是好走些。

---

① 裴迪（716—?）：唐代诗人。山水田园诗人之一。

# 与崔颢：一场未曾谋面的较量

盛唐诗坛的几次华山论剑，李白都未在现场。

一次是著名的旗亭画壁。

主角是王之涣、王昌龄、高适，胜出者是写出了"黄河远上白云间"的王之涣。

夺魁后的他扬扬得意，笑王昌龄和高适只不过是"田舍奴"，这是唐朝流行的骂人的话，相当于我们现在所说的乡巴佬。

一次是慈恩塔之战。

这次参战的高手更多，分别有杜甫、岑参、高适、薛据、储光羲，可以说一时俊彦，咸聚于此。最终的冠军是谁？

有人支持杜甫，有人投给岑参一票，不过整体来说，这组诗的质量和旗亭大战相比还是相差不少。

还有一次是孟浩然闯荡京城，去参加秘书省的才子聚会。

一群诗人聚集在一起，难免搞起了赛诗会，席间大家正在沉吟之际，孟浩然吟出一联诗，也就是"微云淡河汉，疏雨滴梧桐"。吓得大家纷纷搁笔，认为此联"清绝"，再也写不出比这更清越的句子了。

不知道在座诸位中，有没有当世第一才子王维？

不过在另一场争锋中，王维完美胜出。

那是安史之乱后，天下稍有一点中兴气象，时任中书舍人的贾至写了一首《早朝大明宫》。

王维、杜甫、岑参当时都同朝为官，于是也都作了和诗。

王维毫无悬念地拿了第一。看看他的名句"九天阊阖开宫殿，万国衣冠拜冕旒"，一句话就囊括了大唐帝国不可一世的气魄，不知道的肯定以为写的还是开元盛世。

说起应制诗，王维绝对是古往今来第一人。他另外有首诗中写道"云里帝城双凤阙，雨中春树万人家"，这种气吞山河的格局，非李白不能敌也，而那种独属于王维的清贵和闲雅，可能是李白也无法匹敌的。

同样一组诗里，看看杜甫写的是什么？

"旌旗日暖龙蛇动，宫殿风微燕雀高"，难怪有人忍不住笑他，那种庄严华贵的场合，你写什么不好，干吗写小小燕雀呢？这就是格局，杜甫是"固穷之士"，没法写出王维那样的富贵气象。

这些煮酒论剑中怎么没有李白的身影呢？

因为他是一匹独狼,很多时候都游弋于诗坛之外,再加上他的才气太高了。"李白斗酒诗百篇",不说别的,光是拼手速的话,也没有人拼得过他,可能很多人一瞧李白的名头,就会望风而逃,不敢正面交锋。

但盛唐诗坛才子遍地,天外有天、人外有人。就算以李白的天才,也不可能百战百胜。比如,同样是登泰山之作,他的几首诗就远逊于杜甫的"会当凌绝顶,一览众山小"。

当然,他更有名的一次吃瘪,还是在黄鹤楼前。

黄鹤楼与湖南岳阳楼、江西南昌滕王阁并称为"江南三大名楼"。历代文人墨客都曾在这里留下过千古绝唱。其中最为出名的,就是崔颢的这首《黄鹤楼》:

> 昔人已乘黄鹤去,此地空余黄鹤楼。
> 黄鹤一去不复返,白云千载空悠悠。
> 晴川历历汉阳树,芳草萋萋鹦鹉洲。
> 日暮乡关何处是?烟波江上使人愁。

真正一流的诗歌都是无法解读也无须解读的,比如这首《黄鹤楼》就是这样。

尤其是前面四句,一片神行无迹可寻,仿佛是上天借崔颢的手写出来的。

于是,就出现了诗歌史上经典的一幕。据说若干年后,李白也登上了黄鹤楼。墙上尽是文人墨客们的题诗，李白看了一笑而过，这水平根本不值一提。

然后，他就看到了崔颢的这首诗，面容渐渐变得严肃起来。

李白提在手里的笔也搁了下来，长叹一声说："眼前有景道不得，崔颢题诗在上头。"

后人为纪念此轶事，还专门在黄鹤楼公园修建了一座亭，取名"搁笔亭"。

细节可能有所虚构，大致情景基本如实。

都说李白是个自大狂，其实是因为他的才气太高，找不到可以匹敌的对手，而一旦出现了真正的对手，他还是懂得识货的。

这不，崔颢这首诗实在是写得太好了，他自认无法超越，就只能搁笔了。

这崔颢是何许人也，竟能让狂傲一世的诗仙低头？

崔颢比李白小了三岁，出身于唐代的顶级门阀士族——博陵崔氏，十九岁就中了进士。

《唐才子传》中曾这样形容崔颢：

（颢）少年为诗，意浮艳，多陷轻薄，晚节忽变常体，风骨凛然。

巧的是，他也去干谒过李邕。

献上的正是一首浮艳之极的小诗，里面有"十五爱王昌"之句，于是乎，同样被李邕赶出了门。

可能正是因为这种轻浮放诞的作风，导致他仕途多蹇。虽然出身名门、少年得志，却只做过些微末小官。

崔颢轻浮到什么程度呢？

据说他好赌、嗜酒，娶妻只娶美女，稍微不如意就休妻再娶，看来和李白一样，属于"任诞"一派，但轻薄过之。

《黄鹤楼》写于他"风骨凛然"的后半生。

纵笔而下，如风行水上，和杜甫晚年那些沉郁严谨的七律不一样，不斤斤于格律，不拘泥于字眼，是七律中难得的高唱入云的杰作，展现了盛唐七律的高华气象。

老实说，若将这首诗放入李白集中，可能大家也辨认不出，这首诗和李白的众多杰作一样，都是气势惊人，宛如天授。

想来李白初见此诗，也会大为惊讶，这样的诗原本应该由他来作，怎么就让一个叫崔颢的人抢了先呢？

李白肯定是不会轻易认输的。

从那以后，他就和崔颢，准确地说是和他写的《黄鹤楼》杠上了。

他写了很多与黄鹤楼有关的诗，比如我们都很熟悉的《黄鹤楼送孟浩然之广陵》：

故人西辞黄鹤楼，烟花三月下扬州。
孤帆远影碧空尽，唯见长江天际流。

还有夜郎归来后重游黄鹤楼写的《与史郎中钦听黄鹤楼上吹笛》：

一为迁客去长沙，西望长安不见家。
黄鹤楼中吹玉笛，江城五月落梅花。

这些都是绝妙好诗，但黄鹤楼在其中，不过是游子或者笛声的背景。不像崔颢的那首诗，是以黄鹤楼作为绝对的主体的，这才是名副其实的"镇楼之诗"。

可能是觉得无法撼动《黄鹤楼》的地位，李白也曾狂性大发，宣称"我且为君捶碎黄鹤楼，君亦为我倒却鹦鹉洲"。

累了，写不动了，干脆将黄鹤楼一拳捶碎，这样就不会"眼前有景道不得"了。

但李白还是不服气啊！"黄鹤楼"已经成了一种情结，深植于他的心中，每当他登临一处亭台楼阁时，就总觉得崔颢那首诗盘亘在心头，如影相随、挥之不去。

当有一天，他登上了金陵的凤凰台，多年来攒积的不服气终于喷薄而出，化成了一首《登金陵凤凰台》：

凤凰台上凤凰游，凤去台空江自流。
吴宫花草埋幽径，晋代衣冠成古丘。
三山半落青天外，二水中分白鹭洲。
总为浮云能蔽日，长安不见使人愁。

此诗一出,李白是否就可以跟崔颢一较高下了?换个说法,凤凰台就可以跟黄鹤楼一较高下了吗?

答案仍然是否定的。

尽管,这首诗可以看成是李白的七律之首,也是他唯一一首入选《唐诗三百首》的七律,但还是未足以和《黄鹤楼》争胜。

其实李白这首诗风评还是挺好的。

北宋评论家张表臣在《珊瑚钩诗话》①称赞:"金陵凤凰台,在城之东南,四顾江山,下窥井邑,古题咏惟谪仙为绝唱。"

著名诗人方回在他的《瀛奎律髓》②中,比较了崔颢和李白的这两首诗,他认为两诗"格律气势未易甲乙"。

现代诗人施蛰存在《唐诗百话》③中甚至别抒己见,为二诗的优劣之分翻案。说李白的诗信息量更大,两句诗就说完了崔颢四句诗的内容,结尾处的"长安不见使人愁"也胜过了"烟波江上使人愁"。

施蛰存的观点令人耳目一新,仔细推敲起来却站不住脚,思君之愁不见得比乡愁更深刻。

---

①《珊瑚钩诗话》三卷,《四库全书》收于集部诗文评类。书中多记杂闻、琐事,不尽论诗之言。
②《瀛奎律髓》是元代方回撰诗集,该集专选唐宋两代的五、七言律诗。方回(1227—1307):字万里,号虚谷,元代诗人。
③ 施蛰存(1905—2003):名德普,文学翻译家、学者。《唐诗百话》是施蛰存先生晚年创作的唐诗研究鉴赏之作。

而《黄鹤楼》的过人之处，正在于前面四句一气呵成，如果浓缩成两句，就失去了那种摇曳的风神和夺人的气势。

很多人认为凤凰台足以和黄鹤楼争胜，可能还是慑于李白的名气太响。

还是清代的纪晓岚说了句公道话，他说李诗"气魄远逊崔诗，云'未易甲乙'，误也"。

说到底，这只不过是一首致敬之作，模仿的痕迹太过严重。"学我者生，似我者死"，就算是李白也逃不过这个定律。

读者们也早已默默地投了票。千百年来，一说到《黄鹤楼》几乎无人不晓，《登金陵凤凰台》相对来说就冷门得多了。

这正是盛唐成为诗的巅峰的重要原因。

在诗歌的江湖里，哪怕你是个无名之辈，只要你的诗写得足够好，也可以向诗坛的绝顶高手发起挑战，围观群众也会给出公平公正的裁决。就算才高如李白，在这场没有见面的较量中，还是输在了崔颢手下。但这场较量对李白来说仍然意义非凡。

有句话说得好，输不丢人，怕才丢人。正是这种永不服输的心气劲儿，才成就了李白诗歌的非凡造诣。

很少有人关注到，在诗歌的另一个领域，李白和崔颢也展开过较量。

他们都是风流才子，爱美酒，也爱美女，爱写乐府诗——也可以理解为当时流行的民间小调，最突出的例子就是都写过《长干行》。

崔颢的《长干行》是一组短章，共有四首，这里只引两首：

君家何处住，妾住在横塘。停船暂借问，或恐是同乡。
家临九江水，来去九江侧。同是长干人，生小不相识。

李白的《长干行》则是两首长诗。前面已经引过一首，这里引用另一首：

忆妾深闺里，烟尘不曾识。
嫁与长干人，沙头候风色。
五月南风兴，思君下巴陵。
八月西风起，想君发扬子。
去来悲如何，见少离别多。
湘潭几日到，妾梦越风波。
昨夜狂风度，吹折江头树。
淼淼暗无边，行人在何处。
好乘浮云骢，佳期兰渚东。
鸳鸯绿蒲上，翡翠锦屏中。
自怜十五余，颜色桃花红。
那作商人妇，愁水复愁风。

崔颢的两首《长干行》虽然短小，但在一问一答之间，妙趣横生，可以说深得民歌的精髓，清新、自然而又情韵悠长。宋人评价说"墨光四射，无字处皆有字"。还是那句话，真正一流的诗无须解读，只要对照一读就会发现：

崔颢这两首《长干行》虽然字数少，但成就并不在李白之下，这一次决战长干里，李白还是没占上风。

从这两次对决就可以看出来，崔颢的水平委实不低。他不仅擅长写乐府诗，还擅长写边塞诗，但他吃亏在传世的诗作太少，仅仅只有四十二首。

旗亭画壁中胜出的王之涣更惨，只有六首。

和李白的贵人贺知章并称为"吴中四士"的张若虚只有两首，其中之一就是号称"孤篇横绝全唐"的《春江花月夜》。

在那个全民都是诗人的时代，竞争实在是太残酷了。一首诗要想流传下来，得先PK掉千千万万首诗。

李白能够有近一千首诗流传下来，首先他确实写得多。据说传下来的还只是十分之一，此外也得归功于他的江湖地位，人越有名，作品传世的可能性就越大。

但我们仍然要感谢崔颢、王之涣、张若虚的存在。是他们，以及成千上万没那么出名的诗人，和李杜、王孟、高岑这些大诗人们一起构成了星光熠熠的唐诗天空。

天才总是成群出现，能孕育顶尖高手的时代，必定是高手如云的，正是这些高手之间的互相砥砺、互相竞争，才促使他们勇攀高峰，更加精进，姑且让我用六神磊磊的一段话作为这一节的总结：

  这就是唐诗，才子遍地，英雄辈出，互相比拼，但又惺惺相惜。高人外面有高人，一山更比一山高。只有伟大的作品，没有无敌的诗人。[①]

---

[①] 引自王晓磊《六神磊磊读唐诗》，北京十月文艺出版社2017年版。

# 李白生平大事记

**武后长安元年（公元 701 年）　一岁（虚岁）**

生于安西都护府下辖的碎叶城（在今吉尔吉斯斯坦首都比什凯克以东的托克马克市附近）。

祖籍陇西，其母梦长庚星入梦，生而名白，字太白。

李白生年原有二说：

一、曾巩《李太白文集后序》云："以病卒，年六十有四，是时宝应元年也。"薛仲邕《翰林李太白年谱》据此由宝应元年（公元762年）上溯六十四年，谓李白生于武后圣历二年（公元699年）。

二、李阳冰《草堂集序》有"公又疾亟"之语，末云："时宝应元年十一月乙酉也。"李华《故翰林学士李君墓志》云："年六十有二，不偶，赋《临终歌》而卒。"清代王琦以此推论出李白生于长安元年。今人多从王说。

### 中宗神龙元年（公元705年） 五岁

父李客率全家由西域迁居至四川绵州昌隆县青莲镇，发蒙。

随父亲读书，诵六甲，见《上安州裴长史书》："五岁诵六甲。"

是年，唐中宗李显复位，十一月武后去世，年八十二岁。

### 睿宗景云元年（公元710年） 十岁

观百家、通诗书。

《上安州裴长史书》："十岁观百家。"《新唐书》本传："十岁通诗书。"《秋于敬亭送从侄耑游庐山序》："余小时，大人令诵《子虚赋》，私心慕之。"大约也是始于此时。

是年六月，韦后杀中宗，称制，改元唐隆。

睿宗之子、时称临淄王的李隆基，诛杀韦后，与姑姑太平公主一起拥护睿宗李旦即位。

### 玄宗先天元年（公元712年） 十二岁

是年八月，睿宗禅位于太子李隆基，是为玄宗，改元。

次年玄宗与太平公主之间爆发冲突，最终玄宗胜出，赐死太平公主。

杜甫（712—770）生于是年。李白十二岁。

### 玄宗开元元年（公元715年） 十五岁

观奇书，学剑术，好神仙。

《赠张相镐二首·其二》："十五观奇书，作赋凌相如。"《与韩荆州书》："十五游剑术。"范传正《碑》云："少以侠自任。"《感兴八首》："十五游神仙，仙游未曾歇。"

是年，岑参（715—770）生。

是年九月，玄宗遣使定西域，大食等八国请降。

### 开元六年（公元718年） 十八岁

隐居大匡山，跟着赵蕤学纵横术。

### 开元七年（公元719年） 十九岁

《访戴天山道士不遇》或作于是年，这是现存李白诗歌中可系年代的最早的一首。

### 开元九年（公元721年） 二十一岁

春天游成都，于路上投刺拜见益州长史苏颋。

苏颋待以布衣之礼，对群僚说："此子天才英丽，下笔不休,虽风力未成,且见专车之骨,若广之以学,可以相如比肩也。"

《登锦城散花楼》,亦当作于是年。在成都瞻仰司马相如琴台、扬雄故宅,此后几年游峨眉等地,有《游峨眉山》诗。

此间亦曾干谒渝州刺史李邕,未果。

是年,王维中进士,任太乐丞。

### 开元十二年(公元724年) 二十四岁

仗剑离蜀、辞亲远游。

《上安州裴长史书》:"以为士生则桑弧蓬矢,射乎四方,故知大丈夫必有四方之志,乃仗剑去国,辞亲远游。"

是年,写有《渡荆门送别》《秋下荆门》等诗。

出三峡,游楚地,下江陵,在江陵遇司马承祯,作《大鹏遇希有鸟赋》。

《大鹏赋序》云:"余昔于江陵见天台司马子微,谓余有仙风道骨,可与神游八极之表,因著《大鹏遇希有鸟赋》以自广。"

### 开元十三年(公元725年) 二十五岁

往来湖湘,与友人吴指南游洞庭,夏天吴指南病重身故,权且下葬于洞庭之畔,秋至金陵。

《上安州裴长史书》:"昔与蜀中友人吴指南同游于楚,指南死于洞庭之上,……炎月伏尸,泣尽而继之以血,……遂权殡湖侧,便之金陵。"

是年,写有《望天门山》《金陵城西月下吟》《杨叛儿》《长干行》等诗。

### 开元十四年(公元726年) 二十六岁

春,自金陵至扬州,又往游苏州、杭州、越州、台州,东涉溟海。然后回舟北上,复至扬州,散金三十万救济落魄公子。

曾卧病于扬州,病后思乡作《静夜思》。

是年,写有《金陵酒肆留别》《夜下征虏亭》《苏台览古》《乌栖曲》《越中览古》《淮南卧病书怀寄蜀中赵征君蕤》等诗。

### 开元十五年(公元727年) 二十七岁

自扬州北游至汝州,还憩云梦。故相许圉师家以孙女相招,于是与许氏结婚,开始了"酒隐安陆、蹉跎十年"的岁月,曾寓居安州北寿山。

其间,曾冲撞李长史车马,与元丹丘一起受安州都督马正会和李京之长史接见。

是年,著有《代寿山答孟少府移文书》《上安州李长史书》

《天台晓望》《早望海霞边》等作。

### 开元十六年（公元728年） 二十八岁

春至江夏，改葬吴指南。

暮春，送孟浩然之广陵。

回安陆，寓居白兆山。

是年，写有《早春于江夏送蔡十还家云梦序》《黄鹤楼送孟浩然之广陵》《江夏行》等。

### 开元十八年（公元730年） 三十岁

隐于安陆白兆山，有《安陆白兆山桃花岩寄刘侍御绾》《山中问答》诗。

遭受谤毁，有《上安州裴长史书》，在安陆未找到出仕机会。

是年，一入长安，结识崔宗之，寓居终南山玉真公主别馆，求援引未果。写有《酬崔五郎中》《玉真公主别馆苦雨赠卫尉张卿二首》等。

### 开元二十一年（公元733年） 三十三岁

是年，应元丹丘邀请，赴嵩山隐居。

结识元演，往来于洛阳、襄汉、安陆之间。

有《题元丹丘颍阳山居》《元丹丘歌》《冬夜醉宿龙门觉起言志》等。

### 开元二十二年（公元734年）　三十四岁

游襄阳，拜见荆州长史韩朝宗，写有《与韩荆州书》。
秋至江夏，有《江夏别宋之悌》等诗。
冬至随州，与元丹丘、元演同访胡紫阳。

### 开元二十三年（公元735年）　三十五岁

五月，与元演越太行游太原，并曾北游雁门关。写有《太原早秋》诗等。
六月，司马承祯卒。

### 开元二十四年（公元736年）　三十六岁

春在太原，五月迁居东鲁，寓任城。
与孔巢父、韩准、裴政、张叔明、陶沔隐居于徂徕山，酣歌纵酒，号竹溪六逸，著有《五月东鲁行答汶上翁》等。
是年十一月，张九龄罢相，李林甫任中书令。

### 开元二十五年（公元737年） 三十七岁

居东鲁，作《客中作》《嘲鲁儒》《登单父陶少府半月台》等。

### 开元二十六年（公元738年） 三十八岁

居东鲁，复西游洛阳。

### 开元二十七年（公元739年） 三十九岁

由洛阳往淮南，秋至巴陵，遇王昌龄。昌龄有《巴陵送李十二》诗。

### 开元二十八年（公元740年） 四十岁

是年，张九龄、孟浩然相继卒。

### 开元二十九年（公元741年） 四十一岁

居东鲁，游东鲁各地。

### 天宝元年（公元742年） 四十二岁

秋，二入长安。

自南陵奉诏入京,有《南陵别儿童入京》诗。

玄宗召见于金銮殿,命待诏翰林。

冬,侍从温泉宫。写有《侍从游宿温泉宫作》《驾去温泉宫后赠杨山人》《温泉侍从归逢故人》等诗。

### 天宝二年(公元743年)　四十三岁

待诏翰林,草《和蕃书》或《出师诏》。

醉写《清平调》《宫中行乐词》,自以为升迁有望,有《金门答苏秀才》诗。

秋,遭谗见疏,遂有归隐之念。有《玉壶吟》《翰林读书言怀呈集贤诸学士》等诗。

### 天宝三载(公元744年)　四十四岁

正月,贺知章请度为道士还乡,李白有《送贺宾客归越》诗。

三月,上疏请还山,玄宗赐金放还。写有《还山留别金门知己》《春陪商州裴使君游石娥溪》等诗。

秋,在梁宋间会见杜甫、高适,畅游梁宋,纵猎孟诸。

冬,从高如贵道士受道箓于齐州紫极宫。写有《秋猎孟诸夜归置酒单父东楼观妓》《奉饯高尊师如贵道士传道箓毕归北海》等诗。

### 天宝四载（公元745年） 四十五岁

春，与杜甫同游东鲁，杜甫《寄李十二白二十韵》："行歌泗水春。"

夏，与高适、杜甫同在济南会见北海太守李邕。

秋，与杜甫重游鲁郡同寻范居士，同往龟蒙山元丹丘处作客。

旋于东鲁送别杜甫，写有《鲁郡东石门送杜二甫》诗。

### 天宝五载（公元746年） 四十六岁

居东鲁，复思游越，告别东鲁诸公，写有《梦游天姥吟留别》。

### 天宝六载（公元747年） 四十七岁

春在淮南。

夏由广陵至越中，吊贺知章，写有《对酒忆贺监二首并序》《重忆一首》。

秋游金陵，尝与崔宗之月夜乘舟自采石达金陵，着宫锦袍坐舟中，旁若无人。

是年，杜甫应制举不第。

李林甫遣人杖杀李邕、裴敦复。

### 天宝七载（公元748年） 四十八岁

寓金陵、扬州江阳县、庐江等地，写有《庐江主人妇》《寄上吴王三首》等诗。

### 天宝八载（公元749年） 四十九岁

寓金陵，怀念子女，写有《寄东鲁二稚子》《送萧三十一之鲁中兼问稚子伯禽》等诗。

《闻王昌龄左迁龙标遥有此寄》诗约作于是年暮春。

是年，哥舒翰夺回石堡城，李白于冬天写有《答王十二寒夜独酌有怀》诗，对此事加以讽刺。

### 天宝九载（公元750年） 五十岁

返东鲁，写有《任城县厅壁记》《崇明寺佛顶尊胜陀罗尼幢颂并序》。

秋，访元丹丘石门幽居，写有《寻高凤石门山中元丹丘》《秋日炼药院镊白发赠元六兄林宗》等诗。

### 天宝十载（公元751年） 五十一岁

在梁园，与宗楚客孙女结婚当在是年或在此之前。

写有《虞城县令李公去思颂碑》。

冬,北上幽州。

### 天宝十一载(公元752年) 五十二岁

北上途中游广平郡邯郸、临洺、清漳等地。写有《登邯郸洪波台置酒观发兵》《赠临洺县令皓弟》《赠清漳明府侄聿》等诗。

十月,抵幽州。初有立功边疆思想,在边地习骑射。有《行行且游猎篇》《幽州胡马客歌》等。后发现安禄山野心,登黄金台痛哭。不久即离幽州南下,写有《北风行》《远别离》等诗。

是年十一月,李林甫卒,杨国忠升为右相。

### 天宝十二载(公元753年) 五十三岁

春归梁园,南游。

秋至宣城。

冬复至金陵。写有《留别曹南群官之江南》《自梁园至敬亭山见会公谈陵阳山水兼期同游因有此赠》《独坐敬亭山》《赠宣城宇文太守兼呈崔侍御》《宣州谢朓楼饯别校书叔云》(《陪侍御叔华登楼歌》)等诗。

### 天宝十三载（公元754年） 五十四岁

游广陵，与魏颢相遇，同返金陵，尽出诗文，请魏颢编集。写有《送王屋山人魏万还王屋》诗。

闻晁衡回国途中遇难，写有《哭晁卿衡》诗。

秋冬，游秋浦、泾县，写有《秋浦歌十七首》《赠汪伦》等诗。

### 天宝十四载（公元755年） 五十五岁

居宣城，与宣城太守赵悦交游，写有《赠宣城赵太守悦》《为赵宣城与杨右相书》《赵公西候新亭颂》。

反对杨国忠发动的两次征南诏之战，写有《书怀赠南陵常赞府》等。

冬，安禄山十一月在范阳起兵反叛，十二月陷洛阳，河南诸郡皆沦陷。李白冬天北上梁园，携宗夫人自梁园经洛阳西上华山。

### 肃宗至德元载（公元756年） 五十六岁

从华山南下宣城，写有《奔亡道中五首》。

过当涂，写有《春于姑熟送赵四流炎方序》。

抵宣城，又往越中，写有《经乱后将避地剡中留赠崔宣城》诗。

过溧阳,写有《扶风豪士歌》《猛虎行》《溧阳濑水贞义女碑铭》。

至杭州,写有《感时留别从兄徐王延年从弟延陵》诗。

秋,与宗夫人隐于庐山屏风叠,有《赠王判官时余隐居庐山屏风叠》。

冬,永王璘水军至寻阳,三次遣使聘请,李白下山入幕。写有《赠韦秘书子春》《别内赴征三首》等。

是年六月,玄宗逃往蜀地,长安沦陷,经过马嵬时发生兵变,陈玄礼率兵诛杨国忠,杨玉环被赐死。七月太子李亨即位于灵武,即唐肃宗。

## 至德二载(公元757年) 五十七岁

正月,随永王军东下。写有《在水军宴赠幕府诸侍御》《永王东巡歌》等。

二月,永王兵败被杀,李白自丹阳郡南奔,有《南奔书怀》诗。

被系浔阳狱,写有《狱中上崔相涣》《上崔相百忧章》《万愤词投魏郎中》《寻阳非所寄内》等诗。

宗夫人奔走营救。

经宋若思与崔涣为之清雪,出狱。入宋若思幕,写有《中丞宋公以吴兵三千赴河南军次寻阳脱余之囚参谋幕府因赠之》诗、

《为宋中丞自荐表》等。

旋卧病宿松,有《赠张相镐二首》。

岁末,被判长流夜郎。

是年一月,安庆绪弑其父安禄山。九月收复长安,十月收复洛阳,肃宗返长安,十二月玄宗由成都返长安。

### 乾元元年(公元758年)　五十八岁

流放夜郎,自寻阳启程,宗夫人弟宗璟送别,写有《窜夜郎于乌江留别宗十六璟》诗。

至江夏、沔州,写有《流夜郎题葵叶》《流夜郎至江夏陪长史叔及薛明府宴兴德寺南阁》《泛沔州城南郎官湖》等诗。

至洞庭,遇郑昂被贬,写有《送郑昂谪巴中》诗。

入三峡,写有《上三峡》诗等。

四月,史思明复反。五月张镐罢相。

### 乾元二年(公元759年)　五十九岁

二三月间至白帝城遇赦,立即返舟东下江陵,写有《早发白帝城》诗。

在江夏停留很久,写有《江夏赠韦南陵冰》《经乱离后天恩流夜郎忆旧游书怀赠韦太守良宰》等诗。

秋至岳州,遇贾至、李晔被贬,同游洞庭,写有《巴陵赠贾舍人》《陪族叔刑部侍郎晔及中书贾舍人至游洞庭五首》等诗。

获悉崔成甫已卒，写有《泽畔吟序》，闻襄州叛将张嘉延袭破荆州，写有《荆州贼乱临洞庭言怀作》《九日登巴陵置酒望洞庭水军》等诗。

至零陵，有《赠卢司户》诗。

四月，史思明杀安庆绪。五月，史自称大燕皇帝，九月复陷东京。

### 上元元年（公元760年） 六十岁

自零陵返江夏，有《早春寄王汉阳》《江夏送倩公归汉东序》等诗文。

下寻阳，上庐山，有《庐山谣寄卢侍御虚舟》诗。

赴豫章，有《下寻阳城泛彭蠡寄黄判官》《对酒醉题屈突明府厅》《豫章行》等诗。

是年六月，李光弼大败史思明于怀州。

### 上元二年（公元761年） 六十一岁

暮春，送宗夫人上庐山，有《送内寻庐山女道士李腾空二首》。

东下重游皖南，来往于金陵、宣城间，有《饯李副使藏用移军广陵序》《宣城送刘副使入秦》诗。

欲投李光弼军未果，写有《闻李太尉大举秦兵百万出征东南，懦夫请缨，冀申一割之用，半道病还，留别金陵崔侍御十九韵》。

至当涂，依族叔李阳冰，写有《献从叔当涂宰阳冰》诗。

是年三月，史朝义杀其父史思明。

是年，王维卒。

## 宝应元年（公元762年）　六十二岁

病居当涂，有《九日龙山饮》《九月十日即事》诗。

冬，病重，"枕上授简"，将诗文交李阳冰编集。

十一月，赋《临终歌》而卒，葬龙山。

元和十二年（公元817年）正月二十三日，宣歙观察使范传正迁葬于青山。

有孙女二人。伯禽有一子，出游，下落不明。

次年二月，安史之乱被正式平定。

# 主要参考书目

1. ［后晋］刘昫等：《旧唐书》，中华书局1975年版。

2. ［宋］欧阳修、宋祁：《新唐书》，中华书局1975年版。

3. ［宋］司马光：《资治通鉴》，中华书局2009年版。

4. ［五代］王仁裕、[唐]姚汝能：《开元天宝遗事》，中华书局2006年版。

5. ［唐］孟棨等：《本事诗》，中华书局1959年版。

6. ［唐］殷璠：《河岳英灵集》，岳麓书社2023年版。

7. ［宋］严羽：《沧浪诗话》，中华书局2014年版。

8. ［清］赵翼：《瓯北诗话》，人民文学出版社2013年版。

9. ［清］王琦注：《李太白全集》，中华书局2015年版。

10. 裴斐：《李白十论》，四川人民出版社1981年版。

11. 裴斐：《李杜卮言》，人民文学出版社2013年版。

12. ［日］松浦友久：《李白的客寓意识及其诗思：李白评传》，中华书局2001年版。

13. ［日］松浦友久：《李白诗歌抒情艺术研究》，上海古籍出版社1996年版。

14. 李长之：《道教徒的李白及其痛苦》，北京出版社2018年版。

15. 周勋初：《诗仙李白之谜》，凤凰出版社2021年版。

16. 郭沫若：《李白与杜甫》，人民文学出版社1971年版。

17. 向达：《唐代长安与西域文明》，商务印书馆2015年版。

18. ［美］宇文所安：《盛唐诗》，三联书店2014年版。

19. 杨义：《李杜诗学》，北京出版社2001年版。

20. 赵昌平：《李白诗选评》，上海古籍出版社2019年版。

21. 林庚：《诗人李白》，上海古籍出版社2000年版。

22. 林庚：《唐诗综论》，商务印书馆2011年版。

23. 刘大杰：《中国文学发展史》，商务印书馆2015年版。

24. 罗宗强：《李杜论略》，中华书局2019年版。

25. 庄申：《长安时代：唐人生活史》，上海社会科学院出版社2022年版。

26. 周绍良编：《唐代墓志汇编（全二册）》，上海古籍出版社1992年版。

27. 任士英：《唐代玄宗肃宗之际的中枢政局》，社会科学文献出版社2003年版。

28. 郁皓贤主编：《李白大辞典》，广西教育出版社1997年版。

29. 谭夏阳：《李白来到旧金山》，新星出版社2023年版。

30. ［日］石田干之助：《长安之春》，清华大学出版社2015年版。

31. 朱易安：《唐诗学史论稿》，广西师范大学出版社2000年版。

32. 薛天纬《李白·唐诗·西域》，上海古籍出版社2011年版。

33. 张定浩：《既见君子》，华东师范大学出版社，2013年版。

34. 张执浩：《不如读诗》，长江文艺出版社，2023年版。

35. 詹福瑞：《诗仙·酒神·孤独旅人：李白诗文中的生命意识》，生活·读书·新知三联书店 2021年版。

36. 詹锳：《李白诗文系年》，人民文学出版社1984年版。

37. 安旗、阎琦：《品读李白》，中华书局2020年版。

38. 西川：《唐诗的读法》，北京出版社2018年版。

39. 江弱水：《指花扯蕊》，商务印书馆2020年版。

40. 方笑一：《诗家十讲》，东方出版中心2021年版。

41. 王瑶：《李白》，生活·读书·新知三联书店2021

年版。

42. 李碧妍：《危机与重构：唐帝国及其地方诸侯》，北京师范大学出版社2015年版。

43. 傅璇琮：《唐代科举与文学》，中华书局2023年版。

44. 张炜：《也说李白与杜甫》，人民文学出版社2023年版。

45. 王志清：《王维诗传》，河北人民出版社2016年版。

46. 陈贻焮：《唐诗论丛》，湖南人民出版社1980年版。

47. 王辉斌：《孟浩然研究论丛》，黄山书社2011年版。

48. 聂作平：《此情可待：李商隐的人生地理》，北京联合出版公司2023年版。